专 业 投 资 修 炼

U0568292

投资博弈20年

王维钢 谭晓雨 著

文汇出版社

图书在版编目（CIP）数据

投资博弈 20 年：专业投资修炼实录/王维钢，谭晓雨著. —上海：文汇出版社，2017. 9
　ISBN 978 - 7 - 5496 - 2017 - 3

　Ⅰ. ①投… Ⅱ. ①王… ②谭… Ⅲ. ①股票投资—研究—中国 Ⅳ. ①F832. 51

中国版本图书馆 CIP 数据核字（2017）第 039025 号

投资博弈 20 年
专业投资修炼实录

著　　者／王维钢　谭晓雨
责任编辑／徐曙蕾
特约编辑／金　蕴
装帧设计／王　翔

出版发行／文汇出版社
　　　　　上海市威海路 755 号
　　　　　（邮政编码 200041）
经　　销／全国新华书店
排　　版／南京展望文化发展有限公司
印刷装订／上海天地海设计印刷有限公司
版　　次／2017 年 9 月第 1 版
印　　次／2017 年 9 月第 1 次印刷
开　　本／710×1000　1/16
字　　数／278 千字
印　　张／23

ISBN 978 - 7 - 5496 - 2017 - 3
定　　价／48. 00 元

本书是两位作者多年来研究成果的集大成，通过本书我可以看到两位资本市场研究者的努力和执着，这对共同促进中国资本市场的发展是有益的。

中国证监会首任主席

刘鸿儒

　　本书的作者运用国际视野，从中国资本市场出发，对资本市场的热点问题展开了深入的研究，并取得了一定的研究成果。通过阅读本书，读者可以获得颇多的良益。

中国证监会首席顾问

知恩，知足，知天命

知恩。1996 年杨骏总裁在上海招募了君安研究所第一批 8 个研究员，我有幸加入了中国第一个分行业分领域研究的投资银行研究所，从业期间遇到了我的一生所爱，在国泰君安工作 8 年后从这所证券业"黄埔军校"毕业转入公募基金行业，此生铭记杨先生和国泰君安的恩情。感谢大成基金于华和周一烽两位老总的赏识，让我有机会在 2006 年末一加盟大成基金就担任基金经理，并用业绩推动大成创新成长基金规模从 120 亿元自然申购增长到 305 亿元。

知足。知足让我保有为人处世的底线，知足让我不急功近利，知足让我知道有取有舍。知足让我在多次系统性风险来临前期选择减仓，知足让我在 2009 年毅然听取好朋友吴宽之老师和国平的意见，离开深圳大成基金到上海开始人生新的旅程。

知天命。不是听天由命、无所作为，而是谋事在人，成事在天，努力作为但不强求。虽然还没有到五十已然知天命，知道了理想实现之艰难，依然全力以赴希望有所成就，仍是发愤忘食、乐以忘忧，但对个人荣辱已经淡然。

感谢这一生遇到你们，生命中的朋友，在人生漫漫路中曾与您同行，大家都在彼此的人生中留下了印迹。

常晟投资　王维钢博士

【第二部】 交易博弈篇

【第三部】　国运博弈篇

第一章　大国博弈

第二章　中国防范美国剪羊毛攻防策略　297

【第一部】

股东博弈篇

第一章
上市公司股东博弈机制的研究

第一节　问题的提出及选题的意义

现代公司的根本特征就是在产权结构上实现所有权与控制权的分离。所有权与控制权分离，经营者成为企业事实上的决策管理者。这虽有助于企业管理效率的提高，但由于经营者的控制权并不以其相应的资本为基础，换言之，经营企业资产的控制权并不以其个人的财产为抵押。由于人的相对理性，所有者与经营者本质上的追求是不一样的，也就是说各自的目标是不一样的。所有者追求企业价值的最大化，个人资产的最大增值；而经营者追求个人效用最大，包括物质上的（薪金、奖金和在职消费）和精神上的（闲暇、满足感和荣誉感）。差异将导致实际掌握控制权的经营者在企业的经营管理过程中偏离所有者利益最大化的原则，按照自己的偏好与效用进行决策，从而产生了经济学上所谓的"代理问题"，与此相应出现了委托-代理关系。

委托-代理问题的实质是所有权与控制权的分离（Shleifer 和 Vishny，1997）。它实际上包括两个方面：一个是逆向选择，一个是道德风险。前者是说在委托-代理关系确定以前，代理人利用和委托人不对称的信息优势签订对自己有利的契约。

比如说，代理人夸大自己的管理才能、隐瞒自己的失败经历等。后者指代理人利用事后的信息不对称而采取机会主义行为，最大限度地增加自己的效用而背离委托人的最大化利益。比如说，在职消费、豪华办公、任人唯亲等。逆向选择问题是由于事前的信息不对称。解决这个问题的关键是委托人采取何种措施获取代理人的私人信息，如何建立有效的信号显示及信号甄别机制来选择合适的代理人。道德风险问题则是由于事后的信息不对称，这就涉及如何对代理人进行激励约束，以最大可能降低代理人的机会主义行为。对代理人最理想的激励是安排其享有与其控制权对应的剩余索取权，但由于股东在企业中的地位使其对剩余索取权拥有不可剥夺的分享权力，因此就需要股东在自身利益和代理人激励之间进行权衡，力求达到最大限度的激励相容。从这层意思来说，企业所有权安排问题，也可认为是通过合适的剩余索取权与剩余控制权安排使代理成本最小化的问题。

委托-代理问题一般被称为第一类代理问题。随着股权结构逐渐集中的趋势，投资者与管理层之间的代理矛盾开始转向大股东与中小投资者之间的代理冲突。控股股东与小股东之间利益冲突的存在，是由于二者之间存在事实上的委托-代理关系。通常情况下，控股股东会直接委派人员管理公司，因此公司的管理者代表了大股东的利益，股东与管理者之间的委托-代理关系转化为控股股东与小股东之间的委托-代理关系。即使控股股东不参与公司的直接管理，由于对管理者的监督是有成本的，小股东没有动力去实施监督，这一任务只有大股东去执行，大股东持股份额大，只要实施监督增加的收益超过其监督成本，大股东就有动力对公司治理进行监督，这样，小股东实际上自动将监督管理者的任务委托给了大股东，虽然没有正式的契约，但事实上的委托-代理关系已经形成。

由于大股东与小股东之间的这种代理关系，手握公司事务决策权的大股东自

然会以自身利益最大化为目的来对公司事务进行决策，而不顾中小股东的利益，这样就产生了第二类代理问题，即大股东与管理层间的代理问题。

Grossman 和 Hart（1988）以及 Shleifer 和 Vishny（1997）等人的研究表明，如果公司中存在持股比例较高的大股东，就会产生仅为大股东享有的控制权收益，而且大股东常常会伤害中小股东的利益，这实际上也就是 Johnson 等人（2000）所定义的大股东隧道挖掘效应。Hart（1988）认为，控股股东的收益包括两部分：一部分是其现金流价值，即共享收益（Public Benefits），如企业利润等；另一部分是经营者所享有的私人收益，称之为控制权私利。Shleifer 和 Vishny（1997）将控制权私利区分为货币型收益与非货币型收益，货币型收益通常是指控制性股东通过剥夺的方式转移资产所获取的收益，如关联交易、操纵股价等，非货币型收益则是指控制性股东在经营过程中过度在职消费、闲暇享受等。大股东拥有的控制权超过其现金流权，并几乎完全控制了经理层，从而造成对小股东的掠夺。Fosgerau 和 Nielsen（2003）等人的研究表明，公司有多个持股比例相当的大股东，则股东间的相互监督可抑制某个股东将公司利益转为私人利益，从而对公司价值产生正向影响。而如果大股东采取同谋的决策，则会一同将公司利益转为私人利益，从而对公司价值产生负面影响。

由于我国股份制公司大都属于一股独大或有多个持股比例相当的大股东的股权结构，像美国大多属于很多个小份额持股股东的公司很少，因此对实际控制股东、各大股东及中小股东之间股东利益博弈的研究，能够解释和剖析股份公司的关联交易、股利政策、资本担保和资金流动等活动。特别是我国股份制公司在股改之后，一部分股份尚处于禁止流通的状态，此时对各股东之间的利益博弈的分析研究有助于规范股份公司的运营，维护股份公司的总体利益，保护博弈各方的利益，有助于整体经济的正常良性发展等。

第二节　创新点与难点

一、股东博弈篇的创新点

股东博弈篇不是一般的研究公司控制权配置问题，而是力求在以下方面有所创新：

1. 本书将公司控制权配置的研究纳入公司委托–代理关系两种不同的类型之中，探讨控股比例相近的股东争夺控制权的问题与一股独大的股东对中小股东的利益侵占问题。这种分类研究更贴近中国现实，也更便于寻求不同的对策与机制。

2. 在理论分析中，采用博弈论方法，分别对争夺控制权和利益侵占问题建立博弈模型，对参与博弈各方的成本和收益进行了分析。

3. 对这两类问题的代表性案例进行情景模拟分析。

二、股东博弈篇的难点

股东博弈篇的难点有两个：

一是进行案例分析时，对股份制公司实际控制人的判定有难度。由于有的股份公司股权结构复杂，交叉持股现象频繁，而且持股人之间亲属、利益关系难以查证，因此很多情况下难以判断股份制公司的实际控制股东到底是谁，这会对我们的实际分析带来一定的偏差甚至是错误的结论。

二是股东博弈时股东间的相互利益关系比较难以量化估计，这对建立博弈模型构成一定困难。股东之间的相互经济利益由于不是在市场上流通，很多是较难估值的，另一些牵涉到未来可能遭遇的损失或者盈利也同样不能通过概率论推导

出来。因此在讨论利益侵占以及控制权带来的超额收益时，具体的量化指标难以明确给出。

第三节　研究思路与研究方法

一、研究思路

本书将股份制公司按占有相当比例的大股东数目分为两类：第一类是实际控制人、控制性股东和占公司绝对优势的大股东都为同一方的股份制公司，此时第一类代理问题主要体现在控制性股东对处于弱势的中小股东之间的利益冲突和博弈；第二类是拥有两个或两个以上控股比例相当的大股东的股份制公司，此时第二类代理问题主要体现在大股东之间就如何获得更多的利益而进行博弈决策。基于以上的分类，本书对股东利益博弈分为大股东同中小股东之间的利益博弈以及大股东之间就控制权的博弈两类，重点采用了实证与理论分析相结合的方法，就这两类博弈问题分别进行规范的理论分析，构建各控制股东、大股东、中小股东之间对公司利益争夺的博弈论模型，并就我国上市股份制公司、非上市股份制公司以及国外的股份制公司一些案例进行了实证分析。

二、主要研究方法

本书针对两种不同的股东利益博弈形式，即大股东同中小股东的博弈和大股东之间对控制权的博弈，分别建立了博弈模型，就参与博弈各方的成本、收益、约束条件等建立了成本方程，并在给定的理论条件下对博弈模型的均衡状态进行了模拟推导。最后，本书对国内外的一些案例进行了博弈论实证分析，尤其是对案例中博弈各方的成本收益以及促使各方做出决策的因素进行了分析和总结。

第四节　结构安排

本书首先对上市公司股东利益博弈的两种具体类型，即一股独大的控制股东同中小股东之间的博弈以及持股比例类似的大股东之间控制权的争夺两部分的研究现状和相关文献做了一个回顾和总结，着重分析了现代公司与控制权配置的三个问题，即所有权和控制权两权分离、股权结构变化与委托-代理的两种类型、股东利益与争夺控制权的博弈。其次，我们对中国公司股东控制权配置的现状及问题进行了研究，主要对以上两种类型的主要特征、表现形式，以及在我国特有的股权分置体制下的现状进行了阐述。然后我们对发达国家公司控制权配置的经验展开讨论，以取得对中国的借鉴意义。接下来我们通过以往的文献、我国的现实情况，结合我们的分析，建立了公司控制权配置与股东利益博弈模型。运用股东利益博弈的理论模型，我们对近十年来一些有代表性的案例进行了博弈论情景分析，尤其是对案例中博弈各方的成本收益以及促使各方做出决策的因素进行了分析和总结。最后就案例中凸显出来的问题，提出了构建中国特色的公司控制权配置与股东利益均衡机制的建议。

第二章
理论文献回顾

第一节　关于公司控制权配置理论的研究

一、企业的契约理论

企业理论是过去几十年间主流经济学中发展最为迅速、最富有成果的领域之一，它与博弈论、信息经济学、激励机制设计理论及新制度经济学相互交叉，大大丰富了微观经济学的内容，改进了人们对市场机制及企业组织制度运行的认识。由科斯（Coase，1937）开创的"企业契约理论"（the contractual theory of the firm）是企业理论发展的一大突破，成为现代企业理论确立的一大标志。科斯在经典论文《企业的性质》中指出，企业是一种"特殊契约"，在这里，"一系列契约被一个契约替代了"。[①] 之后经 Alchian 和 Demsetz（1972）、Williamson（1975，1980）、Grossman 和 Hart（1986）、Hart 和 Moore（1990）等学者不断拓展而得以发扬光大，他们从不同的角度论证了契约的不完全性及其相机治理。这一理论可以用如下三句话来概括：

---

① 科斯：《企业、市场与法律》，上海三联书店 1990 年版，第 6 页。

① 企业的契约性（the contractual nature of the firm）；

② 契约的不完备性（或不完全性）（the incompleteness of the contracts）；

③ 由此导致的所有权的相关性（relevance of ownership）。

二、控制权市场理论

亨利·曼宁（Henry G. Manne，1965）第一次完整地提出了公司控制权市场理论，系统地阐述了收购作为一个公司控制市场在监督管理者方面的独特作用及其运作规律。曼宁之后，Shleifer 和 Vishny（1986）提出了一个由外部人士积极参与监督和接管的机制，进一步发展了公司控制权市场理论。现代公司制企业所有权与控制权的分离使股东与管理者之间形成了一种既矛盾又统一的委托-代理关系，在这个矛盾的统一体当中，管理者本身的道德风险问题（Holmstrom，1979）以及股东与管理者之间利益目标上的冲突、信息的不对称，使作为委托人的股东总是希望通过一定的方式对作为代理人的管理者的经营行为施加一定的影响，使其管理行为符合股东利益最大化的战略目标，因此，构建公司的控制约束机制就成为公司治理的必要内容。而控制权市场则是控制约束公司管理者的重要的治理机制。

第二节　股东利益博弈理论的研究

一、控股股东的普遍存在和大股东股权高度集中

伯利（Berle）和米恩斯（Means）于 1932 年出版著名的《现代公司和私有财产》一书，运用大量资料和数据，阐明了一种现代企业制度即公司制度是如何在 19 世纪末 20 世纪初出现的，并且对于公司由于股权的分散化如何必然引起所有权

与控制权的分离，进行了经典性的解释。这一著作是现代企业理论的开山之作。股权分散被认为是现代公司的一个基本特点。在分散的股权结构下，由于所有权与经营权分离，股东与经理人之间开始了对公司控制权的争夺。

在其后公司制度发展过程中，也出现了大股东股权高度集中并且成为控股股东的状况，这使得公司内部争夺控制权变得更为激烈与复杂。这种研究在国内外都有不少。实际上，经典性研究还是伯利和米恩斯奠定的。在上述著作中，他们对公司控制权形态的研究已经包含了大股东控制这种类型。他们以美国 200 家最大公司的数据为依据，将公司分为 5 种类型，其中有 1／4 左右属于"少数所有权控制"。①

二、大股东同中小股东的同股不同权

罗本德（2007）研究指出，现代企业是从古典企业逐渐演化而来的，这一过程本身就是一个投资者人数不断增加、企业资本金不断递增的过程。现代社会由于高度社会化，分工日趋细致，单靠少数人的投资难以满足企业经营对巨额资金的需求，而股份制这一企业制度创新则能够为公司提供源源不断的资金来源。但是，资金提供者即公司股东是一个人数庞大的队伍，彼此之间互不认识，更谈不上相互信任，公司只是他们的一个纯粹的资本联合体，他们之所以向公司提供股权资本，其主要目的在于希望能从这一投资行为中获取较高的回报。股东一旦将其财产用于公司出资，即丧失对财产的所有权而取得所谓的股东权。

三、大股东隧道行为

Shleifer 和 Vishny（1997）研究表明，一定程度的股权集中是降低股东与管理

---

① ［美］阿道夫·A. 伯利、加德纳·C. 米恩斯：《现代公司与私有财产》，商务印书馆 2005 年版，第 123—124 页。

者之间代理成本的有效途径，但股权集中又导致大股东与小股东之间出现严重的代理问题。大股东在能够对公司实施有效控制的情况下，常常为追求自身利益最大化而转移公司资源、损害公司价值，从而对小股东的利益构成侵害。大股东通过隐蔽的渠道侵吞公司资源、实现私人利益的行为被称为隧道行为（tunneling）。

隧道行为主要有两类方式：一类是通过关联交易转移公司资源或将自身的风险转嫁到公司。如以有利于控股股东的价格进行的资产买卖、为代表大股东的管理层支付过高的报酬、以公司名义为大股东提供贷款担保、大股东无偿占用公司资金等。另一类是采用特殊的财务安排，实现公司利益向大股东转移。如通过不公平的二次发行稀释其他股东权益，实施有利于大股东的股利政策等。

四、控股股东与经营者合谋同中小股东的利益博弈

公司治理结构作为股东控制专用性投资风险、保护自身权益的重要手段，长期以来一直致力于解决"内部人控制问题"。青木昌彦（1995）曾指出，"所谓内部人控制就是在经济转轨过程中，出现了企业经理在自己的企业内部构筑了不可逆的管辖权威的现象。"内部人控制即控股股东与上市公司经营者之间合谋，引发控股股东与中小股东的"代理问题"。如何通过有效的制度设计来降低代理成本、构建均衡的股东利益博弈机制已经成为解决问题的关键。

根据委托-代理理论，股份公司里股东是委托人，他们把公司的经营决策权授予经理人员（即代理人）。作为委托人的股东，由于并不直接参与企业的生产和经营活动，因而就不具有经营活动的完全信息。作为代理人的经理，一方面拥有比股东多得多的有关经营活动的信息，另一方面，他们与股东的目标并不完全一致，因此经理有可能利用自己的信息优势，通过损害股东的利益来满足自己，由此导

致了所谓的道德风险或败德行为。为了减少经理人可能出现的道德风险，股东必须对经理人员的行为进行监督和激励。

五、我国股权分置制度下的股东利益博弈

对于大股东利益侵占问题，国内已有不少文献，很多学者对于这个问题都有深入研究。吕庆华（2003）研究了大股东治理的负面效应及其防范，提出大股东治理的负面效应有四个方面，其中包括侵占小股东的利益。这一负面效应可通过两条途径防范：一是法律制度防范，二是管理控制防范。李振伟等人（2004）分析了上市公司大股东不当行为的主要表现及改进对策；顾惠明（2004）对大股东占用上市公司资金的现象及解决方式进行了探索研究；陈宝明（2005）发表了有关限制大股东控制权的研究；黄大为（2006）对大股东侵占上市公司资产行为做了进一步的分析；陈成（2006）对企业利益侵占行为的实施及影响因素构建了模型并得出相应的结论。

韩德宗和叶春华（2004）对我国（国有）上市公司中大股东侵占的表现形式归纳为以下方面：利用关联交易向母公司或其控股子公司转移利润，如母公司向上市公司高价出售劣质资产，或上市公司向母公司低价出售优质资产；非法占用上市公司巨额资金或利用上市公司的名义进行各种担保和恶意融资；为上市公司高管人员（一般由大股东委派）提供不合理的高薪酬和特殊津贴；利用控制权转移事件与二级市场的炒家联手进行内幕交易。蒋国洲（2005）列举了大股东侵占小股东的手段：扭曲的股利政策、非公允关联交易、谋求自身利益最大化的投资行为、任人唯亲、过度职位消费、不规范的信息披露、操纵市场和重组魔方。何丹和朱建军（2006）分析了在股权分置的制度安排下，控股大股东利用股权融资对中小股东利益的侵占。刘少波（2007）解构了大股东的利益结构，指出大股东侵害的实质是攫取超控制权收益。超控制权收益的具体形式大致包括：大股东占用上市公司资金并为其旗下的其他公司所用；大股东强制要求上市公司为其旗下的其他公司提供担保；通过关联交易将上市公司利益转移至大股东旗下的其他公司；大股东通过各种隐秘方式攫取上市公司利润；基于大股东的利益而随意变更上市公司资金投向；通过其他方式向大股东进行利益输送。大股东侵占的具体表现形式多样，涉及很多方面，只要是大股东利用控制权牟取私利，侵占中小股东利益，都属于大股东侵占的范畴。在限制大股东侵占方面，现金股利具有重要作用，因为它使公司收益转移到投资者手中，大股东不能使用这些收益进行自利活动。但由于我国股市存在"同股同权不同价"的股权分置现象，大股东持有大量"同股同权不同价"非流通股导致的超额报酬率就会激励持有大量非流通股的控股大股东选择派发现金股利的方式对流通股股东进行掠夺。由此可见，在股权高度集中的我国股市，现金股利成为大股东侵占的一种重要形式，大股东利用现金股利侵占中小股东利益的事件时有发生。

第三章
公司所有权与控制权分离及
两类委托-代理关系

第一节　所有权与控制权分离

现代公司的根本特征就是在产权结构上实现所有权与控制权的分离。所有权与控制权分离，经营者成为企业事实上的决策管理者。这虽有助于企业管理效率的提高，但由于经营者的控制权并不以其相应的资本为基础，换言之，经营企业资产的控制权并不以其个人的财产为抵押。由于人的相对理性，所有者与经营者本质上的追求是不一样的，也就是说各自的目标是不一样的。所有者追求企业价值的最大化，个人资产的最大增值；而经营者追求个人效用最大，包括物质上的（薪金、奖金和在职消费）和精神上的（闲暇、满足感和荣誉感）。差异将导致实际掌握控制权的经营者在企业的经营管理过程中偏离所有者利益最大化的原则，按照自己的偏好与效用进行决策，从而产生了经济学上所谓的"代理问题"，与此相应出现了委托-代理关系。

从概念上看，控制权与所有权从源头上就有着不可分割的联系。所有权源于资本的实际投入和由此获得的股权比例，它代表着股东对于企业资产和收益的索取权，因此我们把它定义为现金流权（Cash Flow Right）。在现代企业制度中，现金流权演变为获得一定的控制权所需支付的成本；而控制权尽管存在有授权与否，但究其根源是因股权而获得的投票权（Vote Right）。所以，所有权与现金流权相对应，控制权与投票权相对应。

作为企业所有者的股东拥有契约所约定的权利，并通过授权将其中必要的权力赋予董事会，董事会在保留必要的权力后再对经理人员进行第二次授权。因此，在现代企业中，控股股东能够通过控制董事会来控制经理人员，进而控制企业的经营管理决策。控股股东的这种控制权在公司治理中表现为直接或间接地拥有一个企业半数以上（或数额较大）的具有表决权的股份，以此来决定公司董事人选，进而决定公司的经营方针，并在公司的经营活动中拥有对盈余进行分配等方面的权力。这种权力对控股股东来说表现为股东大会上的表决权，称之为现实控制权（郑厚斌，1998）；对小股东来说表现为在股票市场上股票买卖行为，即"用脚投票"行为，称之为潜在控制权。

对于所有权与控制权之间的紧密关系和在公司治理中所产生的影响，学者们进行了许多具有深远意义的研究。资本结构控制权理论就是以融资契约的不完全性为研究起点，以公司控制权的最优安排为研究目的，分析资本结构如何通过影响公司控制权安排来影响公司价值。该理论自20世纪80年代产生以来，一直备受学术界的关注，发展十分迅速，对研究和解决最优资本结构决策与公司治理结构问题产生了重大而深远的影响。学术界在这方面的研究基本上是基于如下两种不同的范式来展开的：一是Berle和Means范式；二是LLSV范式。

LLSV（2002）提出的理论模型较详细地分析了控股股东"掏空"行为。假设公司仅有一个控股股东，持有的现金流权为α。公司投入资金I于一个收益率为R

的项目，企业无任何经营成本，则利润为 RI，并且公司将所有的利润分配给股东。控股股东利用自身的控股地位从公司转移 s 部分利润给自己，而后才将剩余的利润分配给所有的股东。LLSV 发现，控股股东转移的利润越多，支付的成本也越高；在同等条件下，控股股东持有的现金流权越大，越愿意按照正常的方式分配股利以获得利润，或者说转移公司利润的动机越小。在上述基础上，进一步假设一个国家的投资者保护系数和控股股东拥有的现金流权都是外生变量，两者不相关。经过研究得出如下两个重要结论：一是一个国家的投资者保护机制越完善，公司价值越高；二是公司的最终控制人持有的现金流权越高，攫取控制权私利的动机越低，公司价值越高。

根据所有权和控制权之间的相互关系，我们总结了所有权与控制权不同组合的形态，可以分为四个区域，如表 1.3.1 所示：

表 1.3.1　所有权与控制权不同组合下的形态

	控制权分散	控制权集中
所有权分散	Ⅰ	Ⅲ
所有权集中	Ⅱ	Ⅳ

Ⅰ区：弱势股东—强势管理层
Ⅱ区：弱势大股东—强势管理层
Ⅲ区：强势控制性股东—弱势小股东—弱势管理层
Ⅳ区：弱势管理层—弱势小股东—强势控制性股东

Ⅰ区即为 Berle 和 Means 范式，强调了管理层对企业的控制权，是一种不同于 LLSV 范式下的所有权与控制权的分离。在 Berle 和 Means 范式中，公司治理要解决的核心问题是股东和经理层之间的利益冲突和代理问题，因此治理研究主要关注解决这一代理问题的相关机制，如独立董事制度、薪酬激励计划以及公司控制市场等。

Ⅲ和Ⅳ区所表示的 LLSV 范式则强调了大股东对企业的控制权，从而出现了现金流权与控制权的分离。在 LLSV 范式中，公司治理要解决的核心问题是大股东和小股东之间的利益冲突与代理问题，因此治理研究主要关注宏观层面上的法律体系、监管制度及政治干预等治理机制。

美国是一个崇尚自由与竞争的国度，上市公司股权高度分散，流动性强。一些上市公司往往有几百上千个股东，大多为个人股东，最大股东在同一个公司的持股比例少有超过 1% 的。虽然近 20 年来机构投资者发展很快，机构持股约占上市公司总股本的 40% 以上，但各种基金（如养老基金、共同基金）对同一公司持股的法律最高限为 5%。事实上，出于分散风险的考虑，各机构投资者很少对一个公司持股超过 3%，多位于 1%—2% 之间，因而并没有从根本上改变公司股权分散的状况，Berle 和 Means 范式仍为美英上市公司的典范。日本的主银行制、德国的全能银行制、东南亚国家（地区）的家族企业以及中国的国有企业则是大股东直接控制的典型代表。作为企业形式的一种，家族控制企业在世界各国普遍存在，在东亚绝大多数国家和地区，公司的最终控制权往往掌握在少数几个家族手里。第一大股东即使持股并不多，但由于第一大股东和第二大股东持股相差悬殊，控股股东也能轻松地操纵公司。

第二节　两类代理关系

现代企业经营管理中的委托-代理并不是偶然的，它不但适应了企业产权制度的需求，而且也是企业内分工与专业化的反映。分工与专业化是经济发展的一种

规律，企业作为经济活动中的微观组织也不例外，分工与专业化伴随了企业的每个阶段。企业内的分工不但体现在技术操作流程方面的日益专业化，而且表现在企业职能方面的日益专业化。在古典企业中，有管理者（资本所有者兼管理者）与工人之间的分工；在现代企业中，有资本所有者、管理者和劳动者之间的划分。有分工必然就有合作，有合作必然就有冲突，这种事物发展中辩证冲突的存在说明了分工在给企业带来报酬递增收益的同时，也伴随着冲突所带来的效率损失和组织协调费用。这种效率损失和组织协调费用在代理问题上就表现为代理成本。詹森和麦克林（Jensen 和 Mecking，1976）对企业内的代理成本进行了深入分析。他们指出，代理成本可由三部分组成：一是委托人的监督成本，即委托人激励和监督代理人，以图后者为前者利益尽力的成本；二是代理人的担保成本，即代理人用以保证不采取损害委托人行为的成本，以及如果进行了那种活动将给予赔偿的成本；三是剩余损失，它是委托人因代理人代行决策而产生的一种价值损失，等于代理人决策和委托人在假定其具有代理人相同信息和才能的情况下自行效用最大化决策之间的差异。①

委托-代理问题的实质是所有权与控制权的分离（Shleifer 和 Vishny，1997）。它实际上包括两个方面：一个是逆向选择，一个是道德风险。前者是说在委托-代理关系确定以前，代理人利用和委托人不对称的信息优势签订对自己有利的契约。比如说，代理人夸大自己的管理才能、隐瞒自己的失败经历等。后者指代理人利用事后的信息不对称而采取机会主义行为，最大限度地增加自己的效用而背离委托人的最大化利益。比如说，在职消费、豪华办公、任人唯亲等。逆向选择问题

---

① 陈郁：《所有权、控制权与激励》，上海三联书店 1998 年版，第 6 页。

是由于事前的信息不对称。解决这个问题的关键是委托人采取何种措施获取代理人的私人信息，如何建立有效的信号显示及信号甄别机制来选择合适的代理人。道德风险问题则是由于事后的信息不对称，这就涉及如何对代理人进行激励约束，以最大可能降低代理人的机会主义行为。对代理人最理想的激励是安排其享有与其控制权对应的剩余索取权，但由于股东在企业中的地位使其对剩余索取权拥有不可剥夺的分享权力，因此，就需要股东在自身利益和代理人激励之间进行权衡，力求达到最大限度的激励相容。从这层意思来说，企业所有权安排问题，也可认为是通过合适的剩余索取权与剩余控制权安排使代理成本最小化的问题。

剩余索取权与剩余控制权是一种"剩余权利"。最先将公司权利分为"特定权利"和"剩余权利"的是格罗斯曼和哈特。他们在一篇关于一体化的论文中指出："我们对企业下的定义是：企业由其所拥有的资产（如机器、存货）所组成。我们提出一种有成本契约理论，它强调契约性权利可能有两种类型：特定权利和剩余权利。"[①] 也就是说，凡是契约中已经明确规定的权利就是"特定权利"，除此之外的其他资产权利则是"剩余权利"。根据这一标准，资产收益的索取权可以分为两类：契约明确规定的收益或报酬，如职工工资等是"特定收益索取权"；契约没有明确规定的剩余部分的索取权就是"剩余收益索取权"，简称"剩余索取权"。控制权也是如此。通常在契约中有明确规定的财产控制权，如在契约中授予经理人的企业经营权（包括日常生产决策、销售、雇佣工人等项权利），可以叫作"特定控制权"；剩余的其他权利，如企业战略决策、重大人事安排、企业购并、破产清

---

① 陈郁编：《企业制度与市场组织》，上海三联书店1996年版，第271页。

算等，就是"剩余控制权"。[①] 可见，"剩余索取权"（即取得利润的权利）和"剩余控制权"（即进行重大决策的权利）是最重要的权利。"剩余权利"的存在是由契约的不完全性决定的，如果在契约中把所有权利一一列明，成本将是非常昂贵的，因而几乎是不可能的。剩余控制权与剩余索取权的联系非常紧密，前者是后者的保证，失去剩余控制权，也就失去了剩余索取权，即剩余控制权"控制由此带来收益"（威廉姆森，1971，1983）。这就是为什么公司的利益矛盾集中表现为对剩余控制权的争夺的原因。但是，无论是剩余控制权还是剩余索取权，从其本来意义说，都应当属于企业资产的所有者，因为它们是所有权的体现。然而，问题的复杂性就在于，在现代企业，实际的剩余控制权往往由管理者所掌握，股东们要得到这个权利，就要付出成本，即股东承担的代理成本部分。正如格罗斯曼和哈特所说："如果一方获得了控制权，那就使另一方丧失了控制权。既然取得控制权是有利可图的，那么从管理生产活动的人那里取得控制权（即所有权），必定会发生有关的成本。"[②]

<hr />

① 许多文献对剩余控制权和特定控制权不加区分，当他们使用"控制权"这一概念时，有时指的是"特定控制权"，即经营权；有时指的是"剩余控制权"；有时又是兼而有之。

② 陈郁编：《企业制度与市场组织》，上海三联书店 1996 年版，第 273 页。

第四章
中国控制权配置与股东利益
博弈的现状及问题

第一节　中国股东利益博弈的现状

大股东对小股东的"掠夺"是一个普遍性的话题，特别是在公司所有权集中程度较高的国家，大股东的"掠夺"相当常见。Claessens 等人（1998）曾对东亚地区 2 658 家公司进行实证研究，发现存在着广泛的对小股东的掠夺现象。Zingales（1994）的研究则显示意大利的掠夺问题很突出。Weisbach（1988）发现日本存在主银行的公司比其他公司要支付更高的平均利率。FraInk 和 Mayer（1994）调查了一些德国银行抵制外部投资者接管其控制企业的案例，认为主要原因是这些银行害怕会失去来自与控制企业有关系的利润。这说明在日德以银行控制为核心的治理体制中，存在着银行作为大股东利用控制权地位损害公司利益和其他股东利益的现象。上述实证研究显示，许多国家都存在控股股东的"掠夺"，但程度差异颇大，这和各国公司所有权中大股东的地位有关，也与各国对小股东的法律保护有关。Porta 等人（1998）曾对 27 个富裕国家的大公司的所有权结构进行了实证考察，发现符合伯利和米恩斯（即 Berle 和 Means）标准的现代公司

（即股权高度分散、存在所有权与控制权分离的公司）并非普遍情形，即使在美国和英国，存在大股东的公司仍然占多数，在这些国家中，大部分的大公司仍由家族或国家控制。控制性股东一般通过直接加入管理层或金字塔式股权结构拥有比现金流权（即持有股票代表的收益权）更大的控制权。因此他们认为，对许多国家的大公司来说，公司治理的主要问题并非是限制不负责任的职业经理人扩展企业帝国的行为，而是抑制大股东对小股东的"掠夺"（La Porta 等人，1998）。由此可见，对于许多国家来说，抑制大股东掠夺对改善公司治理具有重要的现实意义。

一般的金融理论认为，公司股东根据其所持有的股份比例得到公司的收益。但是大量研究表明，持有大宗股权的大股东往往会得到与他所持股份比例不相称的、比一般股东多的额外收益（Fama 和 Jensen，1953；DeAngelo，1955；Demsetz 和 Lehn，1955）。这部分额外收益就是大股东利用控制权为自己谋求的私利，也就是大股东对小股东进行掠夺获得的收益。

Bradley（1980）分析了美国控制权市场上发生的 161 项企业间收购出价，发现收购方对被收购企业股份的平均收购出价要高于当时市场交易价格约 13%。于是，他认为被收购企业股票价格的这一溢价不是来自收购方对企业的净现金流量的索取权，而是来自对被收购企业资源的控制权。Barclay 和 Holderness（1989）分析了 1978—1982 年间在纽约证券交易所和美国证券交易所发生的 63 项私下协议的大宗股权交易价格，发现该交易价格要明显高于消息被宣布后的市场价格，平均溢价水平达到 20%。他们认为这一溢价反映了控制权的价值。Lease 等人（1984）的研究表明，当一个企业有两种发行在外的股票，两种股票别的权利都一样，仅在投票权上有所区别，则拥有较多投票权的股票通常比拥有较少投票权的股票存在 5% 的溢价。他们还指出，这一溢价并不总是为正，溢价随着时间的变化而变化。

胡汝银（2000）则分析了中国上市公司现行的公司治理结构，指出中国上市公司治理结构可概括为关键人模式。关键人通常为公司的最高级管理人员或（和）控股股东代表，具有几乎无所不管的控制权，且常常集控制权、执行权和监督权于一身，并有较大的任意权力。在这种模式下，控股股东严重侵害了中小股东利益。

唐宗明等人（2002）选择了1999—2001年间，沪深两市88家上市公司共90项大宗国有股和法人股转让事件作为样本，分析股权的转让价格，发现样本公司的平均转让价格高于净资产价值近30％。

综合来看，国内外研究者对大股东掠夺和投资者利益保护产生了浓厚兴趣，尤其是发达国家对此领域的研究比较系统化和数量化了，这与西方20世纪末的经济民主化运动有很大关系。国内理论界对此问题的研究刚刚起步，理论成果寥寥无几，无论是分析的广度还是深度都无法与国外文献相比，这可能与我国长期注重规范分析有关。仅有的实证研究文献也可能受研究样本和资料收集所限，研究结论可能对该领域的实践指导作用有限。

一、大股东与中小投资者之间利益冲突的表现

（一）选举董监事时的冲突

公司是人组成的集合体，公司的经营活动，依靠公司职能部门来实现。股东行使股东权的机构是股东大会。但股东大会并不是一个常设机构，如果股东没有委派代表担任公司董监事等高管职务，则基本上被排斥在公司经营管理之外，而沦为一个单纯的出资人。股东之间的利益冲突首先表现在股东对董监事职位的角逐上。在资本多数决原则下，控股股东选派的代表很容易占据董监事的多数。我

国学者李东明和邓世强（1999）对我国上市公司的研究表明，在 1997 年 6 月至 1999 年 5 月的 222 家上市公司中，74.33％的公司董事会成员代表的股权比例超过公司总股本的 50％，甚至有 43.69％的公司董事会代表的股权比例超过 2/3。可见，上市公司董事会成员的选任不但基本上被控股股东操纵，而且很多董事完全就是控股股东的代表。控股股东一旦控制了董监事成员的选任，实际上也就控制了公司的日常经营和股利的分配，因而不难理解，在存在控股股东的公司中，股东之间的利益冲突表现得尤为激烈。

（二）股利分配上的冲突

获取股利是股东投资的主要目的。股利分配的标准应当遵循股份平等的原则，根据各股东的持股类别和持股比例而为之。在存在控股股东的公司中，控股股东往往采取有利于自己的分配方式和分配时机。由于股东持股份额悬殊，加之我国证券市场 IPO 阶段同股不同价的特殊背景，坚持同股同权、同股同利的原则，分配结果却未必公平。唐跃军和谢仍明（2006）利用 1999 年至 2003 年上市公司的经验数据，实证研究了我国证券市场上市公司现金分红的利益侵占问题。研究结果表明，由于我国上市公司存在"同股同权不同价"的特殊现象，因而控制性大股东热衷于通过派发现金股利的方式对中小股东进行掠夺。在公司经营状况不尽如人意的情形下，将再融资所得现金作为红利分配，甚至借钱分红，无疑是以牺牲公司整体利益和长远利益为代价来满足控股股东对私利的追求，这同时也间接损害了中小投资者的利益，造成不公平的结果。

（三）公司并购中的利益冲突

上市公司收购的实质是在公司的控制权运动过程中，各权利主体依据公司产权所做出的制度安排而进行的一种权利让渡行为。在收购过程中，收购公司为了节约成本常常私下与一些大股东协商，以较高的溢价收购其持有的股份，对中小股东则采取漠视态度，使得中小投资者没有机会以较高的溢价出售自己的股份。目标公司中小股东因为在专业能力、信息、资金数额上的劣势，不得不成为被动的参与者。在公司收购中，一切活动基本上由控股股东主持，控股股东经常可能因得到收购公司的某种承诺或高补偿而做出同意被收购或者基于自身利益的考虑而做出抵制收购的行为，这期间，中小股东的权益常常被忽略。与公司正常经营相比，收购中控股股东与中小股东的利益冲突更为明显。

二、大股东与中小投资者之间利益冲突的实现手段

（一）大股东利用业务往来、资产重组、关联交易转移资源和利润操纵

理论上讲，上市公司的资产是由所有股东共同拥有，并且都有尽力保护的责任，然而我国的现实状况却不是这样。在控制了上市公司"话语权"的基础上，大股东很容易将上市公司作为他们的"提款机"，通过低价购买上市公司资产和高价出售资产给上市公司的方式，利用关联交易的价差以达到自身利润最大化的目的。同时，由于我国在会计信息披露制度和法规体系建设方面存在缺陷，使得中小股东无法了解上市公司真实的财务运行状况，无法及时意识到利益的受损，难以通过证券市场制度和法律的手段维护自身的权益。

（二）大股东强迫上市公司为其进行担保或质押

上市公司的违规担保主要有两种类型：关联担保和相互担保。大股东通常利用其控股股权的优势地位，强迫上市公司为其母公司提供高风险的违规担保，这一类型的担保数额巨大，使得上市公司成为其控股大股东的"提款机"。面对此现象，我国证监会已经发布了《关于上市公司为他人提供担保有关问题的通知》，但是现在看来执行情况不是很理想。第二种类型的相互担保则是和大股东存在相关

性的上市公司与大股东控股的上市公司之间的债务担保关系。在这种担保模式中，大股东将上市公司扯入并不相关的行业中去，大大增加了控股股东所在上市公司的财务风险，严重损害了中小流通股股东的权益。

（三）通过股利分配，掠夺中小股东的既得利益

上市公司的利润分配极不规范，分红派息率很低。大股东控制下的上市公司更喜欢高价配股，因为这可以进一步攫取中小股东的资金。另一方面，大股东不分红既可以保证上市公司拥有很多的现金，而且更重要的原因是未分配的利润会在下一年度摊入资本公积，增加上市公司的每股净资产，并不断转增股本，以提高非流通股在总股权中的比重。

我国的股份公司大多数是由国有企业改制而来，国有股股东拥有控股地位。当公司的股票上市时，为了预防国有资产的流失，将国有股设定为非流通股，因此非流通股与流通股的股权分置模式成为国有企业股份制改造的标准模式。然而，这种股权分置的制度决定了非流通股股东难以通过股票交易来实现其股权价值，因此，上市公司赢利所带来的增值收益成为控股股东的"纸面富贵"。"纸面富贵"犹如"水中捞月"，如果控股股东不甘心如此，则会通过自己所拥有的控制权实现自身的利益。高现金分红股利分配政策则能够以无法流通变现的股份获取很高的流动性股利，甚至有的公司在一边再融资聚集大量中小投资者的资金后，一边高现金分红将这一部分资金变成自己的股利收入。

三、大股东与中小投资者之间利益冲突的后果

大股东与中小股东利益冲突的一个后果表现在大股东侵害中小股东利益可能导致公司价值下降。由于控股大股东拥有公司的控制权，所以在利润分配给所有股东之前，控股股东能够将企业利润的一部分转移给自己。这种转移可能采取多

种渠道和形式，如工资、职务消费、转移价格、个人贷款、资产转让以及一些可能的直接窃取方式等。这种转移企业利润常常并不违法，但对企业来说成本却很高，直接后果将导致公司价值的损失。

大股东与中小投资者的利益冲突还会导致公司投资决策的非效率。对于公司来说，应该选择总价值较高的项目进行投资。但是，如果公司置于控股股东的严密控制之下，则控股大股东通常是从自己价值最大化的角度来左右公司投资决策，往往是选择总价值较低但控制权私人收益较高的投资项目。随着控股股东在上市公司中的现金流权比例的减少，控股股东选择低效率的投资项目的概率就会增加，效率损失加速增加。若低效率和有效率的投资项目间的控制权私人收益相差越大，公司的价值损失也越大。

大股东与中小投资者利益冲突的另一个后果是导致企业规模非效率。在不考虑资金利息情况下，公司是将利润分配给股东还是进行再投资，这取决于新的投资项目是否能产生更多的利润。但是如果公司存在控股大股东，则公司的投资决策很可能因其为了攫取私人收益而发生严重扭曲。也就是说，即使公司没有较好的投资项目，控股大股东也可能迫使公司将前期利润投资于不能盈利甚至亏损的投资项目，而不是将利润分配给外部股东。

第二节　我国大股东控制权配置争夺博弈的现状

理论界对于我国上市公司的股权结构一般定义为两层含义：一是股权构成，即各个不同背景的股东集团分别持有股份的多少。在我国，就是指国家股东、法人股东及社会公众股东的持股比例。二是股权集中度，即前五大股东持股比例状

况。一般认为，股权高度集中的公司的绝对控股股东一般拥有公司股份的50％以上；股权高度分散的公司的所有权与经营权基本完全分离，单个股东所持股份的比例在10％以下；股权相对集中的公司拥有较大的相对控股股东，同时还拥有其他大股东，所持股份比例在10％—50％之间。

一、我国股份公司控制权争夺的主要特征

（一）中国上市公司的控制权配置模式

1. 中国上市公司处于大股东的超强控制中

股权结构是决定公司控制权配置的重要因素。综合上述分析，我国上市公司在股权结构上的"股权分置"与高度集中的特点，决定了我国上市公司控制权的配置模式与国外上市公司的控制权配置模式不同，呈现出独特之处。由于非流通股股东所占有的份额为所有上市公司平均值的62％左右，因此，很多非流通股股东占据着绝对控股的地位。从控制权角度来看，作为非流通股股东的主要代表，国有股东往往掌握着控制权。胡天存和杨鸥（2003）的调查表明，除极少数情况外，在总体上，不管第一大股东持股比例的高低，我国上市公司的实际控制权大多掌握在第一大股东手里。胡天存和杨鸥（2003）还进一步对我国上市公司的控制权主体性质进行调查，结果表明，到2002年12月31日止，在深沪交易所上市的1 066家全部样本公司中，控制权主体性质可以划分为四类：国有性质（包括国家股或国有法人股股东），民营性质（含自然人）和外资性质，非国有、民营、外资性质的一般法人股性质，它们分别有791家、158家、6家和111家，占其研究总样本的比例分别是74.20％、14.82％、0.56％和10.41％。

在我国，由于非流通股的"一股独大"，国有大股东控制着相当规模的上市公司，一直是上市公司控股股东的主要力量。另外，中国上市公司大股东之间持股比例相差悬殊，第一大股东平均持股比例达 40.38%，第二大股东平均持股比例只有 9.83%，第二到第五大股东平均持股比例为 4.28%（17.11%÷4），表明中国上市公司的股东实力分布不均，第一大股东拥有绝对控制优势，其他大股东难以与第一大股东相抗衡，股权制衡在制度上并不存在。

股权结构的独特性决定了我国上市公司第一大股东在公司的股东大会上对公司的重大决策以及在选举董事上拥有绝对的控制权，相应地也就控制了公司的经营方向和公司的实际运营，即通过控制董事会对经理层进行控制。由于公司法没有对公司的董事来源如外部董事等制度作出规定，所以控股股东可以通过股东大会选举"自己人"进入董事会，从而达到对公司的控制。因此，我国上市公司股权结构特点决定了控制权配置具有向控股股东高度集中的特征，上市公司处于大股东的超强控制中。

2. 中国上市公司"内部人控制"现象严重

"内部人控制"（inside control）是指由于外部成员（股东、债权人）的监督不力，企业内部成员（主要是经理人）掌握了企业实际的控制权。理论上，在股权集中的情况下，"内部人控制"很难形成，因为大股东在公司治理中的力量是非常强大的，有能力和动力对企业经理层进行监督；在分散的股权结构条件下，由于股东普遍存在的"搭便车"行为，经理层往往掌握了企业的实际控制权，从而形成"内部人控制"问题。尽管我国上市公司的股权集中程度很高，但国内许多学者研究表明，我国上市公司"内部人控制"现象非常严重。比如，何浚（1998）首次引入"内部人控制度"概念，对我国上市公司的内部人控制状况进行了分析。其对"内部人控制度"的定义为：

内部人控制度＝内部董事人数／董事会成员总数

由于很多关于公司重大问题的决策都是由董事会做出的，因此，何浚（1998）采用内部董事人数在董事会中的席位比例来衡量"内部人控制"问题的严重程度。其中，内部董事主要是指董事会中属于企业内部管理人员或职工的董事。何浚对收集的406家样本公司董事会资料的分析表明，每公司平均拥有董事9.7人，其中外部董事3.2人，内部董事6.5人。中国上市公司平均内部人控制度达到67.0％，内部人控制度为100％的公司有83家，占有效样本总数的20.4％，接近57％的样本公司（231家）的内部人控制度达到50％以上。王韬和李梅（2004）利用何浚（1998）对内部人控制度的定义，选取了2000年以前上市的766家上市公司为样本进行研究，结果表明中国上市公司的"内部人控制"问题的确相当严重，平均内部人控制程度达到68.05％。

已有的理论认为，股权分散导致所有权与经营权分离，就容易导致"内部人控制"问题。但由前述分析发现，中国却呈现了一个悖论：股权高度集中与"内部人控制"并存。此外，中国上市公司的股权集中度和内部人控制程度呈正相关关系，随着上市公司第一大股东持股比例的增加，公司内部人控制度也在上升。何浚（1998）研究也表明，我国上市公司国有股权集中度与内部人控制度显著正相关，即国有股（国家股和国有法人股）在公司所占的比例越大，公司的内部人控制就越强。

为什么会出现这种情况呢？可以这样认为，公司的内部人控制是我国经济转轨过程中的必然产物。青木昌彦在阐述经济转轨国家公司治理时指出，"内部人控制是体制转轨过程中所固有的一种潜在可能"。他在分析东欧国家体制转轨情况后指出，由于计划经济体制的停滞，计划权力的下放，企业管理人员获得了不可逆转的管理权威，而计划经济体制解体后对权力监督约束的真空，又使企业经理人进一步加强其控制权，经理人员事实上或依法掌握了控制权，他们的利益在公司的战略决策中得到了充分体现。

由于我国上市公司中大部分是由原来的国有企业改制而成，长期困扰国有企业的所有者缺位、政企不分的弊病在仓促的改制上市中并没有得到根除。大部分上市公司的国有股主体是国有资产管理局或其他政府机构，缺乏人格化的所有权主体，导致国有资产所有权虚置。国有资产所有者代表的激励不足，缺乏监督的活力。由于国有股代表缺位，委托-代理关系不清晰，在很多国有公司中，董事会成员既是委托人又是代理人，角色定位不明确，公司治理结构的功能和职责也就不明确。在这种情况下，经理人被赋予的控制权在某种意义上被放大了，也就相应地形成了内部人控制的状况。

至于股权集中与内部人控制度的正相关关系，也是源于我国上市公司的股权结构畸形。根据前面分析，我国的上市公司大多数是由国有企业改制而成，股权结构方面的一个明显特点就是第一大股东的持股比例偏高。在国家股或国有法人股为第一大股东的情况下，公司在治理结构方面倾向于"一套人马两块牌子"，即公司董事同时兼任经理职位。这样，第一大股东持股比例愈高，其权力愈大，内部人控制度也就愈高。

3. 大股东超强控制与"内部人控制"并存下的董事会结构

从微观层面上讲，公司控制权的配置体现在公司的内部机制中，公司的股东大会、董事会和管理层构成了公司控制权在公司内部的三个层面。其中，董事会是公司的最高决策机构，是股东大会闭会期间的常设代表机构，直接对股东大会

负责，履行公司法人产权，在公司内部处于公司控制权配置的核心地位。然而，大股东超强控制与内部人控制共存现象严重地影响了我国上市公司董事会的形成，上市公司董事会结构很不合理。由于股权结构高度集中，大股东垄断了董事会人选决定权，公司董事会的运作通常被控股股东所控制，而不是以集体决策为基础。肖腾文（2001）的统计结果表明，沪深股市 50 家股本规模最大的上市公司中，公司最大股东平均持有公司 58.22％的股权，而由大股东派出或具有大股东背景的人士在董事会中占据了 95.2％的席位，50 家公司的主要经理人员全部为具有大股东背景的人士。谢清喜和王瑞英（2004）对上海证券交易所 702 家 A 股上市公司 2002 年度的年报进行分析，表明我国有 73％的上市公司第一大股东具有决定上市公司经营决策的控制权。

独立性是董事会运作的基础，而董事长与总经理两职分离状况及独立董事比例是反映董事会独立性的两个最重要的指标。按照委托-代理理论，现代公司的代理问题表现为企业内部高层管理人员与股东的利益冲突，代理人具有"道德风险"与"逆向选择"的动机。两职合一势必导致董事会监督独立性的丧失，两职合一意味着总经理自己监督自己，这与总经理的自利性是相违背的。Lipton 和 Lorsch （1992）、Jensen（1993）等学者提出，董事长与总经理两职合一是董事会效率低下的原因之一。如果董事长与总经理两职合一，董事会就难以完成其相关的职能，因此，董事长与总经理的职务应进行分离，以维护董事会的独立性和有效性。吴淑琨（2002）采用上海和深圳证券交易所 A 股上市公司 1997 年到 1999 年的数据，对上市公司的两职情况进行了研究。结果表明，我国上市公司两职合一情况比较普遍，国有股比重高的上市公司两职合一状况更为严重。

基于董事会在公司内部治理中的核心地位，我国在董事会独立性方面的建设做了很多工作，取得了长足的进步。比如，根据黄张凯、徐信忠和岳云霞（2006）的统计，我国采取董事长与总经理两职合一的上市公司在所有上市公司中所占的比例不断下降。

除了董事长与总经理的两职合一指标外，独立董事制度被认为是保持董事会的独立性，进而对上市公司高层管理人员实施有效监督的重要力量。近年来，独立董事制度的建立与完善已经成为我国上市公司治理建设的一项重要内容。本书重点对我国上市公司的独立董事制度状况进行分析。

中国证监会对上市公司独立董事的设立要求从 1997 年 12 月的可设可不设发展到 2001 年 8 月要求必须设立独立董事。2001 年 8 月 16 日，中国证监会在广泛征求意见的基础上发布了《关于在上市公司建立独立董事制度的指导意见》，这是中国首部关于在上市公司设立独立董事的规范性文件。它的出台是强化制约机制的重要举措，标志着中国上市公司正式全面执行独立董事制度，并明确要求在 2002 年 6 月 30 日前，上市公司董事会成员应当至少包括 2 名独立董事；在 2003 年 6 月 30 日前，上市公司董事会成员中应当至少包括 1/3 的独立董事。

黄张凯、徐信忠和岳云霞（2006）对我国上市公司各年度末的董事会规模和结构情况进行了描述性统计分析。结果表明：独立董事在董事会中所占的比例逐年递增，由 1998 年的零均值上升至 2003 年的 32.5%。这一时期独立董事的发展趋势显然与法规的调整相一致，其平均数量在 2002 年后超过了 2 人，其在董事会中的平均比例在 2003 年最终达到了证监会要求的不低于 1/3。

表面上看来，上市公司不管在"两职合一"问题还是在"独立董事比例"上的建设都已取得很大成效，然而，我们并不能由此得出中国上市公司的董事会结构建设已取得很大成效的简单结论。由于这些制度建设的时间还不长，还要有一

个完善的过程，董事会结构建设工作对公司治理能否产生明显效果还需要时间予以检验。比如，近年来国内一些学者的实证研究表明，我国独立董事的存在基本上是为了应付法律法规的规定，独立董事制度在上市公司治理中的作用还没有显现。在现实的情况下，独立董事的尽职还受到诸多的限制。例如选举机制，由于上市公司董事长及其他绝大部分董事会成员由控股股东决定，所以可以说是控股股东决定了独立董事的提名任命，这就难以避免独立董事在行使职权方面存在诸多的顾虑。

（二）中国上市公司控制权转让方式概述

公司控制权转让可以通过多种方式实现。Manne（1965）在其经典论文中认为，公司控制权转让主要有代理权竞争、直接购买股票和兼并三种方式。Jensen和 Ruback 则认为三种方式分别为兼并、要约收购和代理权竞争。在不同的所有权结构下，公司控制权转让的方式是不同的。在较为分散的所有权结构下，公司的控制权是"可竞争的"，潜在的竞争者可以通过直接购买股份或发出要约等方式获得公司的控制权；但在存在绝对控股股东的所有权结构下，公司的控制权是"不可竞争的"或"锁定的"，潜在的竞争者只有与控股股东谈判并经过后者的同意后才能获得公司的控制权。

我国上市公司是国有股控股的高度集中的所有权结构。从控制权转让的实践来看，并购（分为要约收购和协议转让两种）是主要方式，代理权竞争方式很少使用。下面分别介绍要约收购和协议转让两种方式：

1. 要约收购方式

要约收购方式是指通过证券交易所的交易，当收购者在持有目标公司股份达到法定比例时，继续收购的，需依法通过向目标公司股东发出全面要约收购的方式获得目标公司的控制权。通过二级市场收购目标公司一定数量和比例的流通股，进而成为上市公司的大股东，获取控制权是国外市场经济成熟国家的普遍做法。但由于我国上市公司股权结构特殊，在实践操作中企图通过要约收购来获取上市公司控制权是有一定难度的：首先，二级市场可流通的股份很少，上市公司的控制权基本都掌握在非流通的国有股东、法人股东手中，通过收购流通股控股上市公司难度很大。截至 2005 年 12 月 31 日，上市公司全部可流通股份仅占总股本的 37.83%；截至 2005 年 6 月，全部股本为流通股的仅有 5 家，流通股比例超过 51% 的在 1 000 多家上市公司中不足 1%。其次，《证券法》规定，任何法人直接或间接持有一家上市公司发行在外的 5% 的股份时应做出公告，以后每增持或减持 5% 时需公告。换言之，收购一家上市公司从首次举牌开始，需要公告 5 次才能达到 30% 的要约收购。如果在二级市场争夺控制权，不仅会增加收购成本，而且可能受到被收购方的抵制，形成"敌意收购"态势。

2. 协议转让方式

协议转让方式是指公司控制权的受让方在证券交易所外以协商的方式与出让方签订收购股份的协议，从而达到控制目标公司的目的。协议转让方式是我国当前控制权转让的主要形式。

从总体上看，我国上市公司的国有股协议转让经过了一个"否定之否定"的演变过程：国有股协议转让是以 1994 年恒通协议受让 ST 棱光国家股以及浙江凤凰国家股转让康恩贝集团为标志。2000 年 8 月，国有股向非国有单位协议转让的审核工作暂停。2002 年 6 月 23 日，国务院决定除企业海外发行上市外，对国内上市公司停止执行关于利用证券市场减持国有股的规定，使得国有股协议转让工作再度恢复。2003 年 6 月，国有股权转让审批职能由财政部移交至国资委，标志着

新型国有资产管理格局基本形成，国有股转让进入新的历史阶段。2003 年，《企业国有资产监督管理暂行条例》《关于向外商转让上市公司国有股和法人股有关问题的通知》《关于规范国有企业改制工作的意见》，尤其是由 2003 年 12 月 31 日颁布、2004 年 2 月 1 日起正式实施的《企业国有产权转让管理暂行办法》等一系列条例和规定，使国有股转让逐步纳入有法可依、有章可循的发展轨道。从 1994 年以来上市公司控制权转让的市场发展轨迹可知：1996 年以前，上市公司控制权转让市场规模很小，全部都是国有控制权变更；自 1997 年起，控制权转让逐年放大，国有股权转让占据着绝对地位。

（三）公司特征因素与控制权之争

国内学者在控制权私利影响因素研究方面主要还是针对中国上市公司一国市场的研究，因此现有的研究主要集中在公司特征对控制权私利的影响考察上，并取得了不少成果。

1. 公司流通股规模与控制权私利

上市公司的流通股规模有两种不同的刻画指标：一个是指流通股在总股本中的比例，另一个为流通股股数（或流通股市值）。前者反映了公司的股本结构，是个相对指标；后者则是个绝对数指标。在考察流通股规模与控制权私利相关关系时，有必要对这两种不同的量化指标进行区别分析。

从公司股本结构看，流通股比例越高，则公司后续可能实现股权融资越多，收购方通过内幕交易与股价操作可能获取的私利也越多。但从另一方面考察，由于我国证券市场投机成分较浓，上市公司控股股东可以利用其掌握的内幕消息，通过在二级市场上炒作流通股获取超额投资收益。有关研究表明，潜在控股股东比较偏好流通盘较小的公司的大宗股权。因为，若公司的流通股规模较大，即流通股股数较大，则控股股东进行炒作所需的资金相对要多，技术要求更高，有关各方操纵股价的难度较大，从而控股股东借此可获取的投机收益相对较低。

2. 财务杠杆与控制权私利

Jensen（1986）研究认为，由于债务融资的担保机制，它减少了经营者追求在职享受可利用的自由现金流，在降低代理成本方面应该能发挥重要作用，即债务融资具有治理效应，可以作为提高公司效率和监督管理者的一种有效控制机制。Jensen（1989）进一步总结了债务融资的几个优点：第一，能减少企业自由现金流，控制经理人员的过度投资；第二，债务约束将加重公司破产的可能，从而有助于保护投资人利益；第三，债权人可以很容易观察到公司过去偿还贷款的记录，从而对企业管理者进行监督。Hart（1995）甚至认为，给予企业经营者控制权或激励并不重要，设计出一个合理的融资结构可能才是至关重要的问题，若企业业绩不好，应增加负债融资，以加强对管理者的约束，尽可能降低其无效率行为。由于控制权私利主要源于公司内部人的"隧道挖掘"等无效率行为，根据上述理论，债务融资水平与控制权私利应呈负相关关系。然而，上述推论成立的必要前提是债务融资对企业管理者能形成有效约束。债务控制效应的发挥取决于两个前提条件：一是债务必须是一个硬性约束，即企业必须按债务合同偿还债权人的本息；二是企业的破产机制能正常起作用，即财务状况恶化的企业会依法破产，使经营者受到惩罚。就我国现状而言，一方面，我国大多数上市公司都是由国有企业改制而来的，上市公司高负债有很大一部分成因应归于历史形成，而不是企业自主选择的结果。由于我国上市公司国有非流通股的"一股独大"现象非常普遍，多数上市公司的举债行为存在行政性和非理性，在此情形下，我们很难相信这种特殊成因形成的负债能对公司治理起到积极的作用；另一方面，"一股独大"的本

质特征也决定了上市公司与银行具有一个相同的利益主体（国家），银行未能成为一个独立的利益主体，公司的财务负担被政府所化解，银行借款不仅不会给上市公司带来财务风险，而且已成为上市公司实力的具体体现之一，上市公司与银行之间的纽带关系越紧，公司就越不容易破产或退市。由此可见，在考虑我国上市公司独特的制度背景下，债务融资的治理功能可能被弱化，债务融资与控制权私利的负相关关系可能不明显。

3. 公司规模与控制权私利

公司规模对控股股东控制权私利的攫取行为会产生两方面的影响：第一，公司规模越大，控股股东从侵害公司资源和其他股东利益中获取的收益也就越多，企业规模与控制权私利之间应呈正相关关系；第二，规模大的公司受到来自政府部门、机构投资者、证券分析师等各方面的监督和关注也比较多，公司运作相对比较规范，信息也比较透明，中小投资者面临的信息不对称问题不是太严重。另外，公司规模越大，意味着收购方需要在收购及后续重组过程中投入越多的资源，公司业绩改善的难度也越大，由此，公司规模与控制权私利应呈负相关关系。由于我国外部监督体系相对弱化，因此，我们认为企业规模对控制权私利的影响方向将更大程度上取决于第一方面的影响。

4. 公司财务状况与控制权私利

公司财务状况与控股股东控制权私利攫取行为之间也呈现出两种不同的相关关系。一方面，公司财务状况越好，代表公司未来的盈利能力越强，控股股东未来从公司可能获取的控制权私利也越高，因此，公司财务状况与控制权私利攫取水平之间应呈正相关关系；另一方面，如果公司的财务状况不好，控股股东可以利用该上市公司原本不佳的财务状况作为掩饰，更方便地获取控制权收益，从这点看，公司的财务状况同控制权私利之间可能呈反比关系。最终的影响方向取决于上述两个层面的综合影响。Manne（1984）指出，在公司财务状况较差时，改善公司资产管理效率的潜在收益较大，控制权将越有价值，再结合我国法律监管环境相对薄弱的特点，我们认为，后者对控制权私利的影响会更明显。

5. 公司代理成本与控制权私利

根据 Jensen（1986）提出的"自由现金流假说"，如果公司持有的自由现金流（包括现金和变现能力很强的流动资产）较高，则代理成本越大。因为如果公司具有充足的自由现金流，则意味着控股股东拥有更多的资源用于谋求控制权私利，比如过度投资、向董事或高管人员支付更多的工资和津贴等。

6. 股权转让比例与控制权私利

股权占上市公司总股本的比例越高，它所代表的对公司决策的投票权或控制权就越多，因此，控制权私利水平与持股比例应呈正向变动关系。与此相一致，Barclay 和 Holderness（1989）研究发现，控制权私利随着大宗股权交易规模的增加而增加。Burkart，Gromb 和 Panunzi（1997）实证研究发现，当协议转让的股权规模越大，买方获得的控制权越大，其攫取的控制权私利也越高。他们研究认为，购买者以协议转让而不是在公开市场购买的方式获得企业控制权，这可能意味着购买者的目的是为了攫取私有收益。但是，随着持股比例的上升，控股股东从增加的股份中获取的控制权私利的边际收益是逐渐递减的。唐宗明和蒋位（2002）认为，当控股股东的持股比例过高，并且实现对各个公司的控制所要求的持股比例不一样时，控制权私利和持股比例之间没有明显的关系。

7. 转让后控股股东持股比例与控制权私利

Nicodano 和 Sembenelli（2004）研究认为，在股权交易特征层面，控制权私

利水平不仅取决于大宗股权的转让规模，还取决于出让公司整体的股权分布状况。因为，在目标公司的股权相当分散的情况下，少份额（如5％）的股权转让可能都伴随着大量的控制权转移；相反地，如果目标公司已经存在一个绝对控股股东（如存在持有超过51％股权的其他股东），则所转让的股权所包含的控制权转移是微不足道的。当然，这是两种特殊的情形，在本书的研究中并不成立，因为我们所选取的样本要求股权转移后控制权发生变更。但是，由此可推断，当转让后控股股东持股比例越高，则其所获取的控制权相对越稳固，其获取控制权私利的能力也会相应增强。

（四）所有权安排与控制权之争

本质上，控制权私利取决于公司控制权的掌控方式和配置机制，而公司控制权的配置通常是在特定的所有权安排下，各利益相关者目标冲突和利益权衡后所形成的均衡治理形态。因此，所有权安排对控制权及其收益的影响贯穿于漫长的公司治理研究轨迹。在 Berle 和 Means（1932）开创性研究之后的相当长一段时期，由于高度分散的所有权结构导致了公司控制权实际上掌控在管理层手中，管理层在控制权私利的驱使下损害股东利益和公司价值的决策行为屡见不鲜。20世纪80年代以来，随着公司治理研究从具有典型所有权分散结构的美国向其他国家不断延展，所有权集中趋势作为法律保护贫弱的相机抉择，不仅凸显为公司内部治理机制的基本特征，而且其对公司控制权配置格局的重塑，无疑导致了控制性股东对中小股东的利益侵占成为可能。

所有权安排（Ownership Structure）的内涵很广，一般应包括所有权性质、所有权结构比例及所有权控制方式等。其中，所有权性质是指公司股东的性质，如国有股、法人股、外资股、个人股等。

La Porta 等（1999，2002）以及 Claessens，Djankow 和 Lang（2002）分别对所有权集中结构下的大股东侵占问题进行了实证研究。研究结果表明：较高的所有权比例赋予了大股东获取控制权私人收益的动机与能力；但是，当大股东的持股比例提高到一定程度后，基于对控制权公共收益过高损失的权衡，大股东获取控制权私人收益的动机将会被削弱，部分放弃对控制权私人收益的攫取将成为大股东对外部投资者的置信承诺。因此，所有权安排对控制权私利的影响，随着所有权结构比例的变动而产生了"利益侵占"（Entrenchment）和"利益协同"（Alignment）两种相反的效应。基于上述分析，可以就我国上市公司第一大股东持股比例与控制权私利之间的关系提出以下研究假设：在较小的持股比例区间内，第一大股东的持股比例与其控制权私利水平正相关；在较大的持股比例区间内，第一大股东的持股比例与其控制权私利水平负相关。

对于控股股东控制权私利的制约，股权制衡是个重要的概念。Pagano 和 Roell（1998）证明了多个大股东的同时存在能够有效抑制控股股东对少数股东利益的侵占，从而有效降低控股股东所产生的代理成本。La Porta, Lopez-de-Silanes 和 Shleifer（1999）也指出，拥有较多股份的第二大股东可以在一定程度上限制大股东对其他股东的侵占行为。Bennedsen 和 Wolfenzon（2000）认为，在对投资者保护不完善的情形下，如果存在多个大股东并共同分享控制权，使得任何一个大股东都无法单独控制企业，公司重大经营决策需要经过由几个大股东一致同意，那么这些大股东所持有的足够大的控制权足以限制控股股东对中小股东掠夺的激励，从而有效抑制控股股东对控制权私利的获取。我们用第二大股东至第五大股东持股比例之和同第一大股东持股比例的比值来衡量股权制衡度，基于股权制衡与控制权私利间的理论分析，可以提出以下研究假设：公司的股权制衡度与控制

权私利之间呈负相关关系。

在渐进式的改革路径选择和转型期的特定背景下，肩负着国有企业改革重任的我国上市公司普遍采用了国家控股的所有权模式，整体的所有权结构被以计划指令的方式划分为国有股、法人股和流通股。在国有企业的改革进程中，由于国有经济存量布局的历史和地域延承性，以及在国有经济布局结构调整过程中对超产权的中央和各级地方经济利益关系的综合权衡，使得包括上市公司在内的所有国有经济成分均被纳入了分级控制的体制框架。在分级履行出资人职责的国有资产管理制度下，国有上市公司的终极控制权呈现出中央和各级地方国资委分别履行的鲜明特征。尽管股权分置的改革方案已全面启动，但由于改革过程的渐进性，国有上市公司整体归属中央和地方两级主导的所有权安排形式至今尚未发生实质性的改变。另外，由于国有企业在上市之初主要选择了分拆、捆绑和整体三种改制上市模式，从而形成了中央和各级国资委（局）终极控制下的企业集团控股、国有资产经营公司控股和国资委（局）直接控股三种不同的所有权控制方式。基于这种特定国情所形成的所有权控制类别和控制方式的镶嵌，我国上市公司控制性股东攫取控制权私利的动机与能力，不仅会受到一般理论意义上的控制类别和控制方式的影响，而且在很大程度上将取决于两类最终实际控制权主体各自的目标取向和利益要求。

首先，就中央企业集团控制的上市公司而言，一方面，由于其主要是涉及国民经济命脉、重要自然资源采掘和重大基础设施建设的大型国有企业，中央政府对其经营状况的监控力度较大，受到国内外相关媒体关注较多，信息披露的透明度也相对较高；另一方面，尽管《公司法》和《证券法》等一系列旨在规范上市公司治理机制的相关法规在具体实践中依然面对着逐级阻力，但由于中央企业在国有经济布局和国有企业改革中的战略性地位，国家层面上的证券市场法律制度通常将率先在央企所辖的上市公司中实施，并且将被较好地示范性执行。以上两方面均在相当程度上抑制和弱化了中央企业集团攫取上市公司控制权私利的动机和能力。

其次，就地方企业集团和国有资产经营公司控制的上市公司而言，一方面，作为地方经济发展的标志和重要融资平台，地方政府通常会对其进行资源配套、无偿划拨和区域性市场保护等方面的政策倾斜，导致有形和无形两种控制性资源的聚集，这客观上为控制性股东更大规模地攫取控制权私利创造了条件。但另一方面，上市公司通常与控股集团和地方政府存在千丝万缕的联系，控股集团和地方政府为了维持集团公司和当地经济的发展，天然具备通过同属性并购等方式从上市公司转移资源的掏空动机，从一定程度上造成了控制权私利的稀释。

最后，相较于地方企业集团和国有资产经营公司而言，地方国资委直接控制的上市公司尽管也享有地方保护主义下的诸多优惠和倾斜政策，但由于缺少企业集团层级的利益回旋并直接受控于地方政府，企业将在更大程度上承担地方经济转型和改革稳定的成本，其控制性资源在一定程度上具有公共属性。因而，其攫取控制权私利的实现通道相对较少。

基于上述分析，本书就我国上市公司所有权控制方式与控制权私利之间的关系大致可以描述为：央企所辖上市公司的控制权私利攫取程度低于地方所辖的三类上市公司；在地方政府所辖的上市公司中，由企业集团和国有资产经营公司控制的上市公司，其控制权私利的攫取程度大于地方国资委直接控制的上市公司。

（五）股权分置改革与控制权之争

1.股权分置改革前后的市场环境变化

股权分置是指上市公司的一部分股份上市流通，一部分股份暂不上市流通。我国证券市场创立初期，一方面将股份制当作增强国有企业活力的重要手段，另一方面又担心丧失公有制主体地位，因而选择了国有股和法人股暂不流通。股权分置这种制度安排，为资本市场的产生和早期发展减少了障碍。但是，随着证券市场的发展，其缺陷不断显现，反映在控制权市场发展方面主要表现为：一是高度集中的控股结构便利了大量的损害上市公司利益的关联交易，便利了控股股东借助控股公司"掏空"和侵害上市公司；二是流通股股权高度地分散于个人股东之中，使得公众股东对上市公司缺乏有效的直接控制力，公众股东在公司治理过程中无法发挥直接作用；三是由于股权市场严重分割，敌意收购和接管难以进行，公司控制权市场的运作效率、运作质量和运作空间受到严重限制，控制权转移后的公司绩效较低；四是大部分股权不流通，导致股票二级市场价格信号和价格形成机制扭曲，阻碍控制权市场有效竞争和合理配置资本。在股权分置改革开始前的 2004 年末，上市公司总股本为 7 149 亿股，其中非流通股份 4 543 亿股，占上市公司总股本的 64%（近 2/3），国有股份在非流通股份中占 74%。2004 年 2 月 1 日，国务院发布了《关于推进资本市场改革开放和稳定发展的若干意见》，明确提出"要积极稳妥解决股权分置问题"。2005 年 4 月 29 日，经国务院同意，中国证监会发布了《关于上市公司股权分置改革试点有关问题的通知》，标志着股权分置改革试点工作正式启动。股权分置改革，是通过非流通股股东和流通股股东之间的利益平衡协商机制，消除 A 股市场股份转让制度性差异的过程。改革之后，原非流通股股东的股份将可以上市交易。2005 年 8 月，在先行试点的基础上，国务院五部委联合下发《关于上市公司股权分置改革的指导意见》，要求："以股权分置改革为契机，推动上市公司完善法人治理结构，提高治理水平，切实解决控股股东或实际控制人占用上市公司资金问题，遏制上市公司违规对外担保，禁止利用非公允关联交易侵占上市公司利益的行为。在解决股权分置问题后，支持绩优大型企业通过其控股的上市公司定向发行股份实现整体上市；支持上市公司以股份等多样化支付手段，通过吸收合并、换股收购等方式进行兼并重组，推动上市公司做优做强。"截至 2006 年 12 月底，沪深两市或进入股改程序的上市公司已达 1 220 家，占应股改 A 股上市公司的 92%，对应市值占比为 96%，股权分置改革任务基本完成。随着限售股逐渐开始流通，至 2010 年，中国证券市场进入可全流通的时代。

股改前我国的证券市场具有两大特点：一是上市公司股票分为流通股和非流通股，前者在上海、深圳交易所公开交易，后者通过协议或拍卖等方式在场外进行大宗转让；二是上市公司第一大股东一般拥有绝对控制权，且大股东的股票几乎全为非流通股。这导致以下三方面影响：流通股相对于非流通股具有较高的流动性溢价；战略投资者不太可能通过与大量非控股的非流通股股东——谈判并获得股份；相当一部分上市公司的大股东控股比例超过 50%，投资者获得公司控制权的唯一途径是收购大股东的股份。

股改后，我国证券市场呈现以下几个特征：

（1）大股东效应放大，控股股东问题得到有效抑制

在全流通时代，大股东对于公司经营层面将会有更多了解，这就会产生大股东行为的"放大效益"，即"正向改善效应"或"逆向恶化效应"。大股东的主观意愿和行为将影响到股价的变动，从而影响其股权价值的变动。随着股权分置问

题的逐步解决，上市公司最基本的变化是各类股东利益机制趋于一致，再加上股权结构的逐步分散，控股股东控制问题将得到有效制约。一方面，中小投资者和机构投资者可以运用其对股票价格的影响，加大在公司治理中的作用，控股股东由于对股价的重视，也会日益尊重其他股东的意志，从而抑制"控股股东控制问题"；另一方面，伴随着全流通和股权分散化，公司被敌意收购、接管的危险大大增加，公司控制权市场这一外部监督机制得以实现，这对控股股东和经理层形成了重要的外部监督。公司控股股东及管理层将更重视对公司控制权的掌握，制约控股股东掏空、侵占公司利益的行为。

（2）国有资产管理体制改革逐渐到位

基于国有控股上市公司占我国上市公司总数的 2/3，因此国有资产管理体制改革对我国控制权市场发展的整体状况具有重大影响。我国已经初步建立了与《公司法》《证券法》有机衔接的国有资产管理体制。同时，国有资产监督管理部门正不断根据法律和公司章程规范其参与公司治理的方式，加强对其实际控制下的上市公司高管人员的激励与约束，使国有控股上市公司治理不断得到规范，严重的委托–代理风险得到有效遏制。国有控股及参股上市公司的治理监管也随之面临有利的形势。在这个框架下，各级国资委只能通过国有控股公司对国有独资企业和国有参股、控股企业履行出资人责任，享受出资人权利，并应严格根据《公司法》《证券法》和公司章程参与公司治理和管理，从而阻隔了行政权力对公司内部事务的直接干预，直接规范了公司治理。同时，国资委通过公开招聘经营管理者，建立期权激励制度、外部董事制度和责任追究制度，派出总法律顾问和总会计师等手段强化对国有企业管理人员的监督和激励，有利于降低国有企业中存在的道德风险，为国有控股上市公司治理水平的提升提供重要保障。

（3）内部人控制问题可能强化

随着股权分置问题的逐步解决，原有的控股股东作为公司的"责任大股东"，在减持其股份之后，新的大股东（如基金和机构投资者）的主要目标是投资证券或投机证券，而非公司控制权。这样一方面容易出现责任大股东缺位的现象，从而使得对经理层的监督被极大弱化；另一方面，在一个高度分散的股权结构中，任何一个股东都缺乏监督管理层的足够激励，再加上对股东利益的法律保护不到位、国有资本出资人监督弱化等因素，内部人控制问题会进一步强化。股权分置问题解决后，很多公司都会提出高管股权激励计划。在给予董事会、高管层经营上市公司的权力并激励他们努力工作的同时，如果不能同时形成合理的约束机制，也可能造成内部人控制问题的强化。在某些时候，大股东或实际控制人利用资金优势和了解上市公司信息的优势，更容易操纵公司股价，也有可能与机构投资者合谋来共同操纵股价，内部人控制现象将会更加突出。

（4）股东之间的制衡关系出现新变化

股权分置改革解决了流通股与非流通股之间的矛盾，但却无法解决大股东与中小股东的冲突。这是因为：一是控股股东通过控制地位，利用关联交易等形式转移、占用公司资金的可能性仍然存在；二是控股股东利用控制地位通过盈余管理影响股价的能力和可能获得的利益较其他股东更大；三是大股东有取得内幕信息的天然优势。同时，中小股东也可以通过大股东的关联交易和股份交易行为等进一步了解公司的情况和大股东的动向，并形成对大股东的制约。

（5）大股东侵占中小股东利益的行为更复杂、更隐蔽

股权分置问题的解决，名义上，大股东在股权的流动性与定价的市场属性上与中小股东取得了一致，直接占用上市公司资金或关联交易可能会大幅减少，但

仍难以避免通过关联交易非关联化和财务造假等侵占行为的出现，只是手段更隐蔽，也更不易被识别。如实际控制人或公司高管不以其自身名义直接持有关联企业的股权，而以非关联自然人作为名义上的出资人，将关联企业从形式上非关联化。

二、控制权转移的主要方式

（一）二级市场收购控制权

二级市场收购，是指通过二级市场收购上市公司一定数量和比例的流通股，进而成为上市公司的大股东，获取控制权。

（二）代理权争夺

作为一种管理约束机制，代理投票权竞争有助于优化公司治理结构。通过代理投票权的争夺，股东能对未实现股东目标的经营者加以惩戒。

（三）MBO

MBO（Management Buy-Outs），通常译为"管理层收购"，是指目标公司的管理者或经理层利用借贷所融资本购买本公司的股份，从而改变本公司所有者结构、控制权结构和资产结构，使企业的原经营者变成企业所有者的一种收购行为。在国外，MBO作为一种激励内部人积极性、降低代理成本和改善企业经营状况的有效方式获得了广泛的运用。随着中国经济体制改革的深入和国退民进程度的加快，MBO被引入国内，出现了许多极具中国特色的案例。

产生于20世纪70年代的管理层收购，原本主要是为了解决企业中棘手的委托-代理问题，实现管理层人力资本价值，使经营者通过收购变成企业的所有者并拥有特定控制权和剩余控制权，从而降低企业代理成本，有效激励、保持公司管理层的活力，消除大型公司规模不经济、不协同的反作用，最终使股东得到最大回报。究其本质，上市公司的 MBO 只是杠杆收购的一种，是指目标公司管理层借助目标公司的担保而大量举债，向其股东收买公司控股权的行为。MBO 之所以能够作为一种分配制度创新而迅速崛起，其优势在于：使所有者和经营者合二为一，弥补所有者缺位的局限，不仅有利于降低公司代理成本，调动公司管理者释放"企业家才能"的积极性，而且可让原公司所有者实现投资结构的调整，完成公司退市与获取致力于其他投资的资金等。但也正由于上市公司 MBO 的创新性及其管理者扮演有冲突的双重角色因素，在实践中带来一些亟须解决的新问题，比如 MBO 高负债率带来的金融风险；管理层与股东的利益冲突导致管理层的忠实义务的违背；信息不对称性带来股价不合理以及侵犯股东权益等。鉴于此，各国均纷纷立法对 MBO 加以规制和引导，并由此形成上市公司 MBO 的一些典型特征：

（1）目标公司的管理层是收购主体

上市公司 MBO 是目标公司管理层通过融资购买目标公司股权，改变公司所有权结构，并实际控制公司的行为。收购过程中，收购方是目标公司的管理层，被收购方是管理层供职的目标公司，收购标的就是目标公司的股权。管理层作为收购方就是上市公司 MBO 与一般公司收购的主要区别。实践中，为了收购和融资的方便，作为收购方的目标公司的管理层通常会成立一个投资公司，以其名义进行 MBO 操作，因为这个投资公司仅仅具有形式上的意义，所以被称为"壳"公司。另外，由于近几十年各国对职工持股计划（ESOP）的推广，职工持股会也成为上市公司 MBO 的重要收购主体（由于职工持股会中有一些非管理层职工股份的存在，所以借助职工持股会的上市公司 MBO 经常被看作过渡性的 MBO）。比如，1999 年粤美的 MBO 收购主体就是"顺德市美托投资管理公司"，其中美的

公司管理层约占美托总股份的 78%，剩下的 22% 就被工会所持有。当年美托占美的总股份的 6%，是第三大股东。到 2001 年上半年，美托的持股比例增加到了 22.19%，成为第一大股东，从而完成了 MBO 计划。

（2）上市公司 MBO 受到严格法律程序的约束

上市公司 MBO 的过程一般都可以划分为如下几个阶段：① 管理层发起成立职工持股会或投资公司；② 以目标公司资产为职工持股会或投资公司作担保，向银行、保险公司或风险投资基金贷款融资，或向养老基金、保险公司与风险投资基金等发行优先股票或次级债券以及在市场上公开发行高收益债券（垃圾债券）进行"夹层"融资；③ 实施收购计划；④ 完成收购，根据控股情况决定公司重新上市或者退市经营。

无论进展到哪一阶段，都必须按照法定程序进行，既要保护债权人与中小股东的利益，又要防止市场垄断与金融风险。比如美国《威廉姆斯法案》要求收购发盘方在取得上市目标公司股权的 5% 或以上时，在 10 天内向证券委员会和目标公司各呈递一份表格，上面要详细描述收购的条件、收购者的背景、资金来源以及收购者接管公司后的发展计划等。同样，中国的《证券法》与《股票发行与交易管理暂行条例》也对要约收购做出了严格规定，对涉及国有股转让的 MBO 还有专门的政策加以管理。比如，珠海丽珠管理层于 2001 年 1 月借助珠海桂花职工互助会，委托信托与第一大股东光大集团达成股份转让契约，但最后就是由于没有得到财政部的通过，该协议最终归于无效。

（3）上市公司 MBO 的法律后果

上市公司 MBO 可能的结果无非两种，收购成功或者收购失败。收购成功，管理层占有目标公司控股股份时，如果剩余股票的数量或者股东人数低于证券管理部门或交易所的上市标准，则该目标公司停止上市交易，丧失上市资格，即退市。如我国《公司法》第 152 条第 4 款和《证券法》第 86 条第 2 款均有类似规定。事实上，若这时该公司的股东人数已不符合设立股份公司的最低人数要求，原上市公司除了退市之外，还必须作为其他的企业形式重新登记。英、美、德、法等国的公司法对于收购了 100％股份的管理层，承认其作为一人公司继续存在；而中国《公司法》除了国家授权的投资部门和外商之外，不承认一人公司，对于管理层取得 100％股份后的公司性质以及存续，《公司法》并未作明确规定，但《证券法》第 86 条规定："收购行为完成后，被收购公司不再具有公司法规定的条件的，应当依法变更其企业形式。"在中国的实践中，多是安排一些形式股东来满足《公司法》股东人数的限定，从而规避一人公司的问题。

各国对收购失败的法律后果规定不尽相同。有的国家对发出新要约有时间暂禁的规定。比如英国的《城市法典》规定："收购失败后，收购者在以后 12 个月内不得对目标公司进行新的收购，或使自己处于被迫按第 34 条规则进行收购的境地。"也有的国家的法律允许立刻发出新的要约。比如我国的《股票发行与交易管理暂行条例》第 51 条规定："……收购要约人除发出新的要约外，其以后每次购买的该公司发行在外的普通股，不得超过该公司发行在外的普通股的 5％。"应当指出的是，由于中国上市的大部分公司中，占据控股地位的国家股与法人股不能上市流通，所以 MBO 最实际可行的方式是协议收购。协议收购时不受到上述规定限制，这也是由我国股市的特殊性所决定的。

（4）MBO 运作的关键在于配套的金融法律制度

从美国的经验来看，正是由于美国政府在 20 世纪 80 年代对金融管制的放松，金融机构之间竞争性的强化，迫使金融机构主动寻求放款途径，繁荣垃圾债券市

场以及投资银行业务的延伸，才造成了上市公司 MBO 的迅速兴起。

从美国上市公司 MBO 的实际运作来看，其资本结构大致为：股本金 5%—20%；次级垃圾债券 10%—40%；银行贷款 40%—80%。

可见，买方实际所需支付的收购资金只需要 20%，其他的可以利用目标公司的资产作担保，向金融机构、保险公司融资；若不足，再向养老基金、保险基金或者风险投资基金等贷款。

三、相关法律与监管制度的变迁

在股权分置改革全面推进期间，证券市场的法律环境发生了巨大的改变，《公司法》和《证券法》完成修订，《刑法修正案（六）》通过，中国证监会制定或修订了一系列基础性政策文件包括《上市公司证券发行管理办法》《上市公司收购管理办法》《上市公司股权激励管理办法（试行）》等。财政部于 2006 年 2 月 15 日发布了一系列新修订的《企业会计准则》。相关法规政策的修订及颁布，既总结证券市场运作的具体实践，借鉴了国际经验，也充分考虑了股权分置改革后市场基础条件发生重大改变的因素，直接反映了市场发展的现实要求，具有很强的前瞻性。它们的发布和实施，对控制权市场规范运作及其创新发展产生了深远影响，也标志着我国控制权市场发展进入了新的历史时期。

这些变化体现在以下几个方面：

第一，进一步完善上市公司收购制度，鼓励上市公司收购。《上市公司收购管理办法》鼓励上市公司收购，充分发挥市场机制约束作用，全面提升市场资源的配置效率。表现为：一是丰富收购形式和手段，鼓励市场创新。明确收购人可以通过取得上市公司向其发行新股的方式获得公司的控制权，并免于要约收购义务。对通过二级市场收购流通股的举牌收购实行事后监管，同时引入换股收购、非公开发行购买资产等创新方式，为市场化的并购预留了空间。二是将强制性要约收购改为收购人选择的要约收购方式，赋予收购人更多的自主空间，降低收购成本。三是切实保护中小投资者的合法权益。明确界定一致行动人的范围，提高控制权变化的透明度。要求公平对待所有股东，同时规定公司存在未清欠完毕等情况的，限制公司股权转让的申请。四是减少监管部门行政审批豁免权，以体现法律对国有、民营、外资公平对待的精神。

第二，以完善机制和明确责任为重点，健全了上市公司规范运作的基础。《公司法》和《证券法》等法律制度的修订，增加了董事、监事、高级管理人员对公司负有忠实和勤勉义务的规定以及违反义务应承担的民事、刑事责任，健全了对公司内部人员的约束机制；公司的控股股东、实际控制人、董事、监事、高级管理人员不得利用其关联关系损害公司利益，违反规定给公司造成损失的，应当承担赔偿责任；增加规定了发行人、上市公司的控股股东或实际控制人的法律责任；强化了上市公司信息披露的义务和责任。适应股份全流通的情况，及时修订出台了《上市公司股东大会规则》《上市公司章程指引》等，规范上市公司运作的法律法规体系日益健全。

第三，完善监管执法机制和监管责任制度，强化执法权威和执行效率。修订后的两法，增加了证券监管部门执法手段，加大了监管权力，为进一步提高监管的有效性提供法律保障。同时，也明确了相应的监管责任，对建立证券监管部门行政执法的约束机制作了规定。现在对控制权市场方面的监管方式也有了显著改进，实现了两个转变，即由监管部门直接监管下的全面要约收购转变为财务顾问把关下的部分要约收购，由完全依靠监管部门事前监管转变为适当的事前监管与强化的事后监管相结合；并根据投资者持股比例的不同，采取不同的监管方式，

以提高市场效率。这对于控制权市场提高透明度和运作效率，防范内幕交易、股价操纵等违法行为必然起到积极作用。

第四，为资本市场的创新和发展拓展了空间。一是明确了多层次资本市场的规定。《证券法》第39条规定，依法公开发行的股票、公司债券及其他证券，应当在依法设立的证券交易所上市交易或者在国务院批准的其他证券交易场所转让。这一规定为不同的投资者和不同的公司融资提供了广阔的空间，也为控制权转让市场的拓展提供了更为广阔的空间；二是《证券法》第2条增加了证券衍生品种发行、交易的内容，允许股指期货等证券衍生品种的交易；三是放开融资融券等限制。未来我国资本市场将在制度、品种以及机制三个层面上迎来创新的高潮，资本市场发展的根本制约得到有效解除，全流通环境下增加更多新的金融产品和工具适应市场的需要，建立配套的制度环境，进一步形成好的市场创新机制。

第五章
发达国家公司控制权配置的经验与借鉴

第一节 发达国家控制权市场的理论成果

一、控制权市场的主流理论

从现有文献的角度来看，公司控制权市场的主流理论——致力于外部治理的观点——出现于 20 世纪 60 年代，从 70 年代起逐渐占据学术界的主导地位，并在 80 年代达到顶峰。但是，反主流的质疑也始终没有停止过。随着公司治理理论的发展，公司控制权市场主流理论继续显示出强盛的生命力。主流理论包括：Manne（1965）的惩戒论、Ansoff（1965）的协同效应论、Leibenstein（1966）的 X 低效率理论、Jensen（1986，1988）的自由现金流量假说、Williamson（1988）的公司治理结构论、Parel Pelikan（1989）的进化论、Mark J. Roe（1999）的政治理论和 Norvald Instefjord（2001）的代理范例模型等。

二、控制权市场的非主流理论

（一）Mueller 的管理主义理论

Mueller（1969）在假定管理者报酬是公司规模的递增函数前提下，认为管理者有扩大企业规模的动机，即构建管理帝国，而只要求较低的投资收益率。基于

此，收购可能并不是解决代理问题的良方，而恰恰是代理问题的表现，20 世纪 60 年代混合并购的盛行即为例证。但 Lewellen 和 Huntsman（1970）却对这一理论的基本前提提出了批评，他们认为，实证的结果表明管理者的报酬与企业的销售额无明显的相关关系，而与企业的利润率高度相关。

（二）Roll 的自大假说

Roll（1986）假定管理者由于有野心、自大或过分骄傲而在评估并购机会时犯了过分乐观的错误。在接管过程中，竞价企业认定一个潜在的目标企业并对其价值进行评估。通常，估价平均值等于当前市场价值。接管溢价只是一种误差，是竞价者在估价上所犯的错误。自大假说假定市场是富有效率的，股价反映了所有信息，生产性资源的重新配置无法带来超常收益，且无法通过公司间的重组与合并来创造新的价值。毋庸置疑，这一理论的缺陷在于市场并非绝对高效的，正是因为交易成本和信息不对称的存在，造成了企业价值被低估的可能性，而且不同企业的管理者之间创造价值的能力又的确是不尽相同的，因此，通过并购来创造新的价值是可能的。

第二节　影响所有权与控制权配置模式与自然状态选择的因素

一、上市公司的所有权结构和投票权限

股权结构包括两层含义：一是股东之间的持股比例及其关系，反映股权的集中或分散状况。二是股东的性质，因为不同性质的股东有着不同的治理监督的动力和能力。投票权限则是指一国所采用的投票机制。一个国家上市公司在股权结构方面所表现出来的集中或分散的特征是影响其所有权与控制权配置模式的最基

本因素，所有权与控制权配置模式从根本上讲是与股权状况相一致的，而制度的变化具有路径依赖性，一国股权的集中或是分散特征是受其社会、政治、文化、经济因素的影响，通过各国长期的制度演变而形成的，反映了各国所有权关系发展过程中的内在逻辑性和历史选择的合理性。所有权与控制权结合模式必须建立在该国所有权关系制度基础之上，反映该国的股权集中或分散状况。因此，对所有权与控制权的配置模式进行改革只有两种选择，要么以现有的股权结构或所有权结构特征为既定的前提来优化控制权配置的模式，要么彻底改革现有的所有权特征，以配合所期望的两权配置模式。

二、市场体系的完善程度和市场竞争的有效性

市场竞争是决定上市公司所有权与控制权配置模式效率的重要外部因素，其有效性通过一国的市场体系——主要包括资本市场、控制权市场、产品市场、经理人市场等市场的内在效率来体现。激烈的市场竞争能有效地降低代理成本。产品市场的竞争通过挤压企业的生存空间，使得经营者时刻面临被淘汰的可能，来迫使其努力经营以立于不败之地；资本市场的竞争能够使得有关经营者能力和努力程度的信息公开化，使投资者低成本地了解公司经营的状况，降低信息不对称的程度，提高所有者监督的"性价比"；经理市场的竞争有利于建立经理人的价值评价功能，综合反映经理人的个人信誉、职业道德和经营能力等，可激励经理人珍惜声誉；活跃的控制权市场发挥着私人所有权行使的约束作用，对不称职经理人的职位构成威胁，可有效缓解经理人的机会主义行为，或是干脆换掉低效的管理者而实现资源的重新配置。

三、一国非正式治理环境与政府的治理力度

从以诺思为代表的新制度经济学看来，正式制度安排只有与非正式制度安排

相容才能发挥适应性效率。由于公司治理是公司剩余索取权与控制权的正式制度安排，那么，在诺思意义上，公司治理的现实有效性模式必然取决于其所根植于的非正式制度环境（如文化、习俗等）属性，而且，正是由于不同国家之间的非正式制度的差异，才造就了各种迥异的治理模式。

从西方发达国家的实践来看，较为有效的公司治理结构是一个"自适应"体系。经济组织的核心问题是适应问题（威廉森，2001）。"自适应"包括三类：一类是通过市场在对价格信号反应中实现的自发适应（Hayek，1945）；一类是在公司内部以命令支持而实现的自适应，这种自适应也可称为内协作适应（Barnard，1938）；还有一类就是通过对政府有关法律及法律反应中实现的外协作适应。任何一种较为有效的公司治理结构运行系统，可以说都是由上述三种适应体系组成的一个自适应系统。正是因为有了自适应这个特征，公司治理结构才有了特殊性，从而构成了世界上多姿多态的公司治理结构模式。市场导向型的公司治理结构的自适应特征是"内弱外强"，银行导向型的公司治理结构的自适应特征是"内强外弱"，而家族导向型的则是"内弱外也弱"。

可以预见，随着全球经济一体化的加剧，各种非正式制度之间的融合会进一步加强，反映到公司治理层面上，就意味着各种治理模式的学习效应。《OECD 公司治理准则》就认为，好的或有效的公司治理制度是具有国家特性的，它必须与本国的市场特征、制度环境以及社会传统相协调（OECD，1999）。

四、控制权机制的完善与配合

"如果董事会对于采取正确的行动失效，活跃股东能够履行对董事会的压力。如果董事会和股东都没有能力解决问题，如果公司状况继续恶化，公司就会成为潜在的并购目标。最终，如果所有这些工具都失效，破产机制就会促进公司所有制与董事会的改变和契约的重新设计"(Tenve，2002)。

　　公司治理的控制权机制是由多个环节形成的治理链，董事会是公司控制权的内部市场，接管是公司外部的控制权市场，公司控制权在一定条件下会在内外部市场间进行切换。若公司的外部控制权市场无法起到及时替换高成本的内部控制权市场的作用，会使上市公司的治理成本居高不下（Fama，1980）。尽管在一定范围内，控制权机制之间存在替代关系，但每一环节都是不可缺少的。如对于东亚和欧洲家族控制模式，要"内外开工"，削弱其大股东权限，引入独立董事，改进董事会的控制功能，强化外部监督机制；针对美国公司治理的弱点，可以考虑大力发展机构投资者，使分散的股权得以相对集中，增强来自大股东的监督；而对银行主导的治理模式，则应在一定程度引入市场机制，相对降低对银行的依赖。

第六章
中国大股东控制权争夺的
利益博弈模型分析

第一节　大股东控制权争夺的研究现状述评

哈特（1988）认为企业所有权并不能简单地定义为剩余索取权，或者是剩余控制权，从本质上看，企业所有权应该是剩余索取权和剩余控制权的相对安排或组合。企业所有权可以用剩余控制权来定义，是指"决定资产最终契约所限定的特殊用途以外如何被使用的权利"，简称企业控制权。企业控制权可定义为：企业经营者排他性使用各种企业资源的决策权。从概念上看，控制权与所有权从源头上就有着不可分割的联系。所有权源于资本的实际投入和由此获得的股权比例，它代表着股东对于企业资产和收益的索取权，因此把它定义为现金流权。在现代企业制度中，现金流权演变为获得一定的控制权所需支付的成本；而控制权尽管存在有授权与否，但究其根源是因股权而获得的投票权。所以，所有权与现金流权相对应，控制权与投票权相对应。

作为企业所有者的股东拥有契约所约定的权利，并通过授权将其中必要的权力赋予董事会，董事会在保留必要的权力后再对经理人员进行第二次授权。因此，在现代企业中，控股股东能够通过控制董事会来控制经理人员，进而控制企业的经营管理决策。这种权力对控股股东来说表现为股东大会上的表决权，称之为现实控制权（郑厚斌，1998）；对小股东来说表现为在股票市场上股票买卖行为，即"用脚投票"行为，称之为潜在控制权。

第二节　我国大股东控制权争夺博弈的主要特征

一、中国上市公司的控制权配置模式

第一，上市公司处于大股东的超强控制：大股东之间持股比例相差悬殊，其他大股东难以与第一大股东相抗衡，股权制衡在制度上并不存在。

第二，中国上市公司内部人控制现象严重：内部人控制是指由于股东、债权人外部成员监督不力，企业内部成员掌握了企业实际控制权；尽管我国上市公司股权集中程度很高，但内部人控制现象同样非常严重。

第三，大股东超强控制与内部人控制并存下的董事会结构：微观上董事会是公司的最高决策机构，在公司内部处于公司控制权配置的核心地位。然而大股东超强控制与内部人控制共存现象严重地影响了我国上市公司董事会的形成，大股东垄断了董事会人选决定权，公司董事会的运作通常被控股股东所控制，而不是以集体决策为基础。

二、公司特征因素与控制权之争

国内学者在控制权私利影响因素研究方面主要还是针对中国上市公司一国市场的研究，现有的研究主要集中在公司特征对控制权私利的影响考察上。① 财务杠杆：债务融资水平与控制权私利应呈负相关关系。② 公司规模：公司规模越大，

控股股东从侵害公司资源和其他股东利益中获取的收益也就越多，企业规模与控制权私利之间应呈正相关关系；公司规模越大，意味着收购方需要在收购及后续重组过程中投入越多的资源，公司业绩改善难度也越大，公司规模与控制权私利应呈负相关关系。③ 股权转让比例：控制权私利水平与持股比例应呈正向变动关系，当买方获得的控制权越大，其攫取的控制权私利也越高。④ 公司代理成本：公司持有的自由现金流较高，则代理成本越大，控股股东拥有更多的资源用于谋求控制权私利。⑤ 转让后控股股东持股比例：在公司股权分散的情况下，小额股权转让可能伴随着控制权转移；若公司已存在绝对控股股东，则小额股权转让不包含控制权转移。⑥ 公司财务状况：若公司财务状况越好，控股股东可能获取的控制权私利也越高；若公司的财务状况不好，控股股东可以利用该上市公司原本不佳的财务状况作为掩饰，更方便地获取控制权收益。

三、所有权安排与控制权争夺

本质上，控制权私利取决于公司控制权的掌控方式和配置机制，而公司控制权的配置通常是在特定的所有权安排下，各利益相关者在目标冲突和利益权衡后所形成的均衡治理形态。所有权安排的内涵很广，一般应包括所有权性质、所有权结构比例及所有权控制方式等。较高的所有权比例赋予了大股东获取控制权私人收益的动机与能力；但是，当大股东的持股比例提高到一定程度后，基于对控制权公共收益过高损失的权衡，大股东获取控制权私人收益的动机将会被削弱，部分放弃对控制权私人收益的攫取将成为大股东对外部投资者的置信承诺。因此，所有权安排对控制权私利的影响，随着所有权结构比例的变动而产生了"利益侵占"和"利益协同"两种相反的效应。

对于控股股东控制权私利的制约，股权制衡是个重要的概念。多个大股东的同时存在能够有效抑制控股股东对少数股东利益的侵占，从而有效降低控股股东所产生的代理成本。拥有较多股份的第二大股东可以在一定程度上限制大股东对其他股东的侵占行为。在对投资者保护不完善的情形下，如果存在多个大股东并共同分享控制权，使得任何一个大股东都无法单独控制企业，公司重大经营决策需要经过由几个大股东一致同意，那么这些大股东所持有的足够大的控制权足以限制控股股东对中小股东掠夺的激励，从而有效抑制控股股东对控制权私利的获取。

四、股权分置改革与控制权争夺

股改后，我国证券市场呈现五个特征：① 大股东效应放大，控股股东及管理层将更重视对公司控制权的掌握，制约控股股东掏空、侵占公司利益的行为。② 国有资产管理体制改革逐渐到位，利于降低国有企业中存在的道德风险，为国有控股上市公司治理水平的提升提供重要保障。③ 内部人控制问题有可能强化。原控股股东减持股后，机构投资者新大股东目标是投资而非控制权，容易出现责任大股东缺位现象而弱化经理层监督。④ 股东间制衡关系出现新变化，控股股东通过控制地位利用关联交易转移、占用公司资金的可能性仍然存在，利用控制地位通过盈余管理影响股价的能力和可能获得的利益较其他股东更大，有取得内幕信息的天然优势。⑤ 大股东侵占中小股东利益的行为更复杂隐蔽，如实际控制人或公司高管以非关联自然人作为名义上的出资人，将关联企业从形式上非关联化。

控制权争夺的主要方式包括：① 二级市场收购控制权；② 代理投票权争夺。作为一种管理约束机制，代理投票权竞争有助于优化公司治理结构；③ 管理层收购股份而改变本公司所有者结构、控制权结构和资产结构。

第三节　理论分析：大股东控制权争夺的博弈模型构建

控制权收益主要指各种非货币形态收益，包括指挥别人带来的满足感、可享受到的有形和无形在职消费，甚至还包括可以利用控制权进行寻租的机会和权利，比如大股东利用控制权优势侵占中小股东的收益和经营者利用控制权牟取出资者利益。一般而言，货币收益（资本增值和投资机会获利等）由企业所有者——剩余索取者占有，控制权收益（非货币收益）由拥有企业控制权的内部经理人员直接占有。但是在某种情况下，控制权的非货币收益会转化为货币收益。当然这种货币收益是控制权实际拥有者采取非正当手段获取的，这种情况也是各种证券市场制度设计者要极力规避和改进的。由于存在外部经理人市场，企业经营管理者获取企业控制权的前提除了该经理人才智方面的基本因素外，在缺乏行之有效的监督机制条件下，掌控企业控制权的另一个非常重要的因素是该经理人的好声誉。下面试利用企业声誉模型构建控制权并购交易博弈均衡分析。

股东因为拥有财产所有权进而拥有企业所有权才具备权利竞争力，所有资本财产所有权是股东获取企业权利的决定因素。对于股东来说，影响控制权争夺的主要因素是股东股权比例和股东占有企业股权数量占自己总资产的比例。股东控制权争夺基本要素（刘冰，2002）为：$R_g = \alpha f\ (a)$，$a = f\ (\varepsilon)$，其中，$0 < \alpha \leqslant 1$，$0 < \varepsilon \leqslant 1$。$\alpha$、$a$、$\varepsilon$，分别表示股东股权比例、股东争夺控制权的积极性和股东占有企业股东数量占自己财产的比例。一般来说，$\alpha \uparrow$，$R_g \uparrow$；$a \uparrow$，$R_g \uparrow$。$\alpha \uparrow$同时 $a \downarrow$，或者 $\alpha \downarrow$同时 $a \uparrow$则 $R_g \downarrow$。

在本模型中，我们假定企业经营者拥有企业股份为 β（$0 < \beta \leqslant 1$），企业其他

$(1-\beta)$ 股份配置给大股东和众多小股东等额拥有。其中大股东拥有股份 a_1，其中 $1-\beta \geqslant a_1$，其余的 $1-\beta-a_1$ 由众多分散的小股东等额拥有。为分析便利，这里假定企业内部各股东之间收益函数是一致的。

为验证假说，这里使用变量（王克敏，2002）如下：企业经营者拥有公司现金流量部分为 b_1（$0 \leqslant b_1 \leqslant 1$），余下部分假定由股东根据资本同权原则分享，具体为大股东 $a_1(1-b_1)$，小股东为 $(1-a_1-\beta)(1-b_1)$，其中，$a_1 \geqslant (1-a_1-\beta)$，即 $a_1 \geqslant \dfrac{(1-\beta)}{2}$。企业留存收益为 I。企业经营者能从留存收益中转移 S_1 作为私有财产，大股东通过转移价格等方式能从留存收益中转移 S_2 作为私有利益，当然两者都能利用转移利润 S_1、S_2 获取收益。其中，S_1 代表被企业经营者侵占的公司利润数量，S_2 代表被大股东侵占的公司利润数量。大股东和企业经营者从公司侵占利润数量总额为 S，在此我们定义 $S = S_1 + S_2$。

在模型中，我们强调的是所有权结构在侵害激励机制中起关键作用。假设侵占是有成本的，企业经营者侵占数量为 S_1 的资产所负担的成本为 $C(S_1) = \dfrac{S_1^2}{2k_1b_1}$，大股东侵占数量为 $C(S_2) = \dfrac{S_2^2}{2k_2a_1(1-b_1)}$。其中，$k_1$、$k_2$ 处代表企业经营者和股东通过金字塔型的所有权结构及其持有的优先股份从而使其现金流量所有权具有更高控制权能力。一个较大的现金流量所有权杠杆 k 意味着侵占的成本较少，因为企业经营者和大股东对企业具有更加有效控制。从上述假设中可以看出，$S - C(S)$ 对 S 是下凹的，即随着侵占数量增加，侵占边际价值下降。

由于投资者的风险规避性影响到其经济行为，一般地，我们假设企业经营者和大股东都具有不变的风险规避度，分别为 R 和 r。我们假设，公司企业经营者

和大股东所除去侵占后的留存利润存在 n 个投资机会选择（投资项目），每个投资机会都产生收益总额为 π，包括可观测和可证实的显性收益率 $\pi_1 > 1$，同时还产生不可观测且不可证实（或可观测但不可证实）的隐性收益 $\pi_2 > 1$，$\pi = \pi_1 + \pi_2$。按照拥有公司现金流比例收益分配原则，大股东利益最大化为：

$$\max_{S_2} U(S_2; \pi, k_2, b_1, a_1, r) = r a_1 (1 - b_1)(\pi_1 + \pi_2)(I - S_1 - S_2) + S_2 - C(S_2)，即$$

$$\max_{S_2} U(S_2; \pi, k_2, b_1, a_1, r) = r a_1 \pi (1 - b_1)(I - S) + S_2 - \frac{S_2^2}{2 k_2 a_1 (1 - b_1)}$$

企业经营者利益最大化为：

$$\max_{S_1} U(S_1; \pi, k_1, b_1, a_1, r) = R b_1 (\pi_1 + \pi_2)(I - S_1 - S_2) + S_1 - C(S_1)，即$$

$$\max_{S_1} U(S_1; \pi, k_1, b_1, a_1, r) = R b_1 \pi (I - S) + S_1 - \frac{S_1^2}{2 k_1 b_1}$$

上述两式表明企业所有权结构存在激励和控制两方面效应：一方面，等式右端第一项表示所有权的激励效应，即现金流量所有权水平 $a_1 (1 - b_1)$ 和 b_1 代表了由于大股东和企业经营者较多侵占而造成的较少投资，从而给相关利益者（企业经营者给股东，大股东给高级管理层、员工和债权人等）带来的损失。等式右端第三项表示所有权结构的控制效应，即随着企业经营者和大股东的控制权 $k_2 a_1 (1 - b_1)$ 和 $k_1 b_1$ 的上升，占成本下降。通过对上面两式求导，求出最优侵占量如下：

大股东最优侵占量：$S_2^* (\pi, k_2, b_1, a_1, r) = k_2 a_1 (1 - b_1) [1 - \pi r a_1 (1 - b_1)]$

企业经营者最优侵占量：$S_1^* (\pi, k_1, b_1, r) = k_1 b_1 (1 - R \pi b_1)$

在考虑到侵占量情况下，大股东最优持股量：$a_1^* = \dfrac{S_1}{(1-b_1)\sqrt{2k_2 r(I-S)}}$

假设侵占总量少于留存利润 I，企业股票总价值为企业总价值减去被大股东和企业经营者侵占的资产价值，表述如下：

$$V^* = \pi(I - S_1 - S_2)$$

$$= \pi\{I - k_1 b_1(1 - R\pi b_1) - k_2 a_1(1 - b_1)[1 - \pi r a_1(1 - b_1)]\}$$

显然，从上式可以看出，企业价值 V 是大股东股份 a_1 的凹函数，因此存在如下命题：① 企业价值 $V(a_1)$ 是大股东股份 a_1 的凹函数，并且当且仅当 a_1^* 配置给大股东而其余 $(1-\beta-a_1^*)$ 等额配置给分散小股东时，企业价值最大。② 从大股东最优持股量等式可以看出：其他因素不变，$b_1 \uparrow$，$a_1^* \uparrow$；其他因素不变，$r \downarrow$，$a_1^* \uparrow$；其他因素不变，$k \downarrow$，$a_1^* \uparrow$。因此，大股东拥有的最优股份与其风险规避度和公司所有权结构存在某种反向关系，而与企业经营者所拥有的公司现金流部分存在某种正向关系。这表明，随着股东拥有的股份增加，企业经营者从公司内部进行控制的收益也在增强；股东趋向于提高本身拥有的股份份额，从而适度规避风险。

第四节　规范控制权争夺行为的法规建议

公司控制权争夺必须有规范完善的法制环境，才能使不良的管理者得到替换，高效的管理者才能得以充分发挥，相关利益者合法权益得到切实保护。我国对规范上市公司收购行为也制定有相应的法律法规。我国的法律体系在四个方面存在

着可改进之处：一是公司控制权转移涉及权益持股、间接控股、实际控制、一致行动等概念，须立法引入；二是公司控制权移交过程中，董事在收购期间的诚信义务以及公司接管的实体问题和程序问题也都缺乏相应的条例规定，公司重组中董事的权利及义务以及公司股东的权利和义务并没有形成规则；三是在信息披露不实、大股东违反诚信原则牟取不正当利益时，法律没有对中小股东在追索民事赔偿责任、寻求法律救济过程中的诉讼途径进行明确规定；四是反收购条款，缺少制约违法收购的法律规定。

公司控制权争夺在立法上不完善，已使得公司收购过程负面影响日趋明显，资本市场大量存在复杂的间接持股、权益持股以及董事违反诚信义务拒绝交出管理权或者擅自阻挠收购等现象，没有法定的披露义务而幕后操作频繁发生，信息的非公开化完全置中小投资者利益于度外。这些现象对于规范公司控制权争夺行为危害极大，伤害了中小投资者的市场信心。完善我国证券法规体系，健全法制环境显得十分紧迫。

第七章
中国大股东与中小股东的
利益博弈模型分析

第一节　大小股东利益博弈的研究现状述评

Grossman 和 Hart（1988）以及 Shleifer 和 Vishny（1997）等人的研究表明，如果公司中存在持股比例较高的大股东，就会产生仅为大股东享有的控制权收益，而且大股东常常会伤害中小股东的利益。Johnson，La Porta，Lapez-de-Silames 和 Shleifer（JLLS）（2000）定义为大股东隧道挖掘效应，原意指通过地下通道转移资产行为，理解为控制者从企业转移资产和利润给自己的各种合法或非法行为，是大股东对中小股东利益的侵犯。大股东"隧道挖掘"、侵害小股东利益问题的研究是从 20 世纪 80 年代初对公司控制权溢价的研究发展而来的。研究发现，绝大多数国家的公司股权结构是以股权的相对集中为主流模式，而并非以往探讨的股权分散模式。在大股东普遍存在，特别是在大股东可以控制公司经理层和经营活动的情况下，经济学家自然地将公司的控制权与大股东联系起来。一旦股权集中在少数控股股东手中，就会产生只为大股东享有的控制权收益，不能为其他股东分享，大股东常将资源转移到自己控制的企业中去。

控制权私利指只能由控股股东或管理层享有、中小股东不能分享的利益
（Dyck 和 Zingales，2004），这是控制权私利的最本质特征。Hart（1988）首先提
出控股股东的收益一部分是其现金流价值，即共享收益如企业利润等；另一部分
是经营者所享有的私人收益即控制权私利。Shleifer 和 Vishny（1997）将控制权
私利区分为货币性收益与非货币性收益。货币性收益通常指控制性股东通过剥夺
的方式转移资产所获取的收益，如关联交易、操纵股价等；非货币性收益则是指
控制性股东在经营过程中过度在职消费等。大股东拥有的控制权超过其现金流权，
并几乎完全控制了经理层，从而造成对小股东的掠夺。Fosgerau 和 Nielsen
（2003）等人的研究表明，公司有多个持股比例相当的大股东，则股东间的相互监
督可抑制某个股东将公司利益转为私人利益，从而对公司价值产生正向影响。

过度挥霍公司资源就无异于明偷，其他管理人员或股东可以较容易地对这一
行为进行举证，因此这种方式往往不是控制权私利的最主要来源。关联交易是控
股股东获取控制权私利的一种主要方式。控制性股东利用控制地位进行关联交易
更为隐蔽，同时可以为控股股东带来的收益也大得多。控股股东还可以利用掌握
的信息优势为他们自己开办的公司牟利，而这种行为是以剥夺公司的发展机会为
代价的。这种以牺牲控股公司发展机会为私人公司牟利的做法成为大股东控制权
私利的又一种来源方式。控制权私利来源方式还包括：公司为控股股东的关联方
提供贷款担保或销售信贷等其他关联交易；利用稀释性股权再融资剥夺少数股东
权益等。尽管上述来源方式各有不同，但这些行为存在一个共同特征，即这部分
利益被控制性股东排他性占有，中小股东无法分享。

控制权带来的不一定都是收益，也会涉及成本或损失。保持大宗控制性股权
使控股股东承担了无法通过构造多元化组合降低证券风险的成本，因此降低了控

制性股份的内在价值，公司业绩持续恶化使大股东背负恶名甚至承担法律责任等。如果大股东因为监督管理层或者因为小股东或政府提起的诉讼而承担成本，那么控制权私利也可能是负的。

控制权私利并不意味着一定是非效率的，即控制权私利可能在公司价值创造中发挥积极作用。首先，私有收益的存在可能成为公司追求价值增长的最有效方式，其次，即使大股东对控制权私利的攫取可能给公司带来非效率，控制权私利也可能给全社会带来利益，私利的存在使得价值创造型的并购行为成为可能。

大股东对小股东的"掠夺"是一个普遍性的话题，特别是在公司所有权集中程度较高的国家，大股东的"掠夺"相当常见。Claessens 等人（1998）曾对东亚地区 2 658 家公司进行实证研究，发现存在着广泛的对小股东的掠夺现象。Zingales（1994）的研究则显示意大利的掠夺问题很突出。Weisbach（1988）发现日本存在主银行的公司比其他公司要支付更高的平均利率。FraInk 和 Mayer（1994）调查了一些德国银行抵制外部投资者接管其控制企业的案例，认为主要原因是这些银行害怕会失去来自与控制企业有关系的利润。这说明在日德以银行控制为核心的治理体制中存在着银行作为大股东利用控制权地位损害公司利益和其他股东利益的现象。上述实证研究显示，许多国家都存在控股股东的"掠夺"，但程度差异颇大，这和各国公司所有权中大股东的地位有关，也与各国对小股东的法律保护有关。Porta 等人（1998）曾对 27 个富裕国家的大公司的所有权结构进行了实证考察，发现符合伯利和米恩斯标准的现代公司（即股权高度分散、存在所有权与控制权分离的公司）并非普遍情形，即使在美国和英国，存在大股东的公司仍然占多数，在这些国家中，大部分的大公司仍由家族或国家控制。控制性股东一般通过直接加入管理层或金字塔式股权结构拥有比现金流权（即持有股票

代表的收益权）更大的控制权。因此他们认为，对许多国家的大公司来说，公司治理的主要问题并非限制不负责任的职业经理人行为，而是抑制大股东对小股东的"掠夺"（La Porta 等，1998），抑制大股东掠夺对改善公司治理具有重要的现实意义。

公司股东根据其所持有的股份比例得到公司的收益。但是大量研究表明，持有大宗股权的大股东往往会得到与他所持股份比例不相称的、比一般股东多的额外收益（Fama 和 Jensen，1953；DeAngelo，1955；Demsetz 和 Lehn，1955）。这部分额外收益就是大股东利用控制权为自己谋求的私利，也就是大股东对小股东进行掠夺获得的收益。

胡汝银（2000）则分析了中国上市公司现行的公司治理结构，指出中国上市公司治理结构可概括为关键人模式。最高级管理人员或控股股东代表，集控制权、执行权和监督权于一身，有任意权力。该模式下，控股股东严重侵害了中小股东利益。

国际经济学界对大股东掠夺和投资者利益保护领域研究比较系统化、数量化，这与西方 20 世纪末的经济民主化运动有关。国内理论界的研究才刚起步，分析广度或深度都无法与国外文献相比，这与我国长期注重规范分析有关。仅有的实证研究文献也可能受研究样本和资料收集所限，研究结论可能对该领域的实践指导作用有限。

第二节　我国大股东与中小股东之间博弈的主要特征

利益冲突表现在三个方面：第一，选举董监事时的冲突：股东之间的利益冲突首先表现在股东对董监事职位的角逐上。在资本多数决原则下，控股股东选派的代表很容易占据董监事的多数。控股股东一旦控制了董监事成员的选任，实际上也就控制了公司的日常经营和股利的分配，因而不难理解，在存在控股股东的公司中，股东之间的利益冲突表现得尤为激烈。第二，股利分配上的冲突：控股股东往往采取有利于自己的分配方式和分配时机，以牺牲公司整体利益和长远利益为代价来满足控股股东对私利的追求，这同时也间接损害了中小投资者的利益，造成不公平的结果。第三，公司并购中的利益冲突：上市公司收购的实质是在公司的控制权运动过程中，各权利主体依据公司产权所做出的制度安排而进行的一种权利让渡行为。在收购过程中，收购公司为了节约成本，常常私下与一些大股东协商，以较高的溢价收购其持有的股份，对中小股东则采取漠视态度，使得中小投资者没有机会以较高的溢价出售自己的股份。并且，目标公司的中小股东因为在专业能力、信息、资金数额上的劣势，不得不成为被动的参与者。在公司收购中，一切活动基本上由目标公司的控股股东主持，控股股东经常可能因得到收购公司的某种承诺或高补偿而做出同意被收购或者基于自身利益的考虑而做出抵制收购的行为，这期间，中小股东的权益常常被忽略。与公司正常经营相比，收购中控股股东与中小股东的利益冲突更为明显。

利益冲突的实现手段有两种：第一，大股东利用业务往来、资产重组、关联交易转移资源和利润操纵，通过低价购买上市公司资产和高价出售资产给上市公司的方式，利用关联交易的价差以达到自身利润最大化的目的。我国在会计信息披露制度和法规体系建设方面存在缺陷，中小股东无法了解上市公司真实财务状况，无法及时意识到利益受损，难以维护自身权益。第二，大股东强迫上市公司为其进行担保或质押，增加了上市公司财务风险，损害了中小股东权益。

利益冲突的后果表现在三个方面：第一，大股东侵害中小股东利益可能导致

公司价值下降。由于控股大股东拥有公司的控制权，所以在利润分配给所有股东之前，控股股东能够将企业利润的一部分转移给自己。这种转移可能采取多种渠道和形式，如工资、职务消费、转移价格、个人贷款、资产转让以及一些可能的直接窃取方式等。这种转移企业利润常常并不违法，但对企业来说成本却很高，直接后果将导致公司价值的损失。第二，导致公司投资决策的非效率。对于公司来说，应该选择总价值较高的项目进行投资，但是，如果公司置于控股股东的严密控制之下，则控股大股东通常是从自己价值最大化的角度来左右公司投资决策，往往是选择总价值较低但控制权私人收益较高的投资项目。随着控股股东在上市公司中的现金流权比例的减少，控股股东选择低效率的投资项目的概率就会增加，效率损失加速增加。若低效率和有效率的投资项目间的控制权私人收益相差越大，公司的价值损失也越大。第三，导致企业规模非效率。在不考虑资金利息情况下，公司是将利润分配给股东还是进行再投资，这取决于新的投资项目是否能产生更多的利润。但是如果公司存在控股大股东，则公司的投资决策很可能因其为了攫取私人收益而发生严重扭曲。也就是说，即使公司没有较好的投资项目，控股大股东也可能迫使公司将前期利润投资于不能盈利甚至亏损的投资项目，而不是将利润分配给外部股东。

第三节　理论分析：大股东与中小股东之间的博弈模型构建

大股东与中小投资者之间的代理问题为何会演变成利益冲突，下面以博弈论的方法进行分析。为了说明大股东利用控制权侵害中小股东的机制，我们假定上市公司投资者有大股东 a 和中小投资者 b 两个利益主体。大股东 a 拥有的控制权为

$Contr_a$，中小投资者 b 拥有的控制权为 $Contr_b$。其中 $0<Contr_b<Contr_a<1$。在制定决策的一次博弈中，大股东 a 根据自身的成本收益情况决定实施侵害中小投资者 b 权益的决策，中小投资者 b 也会根据自己所处的地位决定对这种"不利"的决策进行抵制。

大股东与中小股东支付矩阵图

大股东 a

中小股东 b		无侵害的决策	有侵害的决策
	无侵害的决策	R_a, R_b	$R_a + M(Contr_a - Contr_b)R - C$, $R_b - M(Contr_a - Contr_b)R$
	有侵害的决策	R_a, $R_b - C$	$R_a + M(Contr_a - Contr_b)R - C$, $R_b - M(Contr_a - Contr_b)R - C$

当 a、b 都选择不侵害对方权益的决策时，各自获得收益为 R_a 和 R_b，如果 a 选择不侵害 b 的决策，b 选择侵害 a 的决策时，由于 a 有公司的绝对控股权，其收益不会受到影响，而 b 却要付出额外的成本 C，其收益为 $R_b - C$。a 选择侵害 b 的决策，b 选择不侵害 a 的决策时，a 将利用手中的控股权获得决策的额外收益。股份的差额 $(Contr_a - Contr_b)$ 越大，则 a 获得的额外收益越大。公司的收益 R 越高，大股东利用决策侵害的动机 M 越强，大股东实施侵害中小投资者获得的额外收益可表示为 $M(Contr_a - Contr_b)R - C$，其中 C 为实施侵害中小投资者决策所付出的成本。相应地，b 的收益减少了 $M(Contr_a - Contr_b)R$。当 a 和 b 都试图选择侵害对方权益的决策时，a 由于拥有对公司的控制权，其利益不受到影响，仍然是 $M(Contr_a - Contr_b)R - C$，b 不但不能获得额外收益，还会付出额外的成本 C，则 b 获得的收益为 $R_b - M(Contr_a - Contr_b)R - C$。

因为 $R_b > R_b - M(Contr_a - Contr_b) R > R_b - M(Contr_a - Contr_b) R - C$，对于中小投资者 b 来说，由于他不但不能从选择侵害 a 的决策中获得任何收益，还会因此而付出成本 C，所以，理性的中小投资者 b 不会主动选择侵害 a 的决策。对于理性的大股东 a 来说，他知道在决策的制定中，中小投资者 b 不会主动来侵害自己的权益，他完全可以围绕自己收益的最大化目标来制定对自己有利的决策，而不考虑是否侵害 b 的权益。对于大股东 a 来讲，只要在制定决策中获得的收益大于成本 C，他就会选择侵害 b，$R_a < R_a + M(Contr_a - Contr_b) R - C$，即 $C < M(Contr_a - Contr_b) R$，这时的纳什均衡为（侵害，不侵害）。显然，对中小股东来说，在这个制定决策的一次性博弈中必然得到的是侵害自己权益的决策。如果中小投资者 b 在下一次的博弈中不能改变现状，他就可能"用脚投票"，选择退出。在这个一次性博弈中，公司全体投资者因决策而得到的全部收益为 $R_a + M(Contr_a - Contr_b) R - C + R_b - M(Contr_a - Contr_b) R = R_a + R_b - C$，而双方都不采取侵害对方的决策时，收益总计为 $R_a + R_b$，这种"囚徒困境"的状况为非效率均衡。在这种状况下，无法将纳什均衡（侵害，不侵害）变为纳什均衡（不侵害，不侵害），使其实现决策总体收益最大化。

从以上的博弈过程可以看出，大股东 a 在制定有侵害的决策时，获得的额外收益为 $M(Contr_a - Contr_b) R - C$，只要 $M(Contr_a - Contr_b) R - C > 0$，大股东就有动力制定侵害中小投资者 b 的决策。因而，可以从两个方面考虑保护中小投资者 b 的权益。一方面，增加 C，使 $M(Contr_a - Contr_b) R - C < 0$，即通过加强法制建设，增加保护中小投资者的条款，而且还需要加强监督和执行力度，使大股东在制定侵害中小投资者的决策时付出的额外成本增加，使大股东制定侵害的决策时的额外净收益小于 0，才能有效遏制大股东的侵害行为；另一方面，通过

降低 $Contr_a - Contr_b$，使 $M(Contr_a - Contr_b)R > C$，可以通过降低大股东的控制权或不同股东之间制衡来降低大股东的控制权的方式，使大股东制定侵害的决策时的额外净收益小于 0.136 5。

第四节　加强公司治理结构制度建设、 保护中小股东利益的建议

大力发展机构投资者力量、完善股东大会制度，继续推行累积投票制度，发展表决权信托制度，提升中小股东行使股东权利的能力。增加非大股东推举董事比例和独立董事比例，完善董事会制度。一是要使股东大会在董事任免上发挥决定性作用，增加非大股东推举董事比例。二是完善外部董事制度。明确独立董事的地位，强化独立董事的职能。独立董事应忠实、诚信、勤勉地履行作为董事应尽的职责，维护公司和全体股东的最大利益。通过设立主要由独立董事组成的审计委员会可以给独立董事更大的活动空间，充分发挥独立董事的作用。

第八章

构建完善的上市公司控制权配置
与股东博弈机制的建议

第一节 公司治理层面

一、完善股东大会制度

（一）继续推行累积投票制度

所谓累积投票制是指股东大会选举两名或两名以上的董事时，股东所持有的每一股份拥有与当选董事总人数相等的投票权，股东所拥有的投票权等于该股东持有股份数与当选董事总人数的乘积。股东既可以把所有的投票权集中选举一人，亦可分散选举数人，董事由获得投票数较多者当选。直接投票制则是指每个股东对每个董事候选人可以投的总票数等于其股份数。相对来说，累积投票制更有利于保护小股东的利益，可以使广大投资者不致因为持有股份过少而丧失参与股东大会的机会。举例说明：某公司股份一共为 10 000 股，股东共 60 人，其中 2 名大股东持有 6 500 股，58 名中小股东持有 3 500 股，公司要选举 9 名董事。若按直接投票制，两名大股东可以绝对地让自己的 9 名代言人以 6 500 票的多数全部当选，58 名中小股东则完全不可能选出代表其利益的董事，公司的董事选举将完全为大股东操纵。而如果采用累积投票制，则两名大股东拥有 6 500 × 9 = 58 500 票，58 名中小股东共拥有 3 500 × 9 = 31 500 票。如果 58 名中小股东按累积投票制将 31 500 票集中投向 3 名候选董事，则每候选人得票均可高于 9 700 票，而此时两名大股东的 58 500 票只能保证 6 位候选人得票高于 9 700 票。结果是，在公司董事会中，代表中小股东利益的董事可以占据 9 个席位中的 3 个。可见，累积投票制度牵制了大股东操纵股东大会的行为，为保护中小股东利益提供了保障。

累积投票制度起初是在英国的政党选举中使用，美国最早将其引入公司治理领域。19 世纪 60 年代，美国伊利诺伊州鉴于该州经常发生某些铁路经营者欺诈小股东的行为，便于 1870 年在州宪法中赋予小股东累积投票权。随后，该州《公司法》也规定了累积投票制度。至 20 世纪 50 年代，美国有 20 多个州在其宪法或制定法中规定了累积投票制度。

中国起初对董事的选举规定实行的是直接投票制，到了 2002 年才开始引入累积投票制。2002 年 1 月 7 日，中国证监会和国家经贸委联合发布了《上市公司治理准则》。《准则》第 31 条明确规定："在董事的选举过程中，应充分反映中小股东的意见。股东大会在董事选举中应积极推行累积投票制度。控股股东控股比例在 30％以上的上市公司，应当采用累积投票制。采用累积投票制度的上市公司应在公司章程里规定该制度的实施细则。"

虽然累积投票制度在选举董事时从一定程度上保护了中小股东的利益，但是，西方学者对这个制度一直有着不同的观点。赞成者认为累积投票制度有利于保护小股东的利益，提高小股东参与公司治理的兴趣；批驳者则认为由于大小股东之间考虑公司经营的角度不同，如果通过累积投票制度使得小股东的代言人进入董事会，极易造成董事会内部的不和谐，并由此造成公司治理混乱，降低公司经营

效率。正基于此，国外对累积投票制的立法态度并不一致，有些国家采取了许可主义，有些国家采取了强制主义，但总的趋势是在制度推行初期采取强制主义态度，待制度已普及，绝大多数公司已主动自觉实施之，再由强制主义向许可主义态度转变。从《准则》对该制度的表述来看，中国对这一制度总体上采取的是许可主义的政策思路，只是对部分控股股东持股超过30%的上市公司采取了强制主义的硬性规定。笔者以为，在中国上市公司"一股独大"现象非常严重的特殊背景下，累积投票制度为中小股东保护自己的利益提供了必要的途径，因此，继续推行累积投票制度，尤其是对控股股东持股超过30%的上市公司强制实施这一制度是十分有意义的。

（二）发展表决权信托制度

表决权信托创设于美国，其创设目的是为了保障小股东的利益，使广大投资者能够以信托方式在股东大会上行使表决权，从而有效避免投资者因某些因素丧失"用手投票"的机会，进而可以形成对大股东的监督与制约。所谓表决权信托，是指公司股东依据他们与受托人（信托机构）之间签订的信托契约，将他们所持有的该公司股份作为信托财产转移给受托人，由受托人集中行使约定的权利，通过选举董事或其他方法，以控制公司的业务活动。表决权信托可以将为数众多的中小股东的表决权集中起来，将他们的共同意愿统一起来表达，使他们作为个人在股东大会上原本微弱得可以忽略不计的声音变得举足轻重。

在国外成熟市场经济国家中，表决权信托已经是一种非常成熟的信托品种。但在中国，依照《信托法》第7条第2款的规定，《信托法》中所称财产包括合法的财产权利，没有规定表决权信托。有人参考了日本和韩国信托法的规定后认为，为了防止垄断，对于征集众多散股的投票权的授权而设立的信托，应被禁止。同时，对公司董事、总经理等负责人将公司的经营权设立信托，也应是不允许的。根据这些原则，中国《信托法》相应规定股东不得将其某些权利设定信托。

基于前文的分析，为了完善公司控制权的内部配置机制，更好地发挥董事会的作用，维护上市公司中小股东利益，本书认为，中国应该逐渐发展表决权信托制度。而要发展这一制度，关键是完善相关的立法。建立中国的表决权信托制度，应该从三个方面展开：首先，修正现行《信托法》，把《信托法》中的信托标的从财产和财产权利扩大到表决权。其次，针对表决权信托的特性，在《信托法》配套的细则或《信托法》特别法中加以规定。完善的信托法律体系是发展表决权信托的一个保证，发达国家的经验也证明了这一点。如日本除基本法中设有《信托法》《信托业法》《兼营法》外，还设立了种类齐全的信托特别法，主要包括：《贷款信托法》《证券投资信托法》《抵押公司债券信托法》等。最后，在《公司法》中对表决权信托做出规定。当然，最好的办法是将这几种立法方式加以综合运用。

（三）大力发展股票投资基金

通过基金向股东大会施加影响，即投资者不是通过购买股票而是通过购买股票投资基金，由基金代为行使股东权利。股票投资基金以股票为投资对象，是投资基金的主要种类。股票投资基金的主要功能是将大众投资者的小额投资集中为大额资金，投资于不同的股票组合，是股票市场的主要机构投资者。1998年9月，证监会发布的《关于加强证券投资基金监管有关问题的通知》中明确了基金管理公司可以代表基金出席股东大会，行使股东权力，履行股东义务。这意味着，基金可以进入上市公司，充当大股东。基金管理公司通常在信息资料的掌握、工作人员的专业素质等方面具有个人投资者不可比拟的优势，它的参与有利于提高公司治理的水平。

中国的股票基金发展比较迅速，股票基金已经成为基金的主流。但中国基金作为机构投资者尚不成熟，各只基金的主要精力仍然放在了投资组合的选择方面，作为股东参与上市公司治理的情况还非常少。所以，股票基金在这一领域的作用还应该进一步加强。具体可以从三个方面入手：第一，进一步扩大基金的规模。从中国基金发展的情况来看，与发达国家的资本市场相比，中国基金资产规模仍然不够。为了使基金更好地发挥作用，中国资本市场的基金规模仍需稳步扩大。第二，加强基金之间的协作与联合。单个基金出于分散投资的目的或受制于相关规定，持有上市公司的股票往往有限，其对上市公司的影响力也就不强。通过多只基金的联合，形成合力，就可以对上市公司起到重要的影响，表达流通股股东的利益。人们熟悉的"招商银行转债风波"就是这方面明显的例子。第三，加强基金管理。这一方面需要监管部门按照相关的法律法规加强对基金的监督与管理，规范基金公司的行为；另一方面也需要基金公司自身不断优化治理结构、完善内控机制。只有这样，基金才能以一个合格的机构投资者的身份对上市公司控制权的配置发挥积极的作用。

同时，社会公众股东参与投票数量少还会引发新的"一股独大"与"串谋行为"。这里新的"一股独大"是说，如果社会公众股东较少地参与投票，那么少数机构或庄家就可以凭借其手中的流通股获得流通股投票领域里"一股独大"的优势，从而有机会通过分类表决来操纵上市公司的命运。新的"串谋行为"是说，如果参与分类表决的社会公众股东过少，这就会给上市公司与机构或庄家留下勾结的空间，使其共谋提出配合二级市场炒作而损害社会公众股东利益的议案。因此，为了更好地发挥分类表决的作用，避免引发新问题，需要上市公司做到以下几点：第一，细化制度设计，设定基金公司等大额单位的权重，留出中小散户表达意愿的空间，激发中小投资者的参与热情。第二，简化投票手续，减少中小投资者参与的成本。第三，加强沟通，在发布股东大会通知时，对需要分类表决的有关提案进行释义，把提案的前因后果，以及同意或否决后可能造成的影响公布于众。但是，我们不难发现，那些由大股东控制的，或是意欲通过与流通股大股东"串谋"取利的上市公司基本没有动力按着以上几点要求行事，甚至有的上市公司还会故意通过模糊制度设计、设置投票障碍、隐瞒必要信息等手段来阻碍社会公众股东参与表决。所以，为了使这些要求能够被上市公司认真实施，监管部门加强这方面的监督，细化分类表决制度的管理规定就变得非常必要了。否则，实施分类表决制度就难免陷入"按下葫芦又起来瓢"的尴尬境地。此外，还需说明的是，分类表决只是股权分置条件下的一个过渡性安排，待股权分置改革之后，实施这一制度的历史也就自然结束了。

二、完善董事会制度

一方面，要使股东大会在董事任免上发挥决定性作用。在此问题上，政府必须归还股东大会一切合法权益，将董事长及其他董事的任免权限真正还给股东大会，并由董事会依法行使经营决策权，避免对公司决策的行政干预。另一方面，要完善董事任用和业绩评估机制。中国上市公司基本上还没有与现代企业制度相适应的董事任用和评估机制，应该通过改革董事提名程序、强化董事任职辅导和培训、建立和健全董事业绩评估制度，探索出符合中国国情的董事任用和评估制度，使得董事不仅有职有责，而且能够受到考核和评估，切实增强董事会的有效性。首先要把好进门关，让优秀董事进入董事会。尽快在董事会下设立提名委员会，让董事会牢固地行使新董事提名权。董事提名不得像以前那样，任凭总经理操纵，任人唯亲，导致董事对总经理毕恭毕敬，甚至感恩戴德。其次要帮助新董

事进入角色，充分履行其职责。对新董事要进行辅导，公司应该确立新董事辅导计划，比如向新董事介绍公司业务情况，安排与高层经营者见面，参观公司有关场所等。对于在任董事也应该通过培训，进行继续教育，使其不断了解公司情况，不断进行知识更新，以免被经营者牵着鼻子走。最后要对董事会和董事业绩定期进行评估。虽然董事会和董事工作很难以量化，难以评估，但是只有定期对董事会和董事业绩进行评估，才能充分发挥董事会的作用。董事会业绩的评估应该由董事会负责，各个上市公司董事会应该根据自身情况，制定正式或非正式的评估程序和评估标准。对于董事会集体而言，在业绩评估过程中至少应该检讨其自身结构合理性、独立性、会议制度合理性、董事任用评估程序和标准、董事会业绩评估程序和标准、对经营者监督的有效性等方面，看其是否还适合公司发展需要。对董事个人来说，还要考察其会议出席率、参加会议是否有备而来、参与深度等方面。明确董事的最低参与度，无疑有助于提高董事会的有效性。此外，董事业绩评估不是为了评估而评估，其评估结果要作为有关董事能否提名参加连任再选的依据，这样就将不合格、业绩不佳的董事或挂名董事自动淘汰。在完善外部董事制度方面，需要：第一，明确独立董事的地位，强化独立董事的职能。独立董事应忠实、诚信、勤勉地履行作为董事应尽的职责，维护公司和全体股东的最大利益。以认真负责的态度出席董事会，对所议事项表达明确的意见。独立董事在行使职责时，不仅要考虑中小股东的利益，而且也要考虑债权人、职工以及客户等的利益；不仅要考虑经济利益，而且还要考虑社会责任。只有这样，独立董事才真正能够独立行事；只有这样，才符合公司长期发展的需要，最终使全体利益相关者的利益得以最大限度的满足。第二，成立独立董事的专管机构，统筹指派独立董事。在中国证券监督管理委员会下设立上市公司监督委员会，负责对上市公司进行监管。监督委员会下设立独立董事监管部，专门负责独立董事的培训、考核、奖惩，以及为上市公司指派独立董事事务所或独立董事。独立董事事务所和独立董事应自动执行回避制度，保证与上市公司不存在任何影响其独立性的关系。第三，设立独立董事基金。独立董事基金由上市公司缴纳，由独立董事专管机构统一管理，用于独立董事的培训、考核、奖惩等。第四，建立专职的独立董事队伍。独立董事责任重大，依靠兼职显然不能充分履行其应尽的义务。独立董事应具备广博的理论知识和充分的专业知识、一定的法律意识和丰富的管理经验，具有高尚的品格、敏锐的思维能力和洞察力，具有敬业精神、诚实守信、身体健康等。建立独立董事执业资格考试。成为独立董事，必须参加由证监会专门组织的资格考试，成绩合格、相应方面考核达标，取得证监会颁发的独立董事资格证书。制定独立董事的从业准则和规范。成立独立董事事务所，接受上市公司监督委员会的委托，具体委派独立董事，对独立董事实行日常管理。第五，建立独立董事的业绩考核体系和标准，定期对独立董事进行考核。独立董事监管部门应定期对独立董事进行全方位考核，包括独立董事参加董事会的次数、在上市公司工作时间、提出的合理化建议、制止的违规行为、发表的独立意见等。根据考核的结果，对尽职尽责，切实维护上市公司、全体股东和其他利益相关者利益的，应给予其相当的奖励；对不胜任的独立董事，应取消其执业资格；对因未尽职责而给利益相关者或上市公司造成重大经济损失的，独立董事要对公司甚至股东承担民事赔偿责任，严重的应追究刑事责任。

在董事会下建立主要由独立董事组成的审计委员会。其职责包括负责对公司的经济运行和财务活动进行监督，聘用内部审计人员，领导内部审计工作，决定聘用注册会计师进行审计，审查财务报告和审计报告等。审计委员会应检查会计

政策、财务状况和财务报告程序，与会计师事务所交流审计程序，推荐并聘任会计师事务所，检查内部控制结构和内部审计功能等。通过设立主要由独立董事组成的审计委员会可以给独立董事更大的活动空间，充分发挥独立董事的作用。但是，此时我们不难发现，这一举措的实施一方面加强了独立董事的作用，另一方面也造成了独立董事与监事会职责的冲突，从而不可避免地带来效率的损失。要解决这个问题，我们必须结合监事会改革来给出对策。这一点将在接下来的论述中仔细说明。

造成中国公司监事会监督效果较差的原因可以归结为两大类：一是监事的任选过度依赖于管理层、监事会独立性差、监事或监事会职责不全等；二是独立董事与监事会职责的冲突。

我们发现，独立董事制度与监事会制度在制度设计上存在着明显的冲突。关于中国股份公司监事会的职权，《公司法》相关的规定是：① 检查公司财务；② 对董事、经理执行公司职务时违反法律、法规或者公司章程的行为进行监督；③ 当董事和经理的行为损害公司的利益时，要求董事和经理予以纠正；④ 提议召开临时股东大会；⑤ 公司章程规定的其他职权。关于独立董事的职权范围，证监会的《指导意见》规定，上市公司应当赋予独立董事以下特别职权：① 重大关联交易应由独立董事认可后，提交董事会讨论；② 向董事会提议聘用或解聘会计师事务所；③ 向董事会提请召开临时股东大会；④ 提议召开董事会；⑤ 独立聘请外部审计机构和咨询机构；⑥ 可以在股东大会召开前公开向股东征集投票权。另外，独立董事还应对提名、任免董事，聘任或解聘高级管理人员，公司董事、高级管理人员的薪酬，上市公司的股东、实际控制人及其关联企业对上市公司现有或新发生的总额高于 300 万元或高于上市公司最近经审计净资产值 5％的借款或其他资金往来，以及公司是否采取有效措施回收欠款，独立董事认为可能损害中小股东利益的事项，公司章程规定的其他事项向董事会或股东大会发表独立意见。

比较上述有关规定我们会发现，独立董事的职权与监事会的职权存在着如下的交叉重叠：① 二者都将对公司财务的检查监督作为核心内容，监事会有权"检查公司财务"；独立董事有权"向董事会提议聘用或解聘会计师事务所"，"独立聘请外部审计机构或咨询机构"，同时赋予两个监督主体，机构重叠，职能交叉。② 二者都有监督董事、经理的违法行为的职权。监事会有权"对董事、经理执行公司职务时违反法律、法规或者公司章程的行为进行监督"，有权要求董事和经理纠正损害公司利益的行为。这其中包括虚假财务报表、不正当关联交易等行为。而独立董事有权对重大关联交易、聘任或解聘高级管理人员及可能损害中小股东权益等事项发表独立意见。③ 二者都有权提议召开临时股东大会。职权上重叠等于是公司将同一职责同时授予两个机构，要么是公司内部审计和监督大量重复，浪费公司的资源，要么就是互相推诿，无人负责。总之，独立董事制度与监事会制度在制度设计上的冲突降低了公司运作效率。

于是，我们必须在正视独立董事制度与监事会制度冲突的基础上寻求完善监事会的对策，使二者在现有制度框架内实现兼容和协调。本书认为重构监事会应主要从以下几个方面着手：

第一，完善独立董事与监事会的法律条款，明确二者的职能范围，化解二者的定位冲突。对独立董事与监事独立性的外部关联关系、对当独立董事与监事的工作受到阻碍的解决办法以及独立董事与监事不履行监督与勤勉职责时的处罚办法做出规定，在相关法律中明确独立董事与监事的职责，避免同时授权、监督混乱的局面出现。独立董事的职能不能突破董事会的职权范围，他们的工作侧重点

应定位在使董事会对经理的监督和董事会内部的相互制衡得到加强上，而原属于监事会的职能仍然由监事会承担，独立董事不能越俎代庖。监事会的工作侧重点应定位在保证公司合法经营和保护利益相关者权益上。

第二，加强独立董事与监事会的合作与协调。实践中，独立董事与监事会独立行动往往由于手段缺乏、授权不足而难有作为，二者联合行动可一定程度上避免这种局面。所以，我们建议上市公司设立独立董事与监事联席会议制度，独立董事与监事均有权提出召开由双方出席的特别会议，协商公司重大事务，若存在与董事会、经营层的分歧意见，则予以公告，并上报证监会。

第三，扩大监事会规模，引入独立监事制度。目前，中国上市公司监事会的平均规模为3人，也就是法定的最低限，而监事会保持一定人数规模是其监督机制发挥效力的前提，因此，有必要将监事会规模与股权结构、董事会结构结合起来，保证有足够的人力实行监督。监事会应由债权人代表、大股东代表、中小股东代表与职工代表联合组成。其中，债权人主要指银行，如果上市公司存在多个债权人，可在所有的债权人当中选出主债权人（公司负债最多的债权人），由他派出代表担任监事；大股东指的是上市公司前五大股东；中小股东指的是除去大股东之外的股东；职工代表应由全体员工选举产生，他此时或之前不得担任或担任过经理以上的职务。另外，针对监事及监事会独立性差的问题，还可以借鉴独立董事制度，引进独立监事制度。

第四，对监事会的赋权进行改革，为其能真正行使监督职能提供相应的权力支持和财务支持。按照《公司法》规定，监事会并无权以公司名义聘任会计师进行审计，这样也就无从发现和证实问题。所以有必要从法律上对监事会进行重新赋权，如赋予监事会在必要时聘请外部机构如审计师、律师对公司的财务状况和董事的行为进行检查的权力等。

第五，完善监事业绩评估机制，完善监事的义务和责任。目前，由于缺乏对监事业绩的评估和激励机制，"监"与"不监"没有多大区别，因此完善其业绩评估机制尤为重要。根据业绩评估对监事进行相应的奖励或处罚，根据评估决定其是否留任监事。

三、经理人市场与薪酬的奖惩设计

在国有企业中，对经理人的激励表现出两种倾向：一种是继续由国家掌握对国有企业经理人的工资总额和等级标准，这种薪酬制度不能恰当地估计和承认经理人员的贡献，引发消极怠工、"59 岁现象"，甚至导致优秀企业家流失；另一种是经营者自定高额薪酬，自利性职位消费，在代理机构或个人行使国家所有权的情况下，经理人员实行自我激励，把"国有资产无偿量化给个人"等损害股东利益的行为。这两种偏向表明，迄今为止，我国还没有解决好经理人员的激励问题，这样的结果往往是股东和经理或两败俱伤，或因小失大。中共十五届四中全会《关于国有企业改革和发展若干重大问题的决定》肯定企业可以试行经理厂长"持有股权"等分配方式以后，许多企业积极要求试行股票期权制度，这进一步体现了有效激励制度的缺位。

第二节　法律与监管制度层面：监管层面的制度设计与修正

公司控制权转移涉及公司诸多的利益主体，因此必须在规范完善的法制环境中，公司控制权转移市场才能够顺利运行，功能也才能够有效发挥。科学的控制权转移市场能够使不良的管理者得到替换，高效的管理者才能得以充分发挥，公

司各相关利益者的合法权益能够得到切实保护。鉴于公司控制权转移市场的复杂性，各国对引起上市公司控制权转移的收购制定了很多的法律进行规范，这些法律一般包括《公司法》《证券法》《上市公司收购法》《禁止欺诈法》《保护股东条例》《信息披露条例》等。这些法律法规构成了公司收购的法制环境。我国对规范上市公司收购行为也制定有相应的法律法规，主要以《公司法》《证券法》为主，包括其他一些针对性较强的法规条例，尤其是 2006 年出台的《上市公司收购管理办法》，成为我国近一段时期规范指导上市公司控制权转移的主要法规。这些法律法规对于我国规范上市公司收购行为起到了重要作用。但我国的证券市场是一个新兴的证券市场，市场中日新月异的变化，使我国的证券立法日益显得捉襟见肘，尤其是以控制权争夺导致的资产重组问题，在实践运作中涉及大量的证券立法问题，"郑百文事件"对小股东利益的剥夺、"四砂股份"的宁馨儿董事会之争、"方正科技"股权之争中的"一致行动人"等问题，暴露出了我国现行证券法规在操作性和部分条款合理性方面的不足。

从公司控制权的转移看，公司控制权转移是一个证券立法上的概念，其中涉及公司信息披露的要求与各当事方的责任，《证券法》要求公司及实质控制人在控制权发生转移的情况下负有报告和披露的义务，在超过公司股份总额 30％比例时，收购人负有发起全面要约的义务。虽然我国《证券法》对此有明确规定，《上市公司收购管理办法》也重点强调，但我国的法律体系至少在四个方面存在着极不完善的地方：一是公司控制权转移涉及权益持股、间接控股、实际控制、一致行动等境外证券法概念，我国立法目前尚没有引入。虽然这些概念具有可拿来性，但是，由于我国在产权体制及身份确认上存在重大的欠缺，能否引入上述概念，并进一步将上述行为合法化存在较大分歧；二是公司控制权移交过程中，董事在收购期间的诚信义务以及公司接管的实体问题和程序问题也都缺乏相应的条例规定，公司重组中董事的权利及义务以及公司股东的权利和义务并没有形成规则；三是在信息披露不实、大股东违反诚信原则牟取不正当利益时，法律没有对中小股东在追索民事赔偿责任、寻求法律救济过程中的诉讼途径进行明确规定；四是在反收购条款，制止违法收购方面缺少相应的法律规定。我国上市公司控制权转移在立法规定上的不完善，已使得公司收购过程中的负面影响日趋明显，证券市场中大量存在各种形式复杂的间接持股、权益持股以及董事违反诚信义务拒绝交出管理权或者擅自阻挠收购等现象大量存在，由于没有法定的披露义务，幕后操作频繁发生，信息的非公开化完全置中小投资者利益于度外。这些现象对于我国上市公司控制权转移机制的健康运行危害极大，也将极大地伤害中小投资者的市场信心。所以完善我国证券法规体系、健全法制环境显得十分紧迫。尽管法律体系的建设是一项长期的工作，但实践中出现的问题将会有助于法规的逐步完善。

第三节　法律环境与公众监督

国外公司的发展和实践证明，公司治理是一个有机的系统，缺一不可。因此，要健全和完善我国上市公司治理结构，不仅要健全公司治理结构或内部治理机制，而且还要完善与公司治理结构相适应的公司外部治理机制。我国目前在法律环境、证券监管等外部治理环境建设方面还存在很大缺陷。为确实改善我国上市公司的外部治理环境，本书建议从以下几方面重点加强建设：

一、法律环境建设方面

要进一步完善保护中小投资者权益的法律法规，尤其是控股股东的赔偿责任

制度和中小股东的起诉制度。保护中小股东权益的法律法规的内容十分繁杂，各国依据自己国家的实际情况规定了不同的中小股东权益保护制度。由于市场经济的发展时间较短，我国保护中小股东权益的法律法规比较薄弱，与上市公司的迅猛发展不相适应。本书认为，目前尤其应当完善赔偿责任制度和中小股东起诉制度，充分利用司法和行政手段，严惩侵犯小股民利益的违法违规行为。

（一）控股股东的赔偿责任制度

当公司董事会或公司控股股东的行为或决议损害了公司利益或中小股东利益时，中小股东应享有对侵权人的民事索赔权。我国《公司法》规定，当董事、监事、经理执行公司职务时违反法律、行政法规或者公司章程的规定，给公司造成损害的，应当承担赔偿责任；另外还规定，当股东大会、董事会的决议违反法律、行政法规，侵犯股东合法权益的，股东有权向人民法院提起要求停止该违法行为和侵害行为的诉讼。上述规定所存在的最大问题是操作性不强，如没有将利益机制与股东挂钩，即它没有明确股东有权要求赔偿，而只是赋予股东要求法院停止违法行为和侵害行为的诉权，投资者的经济损失并未得到赔偿。事实上，一般投资者不清楚如何采取民事救济措施，从有关法规中也找不到明确的依据，法院在受理案件时也因无充分的依据而不能对投资者提供实体和程序上的保护。因此，应当对控股股东的赔偿责任做出明确规定。

（二）引进股东代位诉讼制度

在股东代位诉讼制度方面，我国目前仍然是一片空白。由于中小股东同董事或管理人员没有直接的委托-代理关系，董事与管理人员不对中小股东直接负责，因此中小股东不能直接诉讼违法的董事与管理人员。在控股股东控制上市公司的情况下，上市公司也不会对损害自己利益的董事或管理人员起诉，这必将给其他中小股东带来利益上的损害。为了弥补这个制度上的缺陷，西方国家在公司立法中确立了股东代位诉讼制度。在股东代位诉讼制度下，控股股东勾结公司董事与管理人员滥用股权损害中小股东利益时，中小股东就可以依法代公司起诉，以维护公司以及中小股东的权益。因此，为了保护中小股东权益，规范控股股东行为，我国建立与完善股东代位诉讼制度已经迫在眉睫。

（三）建立中小股东权益保护协会

单一的中小股东面对实力强大的控股股东常常显得势单力薄（仅是昂贵的诉讼费就是普通投资者所无法负担的），而由于中小投资者分散，很难联合起来进行诉讼，因此，能够以一种有效、有力并且合法的组织为代表，进行集体诉讼或其他形式的自我保护是必要的。目前许多国家都建立了中小股东利益保护组织。本书认为，可以在有关证券主管部门或中国证券业协会下面成立一个有力的中小股东利益保护协会，作为一个相对独立的机构存在。为了规范其运作，可以由国务院制定行政法规或中国证监会制定部门规章，确立其相应的法律地位和职能。中小股东权益保护协会的资金来源可以是国家财政拨款，也可以通过其他途径，如上市公司固定上缴会费或接受社会捐款等筹集协会运作所需的资金。为了充分发挥这一机构的作用，应该聘请对证券市场的运作有相当认识和经验的专业人士，如注册会计师和律师等作为工作人员。

二、信息披露方面

要规范上市公司信息披露，提高信息披露的及时性、完整性、真实性和透明性。改善信息披露也是完善法律环境的关键因素，虽然信息披露并不直接作用于薄弱的股东保护这一问题，但它确实是一个非常重要的因素。首先，应完善会计准则体系和信息披露规则，以高质量的准则规范上市公司的披露行为。如在披露

的时间上，应采用定期与不定期相结合的方式；在信息披露的手段上，应提倡和鼓励采用现代化的通信技术，如公司在互联网上设立网页，通过互联网进行披露，以缩短披露时间。其次，加大对信息披露违规公司的处罚力度，对于故意隐瞒重大关联交易，给投资者造成损失的，证券监管机构应给予严厉的处罚，并可鼓励投资者对其提出诉讼，追究其民事和刑事责任。第三，应当加强注册会计师对财务报告特别是对关联交易及其披露的审计，确定企业是否在财务报告中充分公允地披露了关联交易的基本要素，尤其是转移价格，审查企业的关联交易是否符合公平原则，看是否存在利用关联交易转移定价来转入或转出利润、操纵利润的现象等。对于在验资、审计中舞弊的会计师事务所和注册会计师，也应加大处罚力度。

三、媒介监督方面

媒体与舆论对于上市公司及其大股东声誉机制的形成有着重要而积极的作用，对于大股东的行为会产生监管效果；同时，对我国的绝大多数中小股东来说，媒体是他们了解公司的唯一渠道，媒体的报道批评就直接代表着股民利益。因此，克服现在媒体和舆论在监督大股东行为问题上存在的约束和障碍，是控制大股东控制权私利问题不可缺少的一环。

对于媒体与舆论自身来说，财经媒体与社会舆论应当充分意识到自己的重大职责就是利用信息披露监管上市公司及大股东，保护投资者利益；要意识到只有做到为投资者服务，才能真正赢得市场和投资者的信任。在素质和能力上，媒体应当加大自身队伍的建设，提高媒体工作人员财经专业素质，发扬勇于报道的精神，并在一定程度上给予激励。

但是，依靠媒体的整体建设来提高舆论的监督力度，似乎在很长一段时间内都难以实现。这与我国的媒体构成是相关的。在电视台方面，一般都是受到上级党政机关直接管理的，因此，这就直接限制了对于一些重大的上市公司、与地方政府财政收入和官员政绩直接挂钩的上市公司的负面报道。在报纸方面，绝大部分出版物也同样存在这样的问题，在新闻自由上存在着某种程度的约束。这种改革是难以迅速进行的，因为一旦涉及地方政府的利益、社会的稳定和某些既得利益集团的利益，这种改革很可能就要遭遇挫折。因此，我们应当加强对一些"独立"媒体的保护，如加强司法体系建设等，逐步让媒体与舆论在我国上市公司治理中发挥应有的作用。

【第二部】

交易博弈篇

第一章
2011 年投资策略

—— 从全球竞争与地缘政治看中国资本市场的危与机

第一节　2010 年市场回顾

一、2010 年 3 月 31 日笔者对 2010 年趋势预测的回顾

以下内容摘自《2010 年二季度投资策略——以转变经济增长方式为布局主线、重视技术创新、低碳环保和持续重组的超额收益》（王维钢，华安基金，2010.3.31）。

大盘趋势的预判：

我将全年划分为若干阶段，结合国内外政策、流动性、融资压力等因素分阶段讨论。2010 年 2—5 月，大盘从探底 2900 点持续反弹后，有望突破 2900—3100 点的盘局。一定要抓住 2—5 月的上升行情，对奠定机构投资者全年的收益基础有重要作用。4 月份前后，蓝筹股群体在困守相当长时间后有可能在股指期货和融资融券的刺激下有所表现。5 月以前投资者高仓位还是相对安全的，但结构比仓位更重要。如果投资者更愿意保留一定现金头寸，我认为应该用于震荡到 3000 点下方低位时择机补仓，而不是为了控制风险而维持低仓位。

警惕 2010 年 5 月变盘，时间窗口在 5 月 7 日或 5 月 19 日。可能会见到上半年高点，在 3400—3600 点，预计比 3 月末的 3100 点上升 10％—15％。5—6 月大盘存在下跌 20％ 的风险，最低可见 2700—2800 点。7—8 月大盘还有反弹冲高的机会，可能见下半年高点，存在创新高的可能性，目标在 3500—3600 点，预计较低点上升 20％—30％。9—11 月大盘存在反复探底的风险，下探区间在 2600—2900 点。12 月—2011 年 1 月是布局来年的良好时机，2010 年末收于 3000—3300 点区间。以上预判过于细致，预测不准的可能性也存在。大家可只作一种参考印证，不用太在意。

二、2010 年趋势预测的实证检验结论

预测趋势转折周末日	实际上证综指	趋势预测结束日	预测结束日综指	趋势期间预测变幅	趋势期间实际变幅	变幅检验值	趋势实际结束日	趋势实际结束日指数	预测与实际趋势结束日交易日差	结束日检验值
2010－3－26	3060	3－31	3100	0％	0％		3－31			
2010－5－7	2688	5－6	3400	10％	1％	F	4－16	3130	14	T
2010－7－2	2383	6－30	2700	－21％	－24％	T	7－2	2374	－1	T
2010－9－3	2655	8－30	3500	30％	33％	T	11－11	3148	－52	F
2010－12－3	2842	11－30	2800	－20％	－13％	F	12－28	2732	－20	F
2010－12－31	2808	12－31	3000	7％	3％		12－31	2808		

大盘趋势的阶段 预测结论（2010－3－31）	实际检验结果（2010－12－31）
警惕 2010 年 5 月变盘，时间窗口在 5 月 7 日或 5 月 19 日。可能会见到上半年高点，在 3400—3600 点，预计比 3 月末的 3100 点上升 10%—15%。	实际第一变盘日比预测 2010 年 5 月 7 日提前 13 交易日到 4 月 19 日暴跌 4.8%，测大致准。上半年高点 3165 低于 3400 预测高点，实际上涨 1% 小于预测涨幅 10%，测错。5 月 6 日和 5 月 17 日（大跌 4% 和 5%）是下跌阶段最大跌幅日，与预测大跌日相差 1—2 天，测对。
2010 年 5—6 月大盘存在下跌 20% 的风险，最低可见 2700—2800 点。	实际大盘见底日 2010 年 7 月 1 日与预测日 6 月 30 日相符，测对，实际下跌 24% 略大于预测跌幅 21%。测对。
2010 年 7—8 月大盘还有反弹冲高的机会，可能见下半年高点，存在创新高的可能性，目标在 3500—3600 点，预计较低点上升 20%—30%。	2010 年 7—8 月为年度最重要反弹趋势时段，实际上涨 32% 略大于预测涨幅 30%，测对。下半年实际大盘见顶日为 11 月 3 日，滞后于预测 8 月 30 日，测错，原因是新增重大变量 QE2 延长了反弹时间 2 个月。
2010 年 9—11 月大盘存在反复探底的风险，下探区间在 2600—2900 点。	大盘见底日 2010 年 12 月 28 日，滞后于预测日 11 月 30 日，测错。实际下跌 13% 小于预测跌幅 20%，测错。
2010 年 12 月—2011 年 1 月是布局来年的良好时机，2010 年末收于 3000—3300 点区间。	2010 年 12 月末大盘触底反弹。

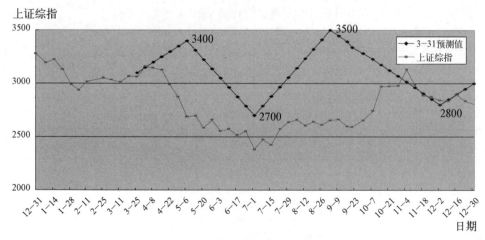

图 2.1.1　2010 年指数趋势预测检验图

第二节 2011年市场展望

一、2011年是"十二五"开局之年，稳健货币政策兼顾保增长与防通胀

中国货币政策必须为"十二五"规划实施营造良好的货币环境。美国 QE2 进一步刺激美国经济复苏，新兴国家面临着热钱流入和高通胀压力。全球流动性泛滥逼迫新兴国家升值，可以刺激外需增加出口是美国 QE2 的主要目的。中国央行面临两难选择：抗通胀与保增长平衡。中国货币政策逐渐回归稳健和常态。周小川行长指出：在制定货币政策时尽量兼顾资本市场的反应，扩大直接融资比例还有巨大空间。CPI 主流及一致预期是：二季度全年高点 4.5—5，四季度 2.5—3，贷款基准利率微升到十年均值约 6%，难以回升到接近 7%。

结论：政府换届前保增长优先，舆论导向已在提升通胀容忍度，本届政府要交卷了。尤其是地方政府主官面临十七大进阶冲刺的考验。

二、股市是吸纳流动性的重要场所

（一）热钱不是乖孩子

周小川的"池子"对热钱而言是不存在的"皇帝的新装"：

2010 年 11 月 5 日周小川行长给全市场投资者猜谜的池子到底是什么？股市、房市还是债市？2010 年 11 月 12 日央行副行长易刚解读池子是指货币政策组合。2010 年 12 月 15 日周小川行长亲自解释，全市场投资者猜了一个多月，池子还是指外汇储备。

国际热钱进出中国的路径是：外汇流入形成外汇储备——外汇占款增加人民币境内流动性——推动中国通胀——逼迫人民币加息——热钱从人民币长期升值

和国际息差中稳定获利。

结论：中国加息升值组合是美国 QE2 路线图对新兴国家的战略目标要求，与 1985 年广场协议如出一辙。新兴国家通胀有助于刺激新兴国家对美国产品的需求、减少新兴国家拥有对美国债权的价值。

（二）房地产泡沫与股市泡沫，谁对实体经济伤害更大？

房地产泡沫破灭会让中产阶级一贫如洗、银行业陷入危机，房地产长期调控无效果已经在考验下届政府主要领导人的执政能力。实力庞大的房地产利益集团与以民意为基础的中央政府调控力量博弈远远未见分晓，还不能说房地产调控将近尾声。主要城市房地产价格脱离中产阶级承受范围证明投资与投机需求已占主导地位，消费需求被抑制但仍存在，房产的投资品属性已经取代了消费品属性。房地产调控的目标还没有旗帜鲜明地正视这一事实——过高的房地产价格应该跌，还在狡辩调控是为了控制房产价格过快上涨。

股市泡沫破灭对实体经济的伤害小于房地产泡沫破灭，2008 年的惨痛教训不到一年投资者就忘却了，也没有见到影响社会安定的群体性事件。投资者投入股市的资金对风险承受能力更强，对日常消费支出的替代作用更低。

结论：股市泡沫与房地产泡沫两害相权取其轻。

（三）《人民日报》社论确认了管理层对股市作为流动性承接主要场所的定位

2010 年 11 月 24 日《人民日报》（海外版）头版：股市是目前吸收流动性最好的地方，保持股市健康发展也是政府经济管理的一项长期目标。中国政府抑制通货膨胀不会以打压股市为代价，市场没有必要对政府抑制通胀的举措反应过度。

2010 年 12 月 1 日《人民日报》（海外版）再次发表特约评论员文章：避免股市大起大落，使股市真正成为增加人民群众财产性收入的重要渠道是股市健康发展的必然要求。股市大幅波动不仅对中国经济发展而且也会对社会和谐稳定产生重要影响，中国股市的一举一动牵动数亿人的敏感神经，要切实维护好中小投资者的合法权益。

结论：股市有财富效应，伯南克发现了，所以美联储推出了QE2。周小川也发现了，所以"在制定货币政策时尽量兼顾资本市场的反应"。财产性收入、财富效应可以刺激居民消费。

三、美国为中国设置地缘政治困局

（一）美国寻找新的敌人

1999年大使馆被炸危机和2001年南海撞机危机，中国已经是美国的首选标靶。2001年"9·11"事件后美国迅速将中东极端恐怖势力列为首要战略敌人。经过长期战争，随着美国取得军事上的胜利并决定从阿富汗和伊拉克撤军，全球进入了后阿富汗、伊拉克战争时代，极端恐怖势力在两场战争中遭受打击而削弱。美国军工利益集团要推动美国长年维持庞大国防采购开支，美国必须树立新的战略敌人标靶，于是中国重新成为美国的目标。

（二）谁是第二强国？

20世纪六七十年代的苏联是全球第二大强国。苏联的对策是全球军事对峙，美国的对策是军备竞赛与和平演变，两强竞争的结果是1990年苏联解体。八九十年代的日本是全球第二大强国。日本的对策是经济崛起企图超越美国，美国的对策是广场协议逼迫日元升值，两强竞争的结果是日本经济停滞20年。21世纪头二十年的中国是全球第二大强国。中国的对策是和平崛起和弯道超车，美国的对策是战略逼迫，逼迫人民币升值、地缘包围策略，两强竞争的结果尚未卜。

（三）中国地缘困局

在东亚，美国的对策是：2010年支持怂恿日本对华和韩国对朝采取强硬外交

政策，中国的对策是朝鲜半岛促和与海峡两岸促进交流发展、与日本竞争合作。在东盟、印度，美国的对策是挑拨东盟个别国家及印度与中国发生领土纷争，中国的对策是平衡外交与经贸外交。在中亚，美国的对策是在中亚与阿富汗驻军、暗中资助支持中国边疆地区分裂势力，中国的对策是运用上海合作组织稳定区域安全和新疆区域振兴规划政策。

（四）解析日本与邻国岛屿纷争

日本在三个战略方向上与三个海洋邻国均有岛屿纷争。南千岛群岛（北方四岛）：俄罗斯强硬（对日无所求），日本退缩，美国表态美日军事同盟条约不覆盖南千岛群岛，日本无计可施。独岛（竹岛）：韩国强硬，日本退缩，美国表态不介入盟国争斗，韩国在独岛驻军，平息争议。钓鱼岛：当日本强硬时中国退缩（搁置论），当中国强硬时日本退缩，美国表态美日军事同盟条约覆盖钓鱼岛，中国渔政常态化巡航的对策以宣示主权。美国是现代策略大师，采用二桃杀三士的现代翻版策略，用一个钓鱼岛离间中日二国。虽然明知如此，中国却不能不争。

第三节　2011 年投资策略

一、从中国发展对策寻找投资主题

中国发展的对策有三个战略方向：一是加快军事工业发展，是中国摆脱地缘困局的重要手段。军事工业是新内需来源，也可以是新出口增长动力。二是加快亚洲区内进出口增长，争取加快欧美高技术产品进口增长以平衡对欧美贸易顺差。三是加快产业升级与转变发展方式、调整经济结构，从追求经济增长数量转变到提升经济增长质量。

从中国发展对策可以找到三个投资主题关键词：① 高端装备制造：军工（船舶、航天、航空、兵器、核子）、智能制造、工程机械。② 国家基础建设：高速铁路、新一代互联网、物联网、3G 网络、智能电网。③ 战略新兴产业：环保、节能、新能源、生物医药、生物农业。

二、从国家战略角度梳理投资思路和遴选投资标的

投资者和研究者应集中精力从转变发展方式、调整经济结构的国家战略角度深入研究、抓主线，同时按以下 8 个技术领域和 7 个战略新兴产业方向，可以在各组别与领域构建优质成长公司组成的投资组合：

技 术 领 域	重点覆盖行业分项	涉及经济部门与行业	组 别
能源资源开发利用科学技术	新型能源、智能电网	能源、电力设备、新能源汽车	新能源
新材料和先进制造科学技术	智能制造、先进材料	工业——化工、机械、有色	新材料
信息网络科学技术	互联网、物联网、智能基础设施、低成本信息化	TMT——软件、硬件、传媒、电子、通信、电信	新兴信息
现代农业科学技术	生态高值农业、生物产业	非周期消费——农业、医药	生物产业
健康科学技术	食品、医药、医疗设备	非周期消费——食品、医药	健康产业
环保科学技术	环保、工业节能	公用事业——环保、工业——机械	环保节能
空间和海洋科学技术	空间探测、海洋探测的工程装备和高端智能装备	工业——机械	高端装备制造业
国家安全和公共安全科学技术	军工、安防	工业——机械、TMT——电信、通信、电子	安全产业

2011. 1. 1

第二章

常晟投资 2013 年投资策略

——IPO 进程对 2013 年市场趋势的影响

第一节　融资功能熔断期前后市场趋势变动分析

一、2000—2005 年回顾熔断期前后的趋势变动分析

2000 年 4 月后证监会放松 IPO 市盈率管制至超过 25 倍，直到 2001 年 8 月市场见顶，市场融资功能第一次熔断。

2001 年 11 月恢复 IPO 后，证监会管制发行市盈率不超过 20 倍。随后是漫漫数年熊市。

2004 年 9 月—2006 年 6 月期间，市场融资功能第二次长时期熔断。在 2004 年 9 月—12 月第二次熔断期第一阶段，上证指数波动于 1350 点附近区间；在 2005 年 1—5 月短暂恢复融资期，持续破位下跌到 2005 年 6 月初 1060 点；进入长达一年的第二次熔断期第二阶段后，资本市场顶层设计启动重大改革：股权分置改革，上证指数从 2006 年 1 月初 1161 点显著回升到 6 月初 1641 点。

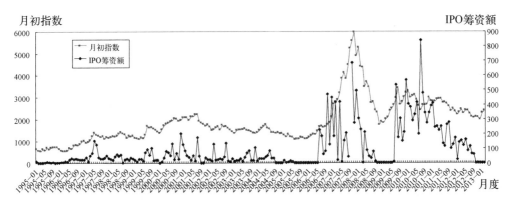

图 2.2.1　1995—2013 年 IPO 筹资额月度变化图

二、2006—2009 年熔断期前后的趋势变动分析

2006 年 6 月恢复 IPO 后，监管层实行 IPO 市盈率不超过 30 倍的发行定价机制管制。在基本面的全面好转支持下，市场迎来有史以来最为持久的跨年度牛市，直到 2008 年全球经济危机爆发。2008 年 10 月，市场持续从 2007 年 10 月高点 6000 点下跌到 1600 点，市场融资功能第三次熔断。

2009 年 6 月恢复 IPO 后，2009 年 9 月监管层放弃 IPO 市盈率管制后发行市盈率迅速超过 50 倍攀升到 65 倍，高市盈率发行持续到 2011 年 4 月，市场在 2400—3100 点区间波动。此后高市盈率发行终于迫使市场持续下跌，市场指数从 2011 年 5 月 2900 点下跌到 12 月 2200 点，发行市盈率从 55 倍以上回落到 35 倍左右。市场指数从 2012 年 1 月 2300 点下跌到 10 月 1950 点，发行市盈率从 35 倍以上回落到 30 倍左右，2012 年 9 月市场融资功能因市场低迷与政治环境因素第四次熔断。（备注：1995 年曾有三次短暂的 IPO 暂停期和恢复期，由于当时市场规模狭小，不做重点考察。）

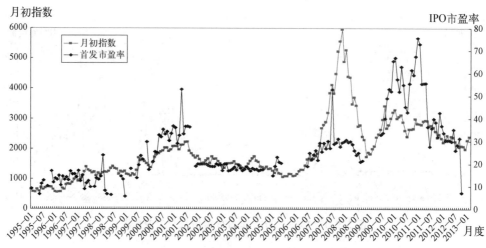

图 2.2.2　1995—2013 年 IPO 市盈率月度变化图

三、假设恢复发行对后市的预判

结论：假设 2013 年 6 月恢复发行，假设恢复后半年指数最高值为 2500 点，假设恢复后半年内最低值为 2100 点，下半年运行区间为 2300 点 ± 200 点。警惕 4 月底破位变盘风险。

表 2.2.1　历次 IPO 停发前与恢复后股指变化表

停发半年前月份	停发月份	熔断期	停发半年前月初指数	停发月初指数	停发前半年变幅	停发前半年最低值	停发前半年最大跌幅
2001 - 3	2001 - 9	第一次	1959	1834	− 6％	1796	− 8％
2004 - 3	2004 - 9	第二次 1 段	1675	1342	− 20％	1310	− 22％
2004 - 12	2005 - 6	第二次 2 段	1341	1061	− 21％	1036	− 23％
2008 - 4	2008 - 10	第三次	3473	2294	− 34％	1802	− 48％
2012 - 5	2012 - 11	第四次	2396	2069	− 14％	1999	− 17％

停发月份	恢复月份	停发月数	停发月初指数	恢复月初指数	停发期间变幅	停发期间最高值	停发期间最大涨幅
2001 - 9	2001 - 11	2	1834	1689	- 8%	1889	3%
2004 - 9	2005 - 1	4	1342	1266	- 6%	1496	11%
2005 - 6	2006 - 6	12	1061	1641	55%	1685	59%
2008 - 10	2009 - 6	8	2294	2633	15%	2727	19%
2012 - 11	2013 - 6	7	2069	2360	14%	2445	18%

恢复月份	恢复半年后月份	停发月数	恢复月初指数	恢复半年后月初指数	恢复后半年变幅	恢复后半年最低值	恢复后半年最大跌幅
2001 - 11	2002 - 5	2	1689	1668	- 1%	1339	- 21%
2005 - 1	2005 - 7	4	1266	1081	- 15%	998	- 21%
2006 - 6	2006 - 11	12	1641	1838	12%	1513	- 8%
2009 - 6	2009 - 11	8	2633	2996	14%	2640	0%
2013 - 6	2013 - 11	7	2360	2500	6%	2100	- 11%

第二节　深化资本市场顶层设计改革

一、中国市场指数与经济晴雨表的预期多年背道而驰

在全球 55 个主体市场年度变幅排名中，中国两个市场指数在 2009 年双双排名全球前十后，已经连续三年年度变幅排名中位列后 10%。

结论：中国市场指数与经济晴雨表的预期多年背道而驰，归因于资本市场顶层设计出现偏差，亟需深化资本市场顶层设计改革。

表 2.2.2 2009—2013 年全球主要市场股指变幅排名一览表

分 组	主 体	2008年变幅排名	2009年变幅排名	2010年变幅排名	2011年变幅排名	2012年变幅排名	2013年变幅排名
G20 金砖	中国沪指	49	10	53	42	50	28
G20 金砖	中国深指	48	3	50	49	52	25
G20 金砖	巴 西	17	8	37	33	42	55
G20 金砖	南 非	5	37	21	9	14	38
G20 金砖	俄罗斯	9	39	8	13	25	19
G20 金砖	印 度	12	42	27	8	28	22
G20 G8	美国道指	7	49	29	2	43	20
G20 G8	美国标普	31	12	30	31	17	32
G20 G8	法 国	21	44	47	29	23	39
G20 G8	英 国	6	45	32	14	47	18
G20 G8	德 国	15	41	22	23	7	41
G20 G8	加拿大	10	33	26	19	48	35
G20 G8	意大利	30	47	52	44	39	54
G20 G8	日 本	20	48	45	32	12	7
G20 G8	欧 盟	37	6	25	36	45	30
G20	澳 洲	22	30	40	25	27	13
G20	印 尼	34	7	3	4	29	8
G20	阿根廷	33	2	2	51	22	17
G20	墨西哥	4	24	13	12	19	44
G20	沙 特	39	9	19	45	11	52
G20	土耳其	29	14	5	3	6	6
G20 四小龙	韩 国	16	20	11	18	37	40
四小龙	中国香港	28	18	35	35	13	43

分　组	主　体	2008 年变幅排名	2009 年变幅排名	2010 年变幅排名	2011 年变幅排名	2012 年变幅排名	2013 年变幅排名
四小龙	新加坡	23	40	39	16	38	37
四小龙	中国台湾	51	16	43	48	20	5
欧　猪	希　腊	50	43	55	54	5	14
欧　猪	葡萄牙	32	26	49	39	41	27
欧　猪	西班牙	14	36	54	22	54	45
欧　猪	爱尔兰	52	38	46	7	21	10

二、保护市场融资功能与投资功能并重

上海市场以国际板接纳跨国企业筹资上市可以让上海成为世界顶级国际金融中心吗？中国有可能产生两个世界顶级国际金融中心吗？

只注重扩充大陆市场融资功能而忽视保护投资功能，2010—2011 年国际板构想持续困扰拖累市场。最后市场意志以持续下跌损害投资功能的方式来打破了国际板构想。

全球最主要经济体都只有一个世界顶级国际金融中心。基本条件：金融自由化和交易货币可自由兑换。

美国＝纽约，芝加哥、旧金山、洛杉矶成为区域国际金融中心。

欧洲＝伦敦，法兰克福和巴黎成为区域国际金融中心。

中国＝香港，上海、深圳、北京成为各有侧重的区域国际金融中心。

上海应实事求是地定位为大陆地区最主要国际金融中心，在满足大陆地区金融市场需求的前提下追求成为亚太地区国际金融中心。

结论：市场规则设计者应秉持求真务实态度重新审视中国构建国际金融中心

的战略布局，保护大陆市场融资功能与投资功能并重。

大力弘扬求真务实的工作作风，求真就是要坚持一切从实际出发，制定决策、推动工作要符合客观实际。

三、建立符合中国实际情况的低价发行机制

市场化询价发行机制一定是正确的改革方向吗？

中国市场 IPO 询价发行机制是全世界效率最高的，通过电子交易系统询价，投资银行向机构投资者询价征集订单时，询价机构决策人无须为高报价付出真金白银的代价，即使高价中签少量认购也只会有轻微的差价损失。

询价机制保证了询价市盈率接近甚至超过同行业市场市盈率。在认识到询价机制的荒谬性后，笔者 2010 年四季度起在所在基金公司率先放弃参与所有新股询价和申购。

询价机制保证了发行定价一切利益归于发行人，少数询价机构决定了高发行价，并不能在社会公众股东与发行人间取得利益平衡。

询价发行机制下高市盈率发行导致强化刺激了发行人勇于财务作假以博取闯关后的巨额筹资。

暂停 IPO 让 800 余家申报企业形成堰塞湖，史上最严格的申报企业财务自查可以拖延上市进程的整体节奏，但不能根本改变众多申报企业闯关的企图心。

结论：秉承求真务实精神，深化发行机制改革，市场规则设计者建立符合中国资本市场实际情况的低价发行机制是保证一级市场恢复融资功能和保证二级市场恢复投资功能的必由之路。

四、应树立正确的发行机制改革政策导向观

是满足少数企业超过真实需求的筹资还是满足符合条件的多数企业与真实需

求匹配的筹资?

发行审核对经政府部门审批的募集资金用途有严格审查要求,但对数倍于申报募集资金额的超额募集资金额竟然以补充流动资金一笔带过。这是荒谬的。

表 2.2.3　2011—2012 年上市公司 IPO 超募情况一览表　　　　（单位 万元）

股票代码	公司名称	招股日期	申报募集资金总额	实际募集资金总额	超募比例
300346. SZ	南大光电	2012 - 7 - 20	19 283	82 962	330%
002585. SZ	双星新材	2011 - 5 - 17	66 163	286 000	332%
601258. SH	庞大集团	2011 - 4 - 6	145 116	630 000	334%
300305. SZ	裕兴股份	2012 - 3 - 9	19 035	84 000	341%
300284. SZ	苏交科	2011 - 12 - 20	17 330	79 800	360%
300190. SZ	维尔利	2011 - 2 - 25	16 584	77 805	369%
002572. SZ	索菲亚	2011 - 3 - 22	22 782	116 100	410%
300183. SZ	东软载波	2011 - 1 - 26	18 735	103 625	453%
300333. SZ	兆日科技	2012 - 6 - 11	11 567	64 400	457%
300165. SZ	天瑞仪器	2011 - 1 - 6	17 050	120 250	605%

五、小结

是纵容询价招标方式抵近市场高市盈率发行还是约束发行人低市盈率发行更有市场可持续性?

询价机制下发行市盈率抵近市场同业高市盈率,制约了二级市场的上升空间,损害了市场投资功能,高市盈率发行不可持续。

结论:应树立正确的发行机制改革政策导向观,建立低价发行机制。

表 2.2.4 1995—2012 年首发市盈率统计表

年　度	首发家数	首发股数（亿股）	募资总额（亿元）	首发市盈率
1995	31	16	42	10
1996	203	63	253	14
1997	207	132	693	12
1998	111	81	417	6
1999	94	86	499	16
2000	145	120	855	33
2001	68	80	563	34
2002	71	121	517	20
2003	66	84	454	18
2004	98	55	353	17
2005	15	14	58	19
2006	71	395	1 643	25
2007	121	414	4 470	30
2008	76	115	1 034	28
2009	111	260	2 022	49
2010	347	580	4 911	57
2011	277	160	2 720	48
2012	150	84	995	30

第三节　低价发行机制利弊分析

一、低价发行机制概述

鼓励发行人以承诺 20 倍低市盈率来优先换取发行批文，不允许发行人超出招股书审核用途需求以外募集资金，允许更多符合条件的企业批量低价发行，重建市值低价配售机制以实现加快发行节奏。

(1) 证监会应鼓励发行人承诺不超过 20 倍低市盈率发行来优先换取发行批文，并鼓励允许不愿接受 20 倍低市盈率发行的发行人到境外市场去高价发行并提供便利，分流部分企业去境外市场发行。

(2) 证监会应不允许发行人超出招股书审核用途需求以外募集资金。《首次公开发行股票并上市管理办法》第 38 条规定，募集资金应当有明确的使用方向；第 39 条规定，募集资金数额和投资项目应当与发行人现有生产经营规模、财务状况、技术水平和管理能力等相适应。因此，不允许超募是合理要求。

(3) 低价发行机制可以有效缓和二级市场承接能力与众多企业直接融资需求的尖锐矛盾，允许更多符合条件的企业批量低价发行以实现加快发行节奏，化解申报企业堰塞湖困境。

(4) 市值低价配售机制是鼓励长期投资者提升持股意愿的政策激励措施。高价询价发行机制下，曾经实行的市值配售机制是不合理的。低价发行机制下，二级市场投资者以持有市值获得配售权利且自主决定是否认购，未被认购部分应由券商包销，包销压力是为了反制券商为追求高佣金而追求推高发行价。

二、疑问：低价发行机制会造成市场估值重心下移吗？

(1) 同时有 A 股和 H 股的大陆地区蓝筹股的全市场 A 股估值重心已经与境外地区 H 股接轨，全市场 2011—2013 年静动态有效估值均 A 股高于 H 股约 3%，银行业有效估值甚至 A 股低于 H 股 2%。鉴于全球主要经济体持续执行量化宽松政策，2013 年境外市场流动性优于境内市场，2013 年 H 股估值提升空间可能高于 A 股，因此 A 股二级市场的估值重心无较大下移空间。

注：有效市盈率定义为不低于 0 且不高于 50。

统计范围（2013 - 3 - 5）	PE有效家数 11	PE有效家数 12	PE有效家数 13	股本加权A股PE11	股本加权A股PE12	股本加权A股PE13	股本加权H股PE11	股本加权H股PE12	股本加权H股PE13	PE均值11的AH比值	PE均值12的AH比值	PE均值13的AH比值
除银行业的全市场有效PE	54	51	59	14.0	15.7	13.8	12.3	14.5	12.1	1.14	1.08	1.14
全市场有效PE	62	59	67	9.4	9.3	8.6	8.9	9.0	8.1	1.05	1.03	1.06
银行业有效PE	8	8	8	7.2	6.4	6.1	7.4	6.5	6.2	0.98	0.98	0.98

（2）市值低价配售机制为二级市场市值持有人提供了发行低价与市场高价的制度差价利益持续补偿，可提升二级市场持股信心，吸引新资金进场。

（3）低价发行减少了过度融资对二级市场存量资金的消耗力度。

（4）能通过史上最严格财务核查的新上市公司批量上市，为市场提供充足的有增长潜力的投资标的，市场会持续活跃。

结论：低价发行机制不会造成市场估值重心下移，A 股二级市场的估值重心将因循市场自身规律而波动。

三、疑问：低价发行机制会造成部分境内发行人放弃选择大陆地区市场吗？

（1）低价发行机制是求真务实的发行体制改革方向，保护市场投资功能是维持市场融资功能的前提，2009 年下半年开始实行的市场化询价高发行价定价机制，经过三年实践证明是损害大陆市场投资功能与融资功能平衡的。

（2）大陆市场一直是全世界最吸引发行人及大股东的市场：缺乏监管，较少处罚发行人及大股东，即使被大股东掏空后的上市公司还有 ST 重组重生的机会。

（3）由于低价发行机制减低了大陆市场允许过度融资对部分发行人的吸引力，众多发行人将平衡选取大陆市场或境外市场作为发行场所，从而实现申报企业有效分流，降低大陆市场发行资格吸引力是最终解决申报企业堰塞湖困境的出路。

（4）市场规则设计者应更关注中国直接融资比例的有效整体提升，在大陆市场还是在境外市场并不重要。

四、疑问：低价发行机制造成发行人首发筹资额和券商佣金收入减少，会受到发行人和券商的抵制吗？

（1）单个IPO项目筹资额减少，会减少单个IPO项目券商佣金收入。但是涸泽而渔式的高价融资已经造成市场融资功能熔断，2012年多数券商佣金收入已大幅减少。

实行低价发行机制后，通过市值低价配售和合资格企业批量发行，券商收入与总体业务量将上升甚至恢复到较高水平。

（2）企业低价发行上市后，企业如果业绩表现出持续高增长态势，仍然可以获得投资者赋予的较高市场估值，在次年的再融资时仍然有条件获得较大规模的筹资额。作为保荐机构的券商在多品种融资服务中将持续获得融资佣金收入。

投资者愿意为高增长高盈利企业支付高溢价估值，高增长高盈利企业因此有资格获得更大规模的筹资额，这将有效促进市场投资功能和融资功能的良性循环，体现资源优化配置的市场有效性原则，但报表作假或盈利滑坡的企业将更难获得再融资的机会。

五、应完善的配套政策

（1）证监会应鼓励二级市场市值持有人参与市值低价配售，但应不允许以单

纯申购低价 IPO 新股博取一、二级市场差价收益的投资产品存在。

（2）证监会应允许上市前股权部分存量发行与小股东股权性质置换为社会公众股。存量发行可以解套社会公众比例不低于 25％的上市条件政策限制，减少发行人实际获得的募集资金总额。

（3）证监会应建立对上市后查实蓄意财务造假骗取上市融资或盈利大幅下降的发行人大股东处罚机制和社会公众股补偿机制。以大股东向社会公众股强制补偿送股和发行人用募集资金强制补偿分红的方式降低社会公众实际发行价，减少社会公众认购成本。

（4）证监会应建立境外发行企业的境内股东股权市值托管制度。

第四节　不同发行机制假设下市场趋势分析

一、年度目标募资总额测算

假设 2013 年和 2014 年发行市盈率均值分别为 20、30、40 倍。假设 EPS 均值 0.40 元，假设每家股数均值 0.60 亿元。

假设正常年度发行家数目标值 300 家，2013 年发行家数假设为 150 家。

方案 1—4 假设 2014 年正常年度发行家数分别为 300、600、400、300 家，发行市盈率均值假设分别为 20、20、30、40 倍，可测算出年度目标募资总额分别为 1 440、2 880、2 880、2 880 亿元。

结论：以中国资本市场的深度与宽度预测，可承接年度募资总额 3 000 亿元，市盈率均值 20 倍时可承接 600 家，市盈率均值 40 倍时可承接 300 家。

表 2.2.5　2013—2014 年年度目标募资总额测算表

方案	年度	市盈率均值	EPS均值	发行均价	每家股数均值（亿元）	首发家数	首发股数亿	目标募资总额（亿元）	可发行月数	月均目标募资（亿元）
	2006	25	0.17	4.2	5.56	71	395	1 643	7	235
	2007	30	0.36	10.8	3.42	121	414	4 470	12	372
	2008	28	0.32	9.0	1.51	76	115	1 034	9	115
	2009	49	0.16	7.8	2.35	111	260	2 022	7	289
	2010	57	0.15	8.5	1.67	347	580	4 911	12	409
	2011	48	0.36	17.0	0.58	277	160	2 720	12	227
	2012	30	0.39	11.8	0.56	150	84	995	9	111
1	2013	20	0.40	8.0	0.60	150	90	720	7	103
2	2013	40	0.40	16.0	0.60	150	90	1 440	7	206
1	2014	20	0.40	8.0	0.60	300	180	1 440	12	120
2	2014	20	0.40	8.0	0.60	600	360	2 880	12	240
3	2014	30	0.40	12.0	0.60	400	240	2 880	12	240
4	2014	40	0.40	16.0	0.60	300	180	2 880	12	240

二、假设实施低价发行机制改革

若监管层实施低价发行机制改革，本质上鼓励投资人长期持股以获得市值低价配售权利，并提供更多发行人进入市场融资的机会，既保护了市场投资功能又维持了市场融资功能，资本市场进入投资融资良性循环，有望触发数年的长期牛市。

大陆地区市场低价发行机制可遏制部分发行人不惜财务作假而追求过度融资机会的恶性循环趋势，降低大陆地区市场的吸引力，引导部分发行人向境外地区市场分流。

三、假设维持询价高价发行机制

若维持询价高价发行机制，则市场将长期维持低区震荡，只会有少部分企业实现过度融资，难以杜绝部分发行人财务作假博取融资机会，虽然史上最严财务核查将逼退一部分申报企业，但巨量申报企业堆积在申报渠道的堰塞湖现象将持续。

若经济复苏成乐观趋势并通胀温和，则市场有望下探 2100 点后回稳在 2300±200 点区间；若经济复苏成悲观趋势并通胀加剧，则市场不排除下探新低，市场融资功能可能再次熔断。

若大陆地区市场直接融资功能无法持续正常发挥，境内外流动性无法在股权投资和股票投资领域得到合理引导，作为经济最活跃增长点的新兴行业中小企业无法获得成长所需的直接融资支持；流动性将囤积在房地产领域和民间借贷领域，由此积累的潜在金融风险对经济可持续增长将构成长期负面影响。

四、结论

低价发行机制是求真务实的发行体制改革方向，政策设计者应平衡保护市场投资功能和维持市场融资功能的关系。

制定深化发行体制改革政策，不仅要征询融资方代表保荐机构的意见，也应征询投资方代表的意见。

2012. 12. 9

第三章
常晟投资 2015 年投资策略
——国防与安全，变革与转型，牛市的产生与终结

第一节　三年内牛市结束，谁能穿越牛熊？

一、回顾与展望

1996 年在杨骏总裁引领下加入君安研究所入行以来，我经历了三轮牛熊转换。

大成基金景博从 2007 年 1 月 19 日我接手时排名第 54 名/共 54 只（2006 年亦第 54 名）攀升到 4 月 30 日第 2 名。2007 年 5 月 25 日 2.368 9 元至 6 月 8 日 2.348 7 元两周净值变动 - 0.85％，成功穿越了"5·30"从 4334 点到 3760 点的 - 13％暴跌。

大成创新成长基金是 2007 年 5 月 30 日后调整的受益者，天赐低位建仓良机，6 月 20 日完成发行 100 亿的大成创新成长基金在 6 月下旬 4000 点附近低迷回调过程中完成建仓，才有机会以优异的净值增长与投资者自发持续申购同步，最终在无持续营销前提下从 120 亿自然增长到 305 亿。

大成创新成长基金在 5300 点十七大前一周从 86％到近契约下限的 62％，减

仓了 80 亿，可能是中国基金业有史以来单个基金最大规模的撤退。牛转熊时还找得到能涨的股票吗？我在大撤退前仍以 17 元买了冠农股份，成了第一大流通股东，冠农在大盘暴跌 2000 点后 2008 年 3 月站上了 90 元。

2008 年 3 月大成创新双基金经理换岗管理，我在熊市中基金经理在职休息了五个月，眼看着排名从前 1/3 掉到后 10%，直到 8 月接替离职副总裁管理大成积极成长基金。

大成积极成长基金从我接任时 2008 年排名在第 143 名后 10% 攀升到中间 1/3。《投资者报》2008 年 12 月 1 日数据统计："2008 年基金经理变更后业绩排名大幅提升的基金中大成积极成长基金名列第四名。"

不管是主动还是被动原因，我在上一轮牛熊转换中成功穿越，给投资者挣了钱。

日益临近的本轮牛熊分水岭，什么投资策略能在第一轮调整的千点踩踏中逆势上涨？

二、三年内牛市结束，谁能穿越牛熊？

产品/账户名称	基金经理	管理日期	产品类型	规模	历史收益情况
大成基金景博	王维钢	2007-1-19—2007-6-20	封闭公募基金	20亿	接手前 2006 年：第 54 名/共 54 名 接手后 4-30—6-20：第 2—4 名/共 54 名，排名前 4%
大成创新成长	王维钢	2007-6-20—2008-3-1	LOF公募基金	120—305 亿	2007 年收益率 126.46%，15/78，排名前 19%

续　表

产品/账户名称	基金经理	管理日期	产品类型	规模	历史收益情况
大成积极成长	王维钢	2008 - 8 - 23—2009 - 9 - 30	LOF 公募基金	20 亿	接手时 8 - 23：143/ 220，年末 12 - 1：73/ 220《投资者报》2008 年 12 月 1 日数据统计："2008 年基金经理变更后业绩排名大幅提升的基金中大成积极成长基金名列第四名，从变更日至统计日的排名为第 73 名"
湘财长沙专户	王维钢	2014 - 5 - 23—2015 - 5 - 22	专户	<1 亿	一年收益率 225％，结算

第二节　牛市是怎么产生的？

牛市是怎么产生的？是流动性吗？是杠杆融资吗？杠杆融资是 2010 年 1 月试点，2013 年 5 月推行。牛市的外因与内因是：有没有钱买？能不能赚钱？

一、找牛市内因：发行政策顶层设计

2013 年 1 月常晟向证监会提交了一份政策建议报告《常晟投资 2013 年投资策略——IPO 进程对 2013 年市场趋势的影响》（2012. 12. 9），提出了发行政策改革顶层设计建议：

不同发行机制假设下市场趋势分析

若监管层实施低价发行机制改革，本质上鼓励投资人长期持股以获得市值低价配售权利，并提供更多发行人进入市场融资的机会，既保护了市场投资功能又维持了市场融资功能，资本市场进入投资融资良性循环，有望触发数年的长期

牛市。

报告指出了发行制度改革应将利益归于普通投资者而不是上市公司，应让更多的公司低价发行而不是让少量公司高价发行，公司上市后由投资者对成长性的认可程度决定市价，在上市后再市场化询定价、规模化再融资。

市场化询价是 2010—2012 年股市低迷的根源，恶意圈钱的巨大利益驱使大股东不惜造假，造成申报 IPO 公司堰塞湖的奇观。

股票代码	股票简称	上市日	股本发行前	发行股本	股本发行后	筹资额亿	最新股本	发行价	上市价	市价0529	上市变幅%	净利2009年	净利2010年	净利2011年	净利2012年	净利2013年	净利2014年
002528.SZ	英飞拓	2010-12-24	1.1	0.4	1.5	19.9	4.6	53.8	57.6	20.8	19	0.8	1.2	0.4	0.1	0.6	0.3
002399.SZ	海普瑞	2010-05-06	3.6	0.4	4.0	59.3	8.0	148.0	175.2	42.8	-46	8.1	12.1	6.2	6.2	3.2	3.4
300268.SZ	万福生科	2011-09-27	0.5	0.2	0.7	4.3	1.3	25.0	29.0	34.0	137	0.4	0.6	0.6	0.0	-1.9	0.1
601558.SH	华锐风电	2011-01-13	9.0	1.1	10.1	94.6	60.3	90.0	81.4	9.2	-29	18.9	28.6	6.0	-5.8	-34.5	0.8

二、牛市启动的归因

证监会 2014 年 6 月 10 日（2030 点）恢复 IPO 起实行限制发行市盈率 23 倍和市值申购权的新政是本轮牛市的基石。2014—2015 年限制市盈率发行和市值申购权是牛市长久的基础：维持投资者持有市值的信心，限制低价发行与高价开板交易的巨额差价收益给投资者一个维持市值的理由。利益应该归农民而不是地主：高估值开板交易市价与低价发行价的差额收益应长期归属持有市值的普通投资者而不是有权持续圈钱的上市公司。上市公司低价 IPO 并不吃亏：上市一年后只要交出亮丽的成绩单与描绘出成长前景，市场会给出足够高的市值，上市公司增发融资不受任何限制。

三、注册制推出不可能是牛市顶点，是牛市二轮启动的助推器

注册制不可怕，应鼓励更多企业上市，为牛市延续提供更多标的，但必须维持低价发行政策来限制单一企业 IPO 融资规模。如果注册制选择市场化定价政策，那么政策失误会导致牛市结束。2009 年小牛市后，2009 年末开始发行定价市场化，2010—2012 年市场逐级回落。

第三节　变革与转型

一、发行控制政策的正确改革方向

定时批量发行的总量控制政策改革为发行日常化平均化及筹资额总量控制制度：稳定市场预期，发行日常化平均化，发行筹资额总量控制，有序加大发行家数、进而控制单一公司筹资规模，引导投资者维持 70％的仓位和 30％的现金用于打新。

目前定时批量发行的家数总量控制政策的弊端：每月 2 次发行窗口期冲击市场平稳运行，高仓位投资者必须减持股票才能有资金认购新股，窗口期前阴跌、窗口期末恢复性上涨，几万亿打新股货币资金常年低效运行。

二、降低投资者不合规高杠杆风险的政策改革方向

建议监管部门应采取以下对策：第一，扩大基金和券商合规融资规模、限制取缔场外配资融资规模。第二，大力发展分级基金等创新金融产品和套期保值的衍生工具。第三，取缔让小投资者几万块高杠杆配资的先进互联网金融工具，让小投资者免于几天赔光的恐怖结局。只有几万块钱积蓄，听说了几万块赚几十万故事的打工仔，在赔光所有积蓄之后，或者人生走向终结，或者向社会报复。

文摘：券商系统瘫痪罪在 HOMS 自动平仓？配资公司和券商齐喊：NO（2015.5.29）

部分券商公司服务器异常的可能性原因是源自自动平仓软件的疯狂指令，也就是今天上午，HOMS 配资系统配资比例在 1∶3 以上满仓股票的投资者将被迫在最低价卖出仓位重的所有股票，导致股票直线下跌，也触发交易系统瘫痪。

三、泡沫的意义

股市泡沫让不平等并购成为可能：传统行业上市公司低成本融资投入新经济产业，让没有盈利能力的矮矬穷传统行业上市公司原来要卖壳给高大上，现在市值膨胀后有条件按 10—15 倍市盈率发行 10％—20％股份收购新经济企业，实现转型。泡沫是传统产业转型的润滑剂和催化剂。

第四节　牛市终结的归因分析

谣言不足以终结趋势，局部政策调整也不足以，顶层设计政策转向才可以。

每一次牛市调整都是增量资金天赐建仓的良机。大成创新成长基金是 2007 年 5 月 30 日后调整的受益者，天赐建仓良机，2007 年 6 月 20 日完成发行 100 亿的大成创新在 6 月下旬 4000 点附近回调过程中完成建仓，才有机会以优异的净值增长与投资者自发持续申购同步，最终在无持续营销前提下从 120 亿增长到 305 亿。

一、哪些政策转向可以终结牛市？

可以终结牛市的政策取向有：一是 IPO 发行定价市场化，重归 2010—2012 年涸泽而渔的不归路。二是央行流动性政策追随全球主要经济体而结束货币宽松。三是放松监管以致上市公司治理行为失控，上市公司过度融资、大股东虚假资产注入。

二、牛市结束的归因

归因 1：央行流动性管理政策逆转，时间点就在 2017 年，主要经济体结束宽松，中国流动性宽松同步转向。

归因 2：证监会发行定价市场化政策失误，时间点就在 2016 年的春天。

归因 3：放松监管以致投资者不合规杠杆融资失控，时间点就在当下，暴涨暴跌，高杠杆投资者一天毙命。

归因 4：放松监管以致上市公司治理行为失控，时间点就在 2016 年的春天，上市公司过度再融资、实际控制人通过上市公司收购虚假资产实现骗取上市公司股权或现金。

为什么不能给银行股高估值？盈利飙升的券商股为什么不能股价同步大涨？还记得 2008 年初的中国平安天量再融资吗？巨额融资时刻准备着。

从未有盈利记录的手机游戏企业股东用巨额利润承诺换取数十亿市值股权，P2P 无视舆论哗然而强势复牌连续涨停，上市公司更名智慧××后强势涨停。

三、牛市可以续命吗？

延续牛市需要监管部门采取以下措施：

1. 控制不合规高杠杆风险，扩大分级基金等各类金融创新工具的基金与券商合规融资规模、取缔限制场外配资融资规模。

2. 注册制下延续限制发行市盈率和市值申购权政策，发行日常化平均化、控制市场筹资总额。

3. 流动性逆转时继续鼓励市场化并购，放开发行股份收购资产再融资次数和繁琐审批的限制，正确认识泡沫对实体经济转型与并购重组的正面意义。

4. 强化对上市公司治理行为的实时监管与惩处，强化对侵犯小股东利益和上市公司利益的大股东实际控制人巨额经济处罚并依法提起刑事诉讼。

结论：希望牛市的结束不是以阴跌或暴跌方式，而是以转为平衡市波动的方式。

第五节　国防与安全——国破家何在？　该交军费时

一、为什么看好国防与安全？

三年内哪一个事件发生概率大？是牛市结束，还是中美军事对峙结束？

我认为，正如牛市一定会结束一样，中美军事对峙一定会持续。中美将尝试管控不爆发冲突，但美国欺凌中国将是主基调，中国加强战备将是主旋律。

我预判局部冲突爆发对资本市场的影响：全市场暴跌，只有国防与安全行业会继续上涨。

二、国防与安全行业的讨论——怎么看国防与安全行业高市盈率？

国防与安全行业高市盈率给了上市公司高效融资的机会，投资者对加大中国落后的国防与安全技术研发投入要做出贡献。国防与安全股高价融资怎么办？亏钱了怎么办？就当挣了钱的投资者上交军费和保护费。总比 100 倍市盈率买了巨额利润承诺的手机游戏股要有正能量吧？总比你推高银行股的估值让银行巨额圈钱去填补不良资产窟窿有正能量吧？总比你推高地产股的估值让地产公司巨额圈钱去囤地推高房价有正能量吧？

三、我挣了钱移民，战争与我无关了吧？

移民的来源国越强大，移民在入籍国社会中越受尊重。

对事业有成的中国精英阶层来说，移民就相当于"文革"时下放劳动，除了可以呼吸到比北京更新鲜的空气，只能老老实实当技术层面中产阶级，或者在家养花带孩子（我的南开博士师兄，前券商总裁，移民七年后回到深圳，开始了新的人生），无法融入政治金融经济主流社会。美国移民获得的民主权利是在两个垄断资产阶级的杰出代表中选一个，而且你只能选所在州的选举人，而不是一人一票想选谁就选谁。

四、我的愿景：

豺狼来了如果没有猎枪，那么各位在牛市中积累的万贯家财也将被文明地或者野蛮地洗劫一空。

上海北京可能遭遇劫难，就像 1127 年金兵占领的北宋汴京，就像 1276 年蒙古铁骑征服的南宋杭州，就像 1860 年英法联军抢掠北京圆明园，就像 1938 年日军屠城的南京，就像 2003 年美军"解放"后的巴格达。

如果您移民去了敌对国或周边小国，在中国战败时，您住家周围的各色穷人会借机洗劫你今天好不容易积攒的并带到了移民国的财富（和平年代也有这样的事例）。

2015.5.30

第四章
中国资本市场重启的对策报告

2015 年 6 月和 8 月股灾发生后，与许多负责任的市场参与者一样，常晟投资向决策部门提交了中国资本市场重启的对策报告。该报告摘要列入本书范围，供研究者参考。

第一节　以鼓励市场持股为导向，恢复资本市场 IPO 直接融资功能

1. 发行安排取消每月集中申购机制，改为每日均衡配号申购机制（每月 1—2 次集中申购机制是造成 2015 年上半年市场月度波动的重要原因）。

2. 建立按市值配售新股认购权的 IPO 发行机制，只有持有市值的投资者才有资格获得新股认购权以获得市值补偿机会。

3. 取消网下申购机制，取消不承担二级市场风险的打新股基金的机制，新股差价收益全部补偿市值持有投资者。

4. 建立券商融资给投资者申购新股的机制，参考香港惯用模式允许建立券商融资的合法新用途，投资者无须为了认购新股而减持老股。

5. 投资者获得新股认购权后自行决定是否缴款认购，主承销商包销未被投资者认购的新股（以约束券商与发行人合理定价）。

6. 继续执行发行市盈率自愿约束机制。

要点：建立每日均衡配号与申购机制，取消机构投资者网下申购机制，建立市值投资者独享新股认购权配号机制，建立券商融资给投资者申购新股机制。任何导致市场下跌的恢复 IPO 方案都是不利于市场发展的方案。

第二节　强化保护市值投资者持股利益和鼓励市值并购的发行股份与再融资发行机制

1. 合理调整发行定价规则：发行股份和再融资的发行定价折扣率与承诺持股年限挂钩，与承诺最低减持价不低于市价一定比值挂钩。承诺三年且不低于市价120％减持的投资者可按市价 50％定价认购，承诺二年且不低于市价 100％减持的投资者可按市价 70％定价认购，承诺一年且不低于市价 80％减持的投资者可按市价 90％定价认购，各期投资者均需承诺限售期满时市价低于承诺最低减持价时需延长 50％限售期。

2. 取消竞价定价发行机制。

3. 取消发行股份收购资产和再融资的年度次数限制，允许同次发行差别定价。

要点：建立保护市值投资者持股利益和鼓励并购的发行股份与再融资发行机制。折扣认购投资者以承诺持股年限与最低减持价设定市价折扣。

第三节　加快发展公募机构投资者持股规模

以鼓励市场持股为导向向公募机构投资者分配证金公司持股市值和后续维稳

现金，加快发展公募机构投资者持股规模。

1. 建议证金公司以持股市值和配比现金（2∶1）认购公募机构投资者偏股型基金份额，证金公司应要求偏股型基金收到证金份额后维持仓位不降低的承诺期和特定股票持股承诺期（不低于 6 个月）。

2. 公募机构投资者以承诺管理费返还比例（20％—60％）和过往基金业绩（前 80％）作为投标依据。证金公司认购机构不应只局限少数大基金公司，应对全部基金公司开放投标资格。

3. 证金公司后续维稳资金全部以申购基金份额方式入市。

4. 稳定全社会预期的举措：建议证金公司对全体基金承诺持有年限不低于三年，三年后每年赎回份额规模不超过 20％。

要点：证金公司以市值与配比现金认购公募偏股基金，带动全市场持股规模增长，改变证金公司明仓操作的被动局面。证金公司提出长期持有基金份额承诺。

第四节　合理定位中国资本市场发展的规模目标与进程目标

中国不应追求成为全世界最有吸引力的市场，中国资本市场应定位于估值合理与规模合理的、有基本融资功能与投资功能的发展中大国资本市场：

1. 控制创新金融工具的使用规模，包括股票期货、个股期权，在适当时机暂停股票期货是可行的选择，不要担心指责中国金融创新发展倒退的声音。

2. 放弃鼓励海外中资股退市回境内二次上市的政策规划，全球估值最高的市场不是一个光荣的名声。

3. 放缓港股通机制的规模增加政策规划，境外资本较大规模的流入和流出对稳定中国资本市场不一定是正面的。

4. 不再推行追求 A 股早日纳入 MSCI 全球指数的政策规划，特别是不再以过度开放资本市场作为承诺条件，以水到渠成为宜。

要点：合理定位中国资本市场发展目标，控制创新金融工具发展规模，控制资本市场对外开放节奏。

2015. 9. 11

第五章
常晟投资 2016 年投资策略

—— 从人民币贬值看 2016 年股票市场趋势

第一节　2007—2015 年全球主要市场汇率变幅与股票指数变幅年度相关性观测报告

为了保持跨年度和跨市场的可比性，本研究只考察各市场的年度股指变幅、年度汇率变幅，不考虑个别市场按实际最低点或最高点来划分牛市熊市或汇率涨跌。

年度股票市场趋势的后验界定：定义年度股指涨幅超过 20％为大牛市，涨幅介于 10％至 20％为牛市，变幅介于 -10％至 10％之间为平衡市，跌幅介于 10％至 20％为熊市，跌幅超过 20％为大熊市。

年度汇率市场趋势的后验界定：定义年度汇率涨幅超过 5％为大升，变幅介于 -5％至 5％之间为平衡，跌幅超过 5％为大跌。

表 2.5.1　全球主要经济体 2007—2016 年指数年度变幅与汇率年度变幅相关性一览表

市场分区	中华区 1	中华区 2	中华区 3	中华区 4	中华区 5	美国 1	美国 2	美国 3
INDEX	000001. SH	399001. SZ	399102. SZ	HSI. HI	TWII. TW	DJI. GI	IXIC. GI	SPX. GI
指数年度变幅	上证综指	深证成指	创业板综指	恒生指数	台湾加权指数	道琼斯工业指数	纳斯达克指数	标普500
2007	97%	166%		39%		6%	10%	4%
2008	-65%	-63%		-48%		-34%	-41%	-38%
2009	80%	111%		52%		19%	44%	23%
2010	-14%	-9%	12%	5%	10%	11%	17%	13%
2011	-22%	-28%	-35%	-20%	-21%	6%	-2%	0%
2012	3%	2%	-2%	23%	9%	7%	16%	13%
2013	-7%	-11%	75%	3%	12%	26%	38%	30%
2014	53%	36%	27%	1%	8%	8%	13%	11%
2015	9%	15%	107%	-7%	-10%	-2%	6%	-1%
2016	-12%	-15%	-17%	-7%	-6%	-3%	-3%	-3%

对标货币 CUR.EX	人民币 AUDCNY.EX 澳元中间价 CHY/澳元	人民币 CADCNY.EX 加元中间价 CHY/加元	人民币 CNYMYR.EX 林吉特中间价 CHY/林吉	人民币 HKDCNY.EX 港元中间价 CHY/港元	人民币 TWDCNY.FX 新台币兑人民币 CHY/新台币	人民币 USDCNY.FX 美元中间价 CHY/美元	人民币 EURCNY.FX 欧元中间价 CHY/欧元	人民币 JPYCNY.FX 日元中间价 CHY/日元
汇率年度变幅								
2007	4%	9%	-1%	-7%	-6%	-6%	3%	0%
2008	-24%	-23%	-10%	-5%	-8%	-7%	-11%	15%
2009	26%	16%	1%	0%	2%	0%	3%	-2%
2010	10%	2%	7%	-3%	6%	-3%	-10%	11%
2011	-5%	-7%	-7%	-5%	-8%	-4%	-8%	1%
2012	2%	2%	3%	0%	3%	-1%	1%	-12%
2013	-17%	-9%	-10%	-3%	-6%	-3%	1%	-20%
2014	-8%	-8%	-5%	0%	-3%	2%	-10%	-10%
2015	-6%	-11%	-14%	6%	1%	5%	-6%	4%
2016	-2%	0%	-1%	1%	0%	1%	0%	2%

市场分区	中华区 1	中华区 2	中华区 3	中华区 4	中华区 5	美国 1	美国 2	美国 3
市场	中国					美国		
区间起点年份	2013					2013		
对美元汇率期间变幅 2013—2015 年	−4%					24%		

市场	上证综指	深证成指	创业板指	恒生指数	台湾指数	道指	纳指	标普 500
股指期间变幅 2013—2014 年	43%	21%	122%	4%	21%	36%	57%	44%
股指期间变幅 2013—2015 年	56%	39%	359%	−3%	8%	33%	66%	43%

市场分区	资源国1	欧洲1	欧洲2	资源国2	资源国3	欧洲3	亚太区1	亚太区2	日本1	亚太区3	亚太区4	亚太区5
INDEX	AS51.GI	GDAXI.GI	FTSE.GI	NZ250.GI	GSPTSE.GI	FCHI.GI	302000.MI	HSI.HI	N225.GI	KLSE.GI	STI.GI	TWII.TW
指数年度变幅	澳洲标普200	德国DAX	英国富时100	新西兰NZ50	多伦多300	法国CAC40	MSCI亚太地区	恒生指数	日经225	富时吉隆坡综指	富时新加坡STI	台湾加权指数
2007	12%	22%	4%	0%	7%	1%	6%	39%	-11%	32%	19%	
2008	-41%	-40%	-31%	-33%	-35%	-43%	-45%	-48%	-42%	-39%	-49%	
2009	31%	24%	22%	19%	31%	22%	30%	52%	19%	45%	64%	
2010	-3%	16%	9%	2%	14%	-3%	4%	5%	-3%	19%	10%	10%
2011	-15%	-15%	-6%	-1%	-11%	-17%	-18%	-20%	-17%	1%	-17%	-21%
2012	15%	29%	6%	24%	4%	15%	17%	23%	23%	10%	20%	9%
2013	15%	25%	14%	16%	10%	18%	22%	3%	57%	11%	0%	12%
2014	1%	3%	-3%	18%	7%	-1%	5%	1%	7%	-6%	6%	8%
2015	-2%	10%	-5%	14%	-11%	9%	-1%	-7%	9%	-4%	-14%	-10%
2016	-5%	-5%	-3%	-2%	-2%	-3%	-4%	-7%	-7%	-1%	-3%	-6%

对称货币	美元	美元	美元	美元	美元	美元	美元	美元	美元	美元	美元	美元	美元
CUR. EX	AUDUSD. FX	EURUSD. FX	GBPUSD. FX	NZDUSD. FX	USDCAD. FX	USDCHF. FX	USDCNYM. IB	USDHKD. FX	USDJPY. FX	USDMYR. FX	USDSGD. FX	USDTWD. FX	USDX. FX
汇率	澳元兑美元	欧元兑美元	英镑兑美元	新西兰元兑美元	美元兑加元	美元兑瑞士法郎	美元兑人民币竞价	美元兑港元	美元兑日元	美元兑马来西亚林吉特	美元兑新加坡元	美元兑新台币	美元指数
汇率年度变幅	USD/澳元	USD/欧元	USD/英镑	USD/新西兰元	USD/加元	USD/瑞士法郎	USD/人民币	USD/港元	USD/日元	USD/马来西亚林吉特	USD/新加坡元	USD/新台币	美元指数
2007	11%	11%	1%	9%	16%	8%	7%	0%	7%	7%	6%	1%	-8.4%
2008	-19%	-4%	-27%	-23%	-18%	6%	6%	1%	23%	-4%	1%	-1%	5.8%
2009	26%	3%	11%	23%	16%	4%	0%	0%	-2%	1%	2%	3%	-4.0%
2010	14%	-7%	-3%	8%	5%	11%	4%	0%	15%	12%	9%	10%	1.3%
2011	0%	-3%	0%	0%	-2%	0%	5%	0%	5%	-3%	-1%	-4%	1.6%
2012	2%	2%	5%	7%	3%	3%	1%	0%	-11%	4%	6%	4%	-0.6%
2013	-14%	4%	2%	-1%	-7%	3%	3%	0%	-18%	-7%	-3%	-3%	0.6%
2014	-8%	-12%	-6%	-5%	-9%	-10%	-2%	0%	-12%	-6%	-5%	-6%	13%
2015	-11%	-10%	-5%	-12%	-16%	-1%	-5%	0%	0%	-19%	-7%	-4%	9%
2016	-3%	-1%	-1%	-3%	-2%	0%	-1%	0%	1%	-2%	-1%	-1%	1%

市场分区	资源国1	欧洲1	欧洲2	资源国2	资源国3	欧洲3	亚太1	亚太2	日本1	亚太3	亚太4	亚太5	美元指数
市场	澳洲	德国	英国	新西兰	加拿大	法国		中国香港	日本	马来西亚	新加坡	中国台湾	美元指数
区间起点年份	2013	2013	2013	2013	2013	2013		2013	2012	2013	2013	2013	2013
对美元汇率期间变幅 2013—2015年	-30%	-18%	-9%	-18%	-28%	-18%		0%	-36%	-29%	-14%	-12%	23.8%
市场	澳洲	德国	英国	新西兰	加拿大	法国	MSCI亚太	中国香港	日本 2012—2013	马来西亚	新加坡	中国台湾	
股指期间变幅 2013—2014年	16%	29%	11%	37%	18%	17%	28%	4%	106%	4%	6%	21%	
股指期间变幅 2013—2015年	14%	41%	6%	56%	5%	27%	27%	-3%	125%	0%	-9%	8%	

第二节　各主要经济体汇率与股指历年变幅分析

美国市场：美元指数 2013—2015 年期间变幅+24％，道指、纳指、标普 500 的 2013—2014 年变幅分别为 36％、57％、44％。2009—2014 年连续六年，除了 2011 年为平衡市，其他五年股票市场全部是大牛市。2015 年为平衡市。

欧洲市场：德国、法国：欧元兑美元汇率 2013—2015 年期间变幅-18％，2013—2014 年股指变幅德国 29％、法国 17％，2013—2015 年股指变幅德国 41％、法国 27％。英国：英镑兑美元汇率变幅-9％，2013—2014 年和 2013—2015 年富时 100 变幅为 11％和 6％。

日本市场：日元兑美元汇率 2012—2014 年期间变幅-36％，对应美元兑日元汇率从 77 日元狂升到 120 日元，变幅高达 56％，2012—2013 年股指变幅 106％，2012—2014 年股指变幅 125％。由于同期人民币基本追随美元对其他主要货币升值，日元兑人民币汇率 2012—2014 年期间变幅-37％。2012 年安倍上台后主动操纵日元大幅贬值，比多数发达国家提前一年启动货币贬值。与美国政客长期对人民币保持对美元币值稳定而不升值持不满态度不同的是，美国政客对 2012—2014 年期间日元和欧元的大幅主动贬值从未发表不满意见。

资源国市场：2013—2015 年澳洲与加拿大汇率均贬值约 30％，新西兰汇率贬值 18％，2013—2014 年股指变幅澳洲与加拿大 16％—18％、新西兰 37％。澳洲 2012 年和 2013 年连续两年大牛市，2014—2015 年两年平衡市。新西兰 2012—2015 年连续四年大牛市，累计涨幅高达 93％。加拿大 2013 年为牛市、2015 年为熊市，2012 年和 2014 年为平衡市。2013—2015 年中国对全球资源品需求的持续

减弱使得资源国汇率持续贬值，但三个资源国同期股市表现总体不错，并未出现熊市甚至大熊市。

亚太区市场：香港实行联系汇率，基本保持锚定美元，继 2011 年大熊市后 2012 年出现大牛市，2013—2015 年香港持续三年平衡市。马来西亚 2010—2013 年连续四年除 2011 年为平衡市外全部为大牛市，且 2011 年平衡市也比全球其他市场大熊市要强势很多。2014 年和 2015 年连续两年为弱势的平衡市，但 2013—2015 年汇率贬值约 30%。新加坡继 2011 年大熊市后，2012 年出现大牛市，2013—2014 年持续两年平衡市，2015 年为大熊市，2013—2015 年汇率贬值 14%。台湾继 2011 年大熊市后 2012—2014 年持续三年牛市，2015 年为熊市，2013—2015 年汇率贬值 12%。亚太区各个经济体规模均较小，均对美国和中国的经济状况与进口需求依赖较大，汇率贬值越大对应股市表现越好。随着 2015 年美国结束 QE 和加息预期的加剧，亚太区各经济体均由于美元流出而出现熊市或弱平衡市。

第三节　中国汇率与股指历年变幅分析

与全球绝大多数市场 2010—2015 年连续多年牛市甚至大牛市截然相反，中国市场在 2009 年大牛市后，除了 2012 年为弱平衡市外，2010、2011、2013 年全部是大熊市或熊市。2013 年主板为熊市，但创业板是超级大牛市。2014 年 6 月开始至 2015 年 6 月，中国市场进入为期一年的大牛市。按整年算，2015 年主板为强势平衡市，实际上分为上半年的疯牛市和三季度的崩盘和四季度的修复三个阶段，但创业板仍然是超级大牛市。创业板连续三年大牛市，但主板 2013—2014 年上半年及 2015 年下半年为熊市，2014 年下半年至 2015 年上半年为大牛市。

中国牛市的一个特殊特征是有正常的 IPO 发行市场行为，2013 年初—2014 年上半年及 2015 年三季度近两年时间 IPO 是暂停的。事实上我曾服务的国泰君安研究所先后两任宏观首席分析师姜超和任泽平，在 2016 年 1 月 4 日报告中不约而同判定 2013—2015 年三年为牛市的总体判断，有可商榷之处。

2012—2014 年人民币基本维持与美元对其他全球货币强势同步升值，2015 年人民币试图与美元脱钩改为锚定一篮子货币，全年相对美元贬值 5％。

人民币连续多年对美元以外主要货币持续升值对中国出口竞争力有削弱作用，对中国富有阶层境外消费有促进作用，对满足美国议会部分议员对人民币升值的诉求有帮助。事实上，美国政客自 2015 年以来对人民币相对美元贬值的非议已经没有几年前那么强烈了，中国应抓住人民币贬值预期较强的机会，尽快实现人民币贬值以促进出口竞争力的目标、遏制汇率投机获利机会。

然而，人民币贬值的空间是有限度的，2016 年全年预测在 10％左右。人民币对美元贬值幅度过大，可能会招致美国政客的大嘴抨击，谨慎的中国外汇管理当局会做汇率维持操作，因此中国不太可能出现巴西和俄罗斯这样 30％—50％的大幅贬值。

从前文已知案例分析，全球主要货币汇率贬值跨年累计 20％—30％并未让该经济体出现长期负面效果，各本币贬值经济体普遍出现持续的经济复苏和股市牛市或平衡市的现象。2016 年 1 月 4 日，多篇宏观研究报告或策略研究报告都是担忧人民币贬值会引发外汇流出，进而导致股票市场走弱，这与国别实证分析并不一致。

结论：人民币修复性贬值有利于中国经济复苏，有可能在后续年度促成新的牛市或平衡市持续产生。

第四节　2016 年中国股指波动区间估计

2016 年确定是熊市吗？1 月第一周，无论宏观策略分析师的一致预测还是市场实际暴跌的表现，都证实了 2016 年是熊市的结论。以年度股指跌幅大于 10％为熊市判定标准，这已经是盖棺论定了。1 月第一周的两天熔断机制引发暴跌，源于分析人员近乎一致的看空和资本市场制度安排的缺失。

作为少数人的意见，我的预测，2016 年是猴市。大起大落后，按年度测算有可能只是个正负 10％的平衡市，意味着 2016 年末上证指数落在 3200—3900 点区间是有可能的。一年以后，人民币贬值带来的经济触底前景将改变全市场分析师和专业投资者的极度悲观预期，而市场有可能提前做出脱离 3000 点下方的反应，寻求向年线回归的动力。

中国股市七年一轮大牛市的说法有一定道理，但市场参与者不能只追求大牛市，平衡市与小牛市都能给投资者带来获利的机会与空间，只是 2015 年上半年个股普涨的疯狂历史已成过去。在过去 20 年中，哪怕是熊市年度中，都有不少于 100 个个股有年度翻番的空间。市场环境恶化对投资者穿越牛熊、捕捉更为难得的获利机会提出了更高的要求。

市场能否实现平衡运行，还要看监管层如何改变资本市场游戏规则。好在市场是中国人开的，改游戏规则没有什么不对，不要怕国际友人数落。监管层之上还有志存高远的中央决策集体，中央调整监管层构成将带来市场的转机，资本市场为经济复苏服务的融资与投资功能不可能就此丧失。

有责任心的市场参与者，除了现阶段看空市场外，应该思考如何改变市场游戏规则能让投资者少亏钱挣点钱，并为调整后的监管层提供切实可行的政策建议。监管层是否能倾听市场参与者的意见，避免再推出熔断制度类似的荒唐保护政策，是市场重归平衡的重要先决条件。

本报告希望引发各位宏观策略分析师与市场专业人士的思考。

2016.1.8

第六章
金融数学家的自我修炼

第一节　自我评价已修炼到金融数学家的交易第七重境界

认真学习了《谈一谈交易投资的九种境界》，对照了自己的情况，自我评价，目前我"号称"已修炼到金融数学家的交易第七重境界，还要继续修炼啊。我目前采用了大数据支持下的量化股票投资策略：逻辑假设——建立数量模型——回溯数据验证——修正假设——学习公司研究报告排除个股风险——依据策略确定组合——执行量化策略——不看盘——争取超额收益——定期检验策略表现——做出动态调整。

附录：谈一谈交易投资的九种境界（2016‑03‑26）

新浪财经　文/作者 谭校长

今天我们来谈谈交易的境界。

校长曾经说过，我投资生涯中最为重要的一次转变，就是思维方式从主观交易到量化交易的转变。

最近也收到了很多投友的提问，说能不能再详细地谈谈你对交易的理解呢？

趁着今天明媚的春光，校长就来谈一谈我心目中交易的九重境界。

此文乃校长心血之作，文章有点长。这里先提示一句，文末另有重要信息，不要错过。

交易的第一重境界，我称之为"海绵"。

这个阶段的特点是，疯狂地吸收学习各种理论、知识、道理。

从道氏理论到江恩理论，从 K 线图到曲线图，从财务分析到产业理论，从宏观理论到交易心理……

总之，凡是跟交易有关的，都疯狂地吸收。

这是每个人在投资成长路上的必由之路，是打地基的过程。

这个地基打得越扎实，未来就能走得越远。

像海绵一样吸收不难，难在去粗取精，难在消化，难在融会贯通。

但是，很多人不幸地停留在了吸收阶段。以懂得多少道理为荣，并以此沾沾自喜。

而这个阶段离稳定盈利，还差猴哥的一个筋斗云，嗯，十万八千里。

交易的第二重境界，我称之为"迷失者"。

这个阶段的特点是：亲，道理我都懂，但为啥就是不赚钱呢？

人的复杂的生理系统的特性注定了一件事情，就是从懂得某个道理到执行之间，是一个漫长的回路。

这个回路上可能会受到很多东西的干扰和破坏。

好比红军二万五千里长征，中间要爬雪山过草地，要忍冻挨饿，还要跟

敌人各种周旋，九死一生。

从懂得道理到执行到位的这个回路的艰难程度，一点不亚于二万五千里长征。

因为在这个路上你会遇到一个极其强大的敌人，就是你的情绪。比如贪婪和恐惧。

情绪的威力是如此巨大，它的力量是你的理性力量的100倍。

这还不是最可怕的。

最可怕的是，这个情绪也是你的一部分。

外在的敌人再强大也不可怕。但你的情绪不是外在的敌人，它跟你同根同源，它是你的一部分，它就是你。

比如，该止损的时候，你就是舍不得止损，就是犹豫下不去手。这个舍不得的部分，也是你的一部分。它不是外在敌人，而是在你的血肉之中。

无论一个人多么强大，他能打败自己吗？

所以为什么古人说知行合一是如此之难。难就难在这里。

很多人就迷失在这个漫长的回路当中，终其一生。

交易的第三重境界，我称之为"无情"。

既然情绪总是干扰我们，那我们就让自己变得无情吧。

葵花宝典开篇讲，欲练神功挥刀自宫，就是这个意思。

在做决策的时候，尽量不让情绪参与进来。

比如在止损的时候，练习自己手起刀落那一刹那的无情。

其实，这个阶段已经进入《金刚经》中所说的"善护念"的修炼当中。

只有聚焦于当下，不被过去的交易成功或者失败所困扰，你才能做到

"无情"。

这个阶段，通常也是走向盈利的开始。

交易的第四重境界，我称之为"三好学生"。

这个阶段的特点就是守纪律，特别守纪律。

无情的阶段，说明其实你还是有情绪的，只不过努力地、强行地把情绪堵在门外。

但当你只是简单地执行交易纪律的时候，事情就变得更简单了。

你会养成习惯，在每天收盘之后做第二天的交易计划。

第二天，无论发生什么，你都会按照这个计划执行。

无论要付出怎样的代价，你都欣然按纪律办事。

比如，你昨天的交易计划写明了，某只股票跌到 5.38 元你就止损。结果今天盘中的最低价下探到 5.38 元，你按计划止损了。然后股价就一路上涨，收盘涨到了 5.8 元。

从交易的结果来说，今天的操作很糟糕。

但是从交易的过程来说，你对交易计划的执行很完美。

这个阶段的你，开始懂得把交易结果和交易过程分开来对待。这是非常重要的一步。

正确的交易过程远比某一次正确的交易结果重要 100 倍。

因为某几次的交易结果正确，是短期的，长期来看对你的投资生涯影响微乎其微。

而交易过程的正确证明你养成了良好习惯，这才是长期的，能够陪伴你一辈子的重要的事。

事实上，最可怕的事情莫过于你用错误的过程，赢得了正确的结果。

比如刚才那个例子，计划中写明了5.38元止损，但是价格到了之后，你犹豫没有执行，结果价格后来涨上去了。

表面上看你盈利了，但这才是最危险的地方。因为你靠违背交易计划而获得了"奖赏"。于是下次你会进一步违背交易计划。

千里之堤溃于蚁穴，最终你的整个交易系统都会坍塌。

交易的第五重境界，我称之为"内化"。

你甚至已经不用每天写交易计划了（对于99.99%的人，校长还是强烈建议你要写）。

因为所有的纪律、铁的执行，这些东西已经内化了。

好比一个熟练的驾驶员，什么时候踩油门，什么时候刹车，已经内化了。

你的内心已经形成了一个交易系统，你下意识地严格按照这个系统来执行交易。

这个时候，其实你已经是一个量化交易者了，或者称之为半量化交易者。

很多主观交易的高手，其实就在这个境界。

交易的第六重境界，我称之为"无为胜有为"。

当你的系统已经形成之后，你发现你甚至可以不看盘了。

你可以把你的交易策略写成计算机代码，让计算机帮你看盘和执行下单。

你作为一个监控者，偶尔看一眼就行。

这个阶段，你发现你做得越少，赚得越多。

因为你的不作为，正是确保系统发挥威力的前提条件。

一旦你作为太多，对系统的干预过多，反而会产生负面作用。

这个阶段，你需要控制好自己主观干预系统的欲望。

交易的第七重境界，我称之为"数学家"。

来到这里，意味着你对于量化交易已经登堂入室，有了自己的策略、模型以及实战。

而作为一个量化交易者，第一步最重要的是，做出漂亮的回测资金曲线。

当你有了一个策略思想，你需要把它写成计算机代码，然后呢？

不是马上开始实盘，而是放到真实的历史行情数据中去回测。

比如说，你想了一个策略，当 5 日均线上穿 20 日均线买入，当 5 日均线下穿 20 日均线卖出。

你写成了计算机代码，然后你从 2010 年到 2015 年的上证指数 5 年的日线数据来做历史回测，看看这个策略到底能不能赚钱。

结果发现，效果没有你想象的那么好啊。

然后你会开始做一件事情，叫作参数优化。

既然 5 日均线和 20 日均线的效果不够好，那么换成 10 日均线和 30 日均线怎么样？

你会发现，可以选择的参数非常多。这个时候计算机的好处就出来了，它能够帮你完成大量计算，在大量参数中找到最优解。

这个过程，在数学上叫作拟合。

本质上，就是通过大量计算，找出能够最好的适应历史行情的参数。

然后你能得到一些漂亮的模拟资金曲线。

这个过程是所有量化交易者的必经之路，也是非常重要的阶段。

因为你能把历史行情拟合得越好，做出的资金曲线越漂亮，说明你的基本功非常扎实，说明你对市场的理解非常深刻。

说明你具备把各种技术指标做优化组合的能力。

这些能力都是非常宝贵的。

交易的第八重境界，我称之为"努力不做一个优秀的裁缝"。

前面一个阶段的拟合过程中，你可能会用到大量的过滤器、大量的条件等，让策略在历史行情中表现足够好。

但忽然有一天你发现一个问题，策略的参数用得越多，这个策略对未来行情的适应性可能就会越差。

好比一个裁缝做衣服。根据你当下的身材，他仔细量了很多数据，然后做出了非常合身的衣服，你穿得非常漂亮。

但问题在于，当下这个时刻越合身的衣服，意味着适应你未来可能的身材变化的适应性就越小。

如果你未来忽然变胖或者变瘦了，这件衣服就没法穿了。

而股票市场的未来是不确定的，这只股票很可能在未来某一天就变胖或者变瘦。

如果你把衣服做得太合身，那么它对未来的适应性就越差。

当你意识到这一点，你就进入了一个崭新的阶段，我称之为"做减法"。

你宁愿让衣服在当下看起来没有那么合身，没有那么好看。你要让它能够更适应未来的变化。

这个过程是非常痛苦的。

你试想一下，对于一个优秀的裁缝，让他自己主动把衣服做得没有那么合身，是多么痛苦的一件事。

同样，你的一个策略，能够在历史行情中跑出非常漂亮的收益稳定、回测很小的资金曲线。这个时候，你要去做减法，可能会让这个资金曲线变得坑坑洼洼，变得没那么漂亮。

等你到了这个境界，你就能理解这种痛苦了。

交易的第九重境界，我称之为"大道至简"。

"大道至简，唯嫌拣择"，这句话出自禅宗三祖僧璨的《信心铭》。我非常喜欢这句话。

当你试过了万千法门，用过无数诺贝尔方程之后，最后你发现世界其实是简单的。

能够在时间的长河中保持长期有效的，都是朴素而简单的东西。

这一点，请慢慢体会。

让我们再回顾一下交易的九重境界。

交易的第一重境界，海绵。

交易的第二重境界，迷失者。

交易的第三重境界，无情。

交易的第四重境界，三好学生。

交易的第五重境界，内化。

交易的第六重境界，无为胜有为。

交易的第七重境界，数学家。

交易的第八重境界，努力不做一个优秀的裁缝。

交易的第九重境界，大道至简。

看到这里你一定会感慨，交易之路真心不容易啊。好比千军万马过独木桥。

一些交易高手最终走出来，都是经历了几次破产，历经人生起伏，最终才大彻大悟。

其中滋味，冷暖自知。

2016. 3. 26

第二节　股票投资者疾病九条症状自我对照

笔者经过 20 年三轮牛熊转换，已经修炼出成熟投资者的投资理念体系和稳定的投资品质。自我检验陈述如下：

一、已建立自己的投资理念，从未人云亦云以投资大家的理念为理念。

二、已修炼成以下投资品质：

1. 视野：提升纵观全局的能力，不受冲击性外部因素干扰改变既定的总体判断。

2. 心态：不看盘，不受短期波动的影响。

3. 耐心：从不追涨杀跌，能忍受套牢的痛苦，也能忍住获利了结做波段的冲动。

4. 自律：能克制自己的冲动，对热门领域会投入研究而不会追高杀入，宁可错过，想清楚了再做配置调整。

笔者经逐条对照，还犯有股票投资者疾病九条症状中的第八条，其他症状已修炼戒除。在九条症状陈述列前面的是笔者修炼后特征对照说明。

笔者修炼后特征	股票投资者疾病九条症状
不看盘	1. 沉迷于股票每日涨跌。不能忍受每天不看盘，哪怕是和朋友聚会聊天、开会、开车等红灯、去洗手间等都要时不时拿出手机看看股票走势，恨不得一天24小时和周六周日都是交易时间。
可以承受巨大亏损	2. 无法忍受一时亏损。股票上涨时得意忘形，股票下跌时百爪挠心，股票的涨跌甚至影响到正常的工作和生活。
长期投资，兴趣乐趣，从不杠杆求快富	3. 想在股市赚快钱。老是想着在股市一夜暴富，亏了想迅速回本，赚了嫌赚得不够，心态急切。
从不批评别人的股票	4. 特别关心别人投资的股票。一旦别人有所失误，就大加批评，别人股票大涨就独自叹息或有追涨的冲动。
可以容纳不同观点，看不下去时动手做数量研究后写研究报告反驳，但从不口出恶言	5. 难以容忍其他投资者的不同观点。投资想法不同时，就恶语相向。你若在论坛或平台上发布的观点与其个人判断或第二天走势稍有不同，就会遭到奚落和嘲讽，根本不能用更大一点的视野（哪怕是往后看三天）看问题。
忽视偶然波动和扰乱信号短期因素，深入研究长期因素	6. 试图解释市场每一个偶然波动。试图将投资结果不佳归咎于"天灾"。比如央行货币政策乱来，政客不懂经济学，救市措施不当等。
收集数据验证模型假设，不支持假设时放弃假设观点	7. 不断收集新数据支持自己的某个投资观点。对不能支持自己观点的数据置之不理。
已建立绩效评价模型，拿自己组合的收益率与全市场偏股基金每日比较	8. 不断把自己和各种指标比较。比较自己是否跑赢了某某指数，是否跑赢了某某基金。
独立思考，从不盲从	9. 缺乏独立思考。不好好做功课，听信所谓"专家"的小道消息，盲目相信大V。分不清电视节目和真正投资观点间的差别。

2013. 3. 27

第三节　谢荣兴人物专访：君安人今何在（三）　王维钢——追求金融数学家境界的专业投资修炼者——常晟二季度策略报告

（注：本文选自谢荣兴人物专访"君安人今何在"系列之三。该系列前四位资本市场资深人士是康晓阳、但斌、王维钢、盛希泰）

重要观点：对全球 15 个主要经济体研究 2007—2015 年各年度本币贬值与当年股市态势的相关性，得出结论本币贬值当年出现大熊市（－20％以上）是小概率事件，认为 2016 年中国是猴市、平衡市，全年变幅±10％，能见到年线。

编者按——谢荣兴：在 20 年前的春天，我时任君安证券副总裁兼上海总部总经理，在常德路 777 号君安上海总部举行了几场普普通通的招募考试，谁也不会想到这是中国第一个分行业分领域研究的投资银行研究机构——君安研究所的启航点。杨骏总亲自面试在上海千挑万选最后招募了君安研究所最早的八个研究员，其中就有李迅雷、王维钢、谢建军、杨军、陈军、鲍隽、张以杰、黄崇光。今天介绍的王维钢博士，是浙大工商管理硕士，南开大学经济学博士，1996 年加入君安研究所后做高科技和建材行业研究员，是第一个被杨骏总 1997 年调离研究所到投行工作的研究员。王维钢在国泰君安投行干了七年，其间他"违反公司规定"遇到了他的一生所爱。在国泰君安工作八年后王维钢从这所中国证券业"黄埔军校"毕业转入公募基金行业又奋斗了八年，2006 年加盟大成基金担任基金经理，基金景博从 2007 年初接手时最后一名四个月做到了全市场第二名，并用业绩推动大成创新成长基金规模从

120 亿自然申购增长到 305 亿，当年排名前 19％。大成创新成长基金在 6100 点前期中共十七大前一周减仓了 75 亿从 86％到近契约下限的 62％，可能是基金业有史以来单个基金最大规模的撤退。在深圳工作生活 14 年后，王维钢 2010 年转战上海开启人生新的旅程。2012 年王维钢担任常晟投资 CEO，开始了股票量化投资和 preIPO 股权投资的事业，自 1993 年迄今已经历了完整的三轮大牛熊转换周期。王维钢是国泰君安培养出来的嫡系部队，在私下场合他曾动情地说，此生铭记杨老板和国泰君安的恩情。

王维钢虽然没有选择以研究为最终职业，但二十年始终笔耕不辍。在完成监管机构证券业协会或深交所的科研课题后，曾出版受证监会首任主席刘鸿儒和首席顾问梁定邦博士作序推荐出版的《股市策略致胜》（2001 年文汇出版社）、《中国资本市场出路》（2004 年中信出版社）两本投资专著。

下面用王维钢博士在 2016 年 4 月 7 日申万金工杨国平博士组织的一场机构投资者交流活动中的现场发言，听一下王博士的最新观点：

常晟二季度策略报告：《降低预期追求小确幸——2016 年 4 月 7 日：写在 3000 点方向抉择之前》

王维钢博士

年初下跌的反思：多个大牌分析师以人民币贬值为由唱空，开年暴跌 20％。大牌分析师影响力很大，更要有责任感。历史上唱空出名的首席都已经转行了。不看好可以不唱歌，谨慎看空是没有错的，持续卖力唱空，就值得怀疑其心可诛，会影响到众多还未在熊市中修炼过的年轻基金经理心态失衡和行为异常。申万杨国平 2016 年 2 月 4 日立春坚决唱多见 3684 点，值得大家学习。

全年展望：两次熔断后 2016 年 1 月 8 日我发布《常晟投资 2016 年投资策略——从人民币贬值看 2016 年股票市场趋势》报告，对全球 15 个主要经济体研究 2007—2015 年各年度本币贬值与当年股市态势的相关性，得出结论本币贬值当年出现大熊市（-20% 以上）是小概率事件，认为 2016 年中国是猴市、平衡市，全年变幅 ±10%，能见到年线。我是在全市场一片哀鸿中最早坚定看能回到 3539 年线的，尽管当时已经跌到 3100 点了。

区间分析：2016 年 2 月份 2700 点是全年建仓的最好时机，有知名百亿基金经理心理崩溃全面斩仓砸出市场底。我们 2016 年 1 月末在 2700 点建仓的两个产品至 3 月底已有 17%—24% 的收益率，其间个股还曾下跌超过 10%。二季度 3000 点以上预计会反复。2016 年下半年高点我没有杨国平 3684 点那么乐观，应该能见年线。即使 8 月见顶回调，低点可能也高于 3000 点。下半年冲高后跌破 3000 点可能性不大，若有都是买点。

资金分析：市场始终是存量博弈，不能对增量资金抱幻想，6 月纳入明晟指数有难度，社保入市只会买高息率的大蓝筹股，对中小市值股没有帮助，深港通对深圳市场有利，对港股不见得有利。

合理的增量资金来源：房产投资资金池，高息理财资金池。如果中央政府严厉整治 P2P 和炒房，将逼迫追求高收益的资金以增量形式流入股市资金池，将提高市场预期。股市泡沫比房市泡沫和高息理财泡沫对社会经济安全冲击更小，政府应该给予合理引导。

美元汇率利率的预测与影响：中美争夺众多华裔高净值人群财富流向是货币战争的焦点，也是中国股市资金存量变动的根源之一。2016 年以来日欧已 QE 放水，中国遵守国际信用坚守本币币值，年初以来人民币不贬反而对美元微升

0.3%，有加息预期的美元反而是贬值的（指数下跌4.4%），经济比中美更差的欧日居然本币对美元和人民币有较大升值（欧5%、日10%）。参考美联储主席3月末讲话，美联储决策瞄准的是中国经济数据，而下半年中国经济不会显著好转，所以美元加息受牵制，美元2016年最多1—2次加息。美元指数从2014年中79点上冲到2015年4月100点，2016年从98.7点回落到94.4点，如果下半年能加息两次再升到100点已经是强弩之末，可以大胆做空美元。今后人民币会盯住一篮子货币波动，全年对美元未必大幅贬值，人民币对一篮子货币年度贬值5%是有利于出口的。我在2016年2月18日发布报告《中国防范美国剪羊毛攻防策略》指出中国富人卖中国资产买美国资产是错误的选择，人民币对美元没有一年5%以上大幅贬值预期。美股已经第三次从16000点低位拉回到了2014年9月17000点和2015年7月、2015年12月的高点18000点，也在苦等美元回流增量资金增援，而A股从5100点已腰斩后反弹，美国的存贷款收益率和国债收益率都远低于中国的存贷款收益率和国债收益率。

市场形态分析：市场能不能如杨国平所愿上冲3684点，我持略谨慎态度。超级大股票大涨对空头有利，会导致大盘加速上冲、中小盘股杀跌，对市场良性运行不利。只要市场稳定在3000—3300点半年时间，有能力的投资者可以做出50%的收益率。

投资者成熟是市场健康的基础：投资者盯着宏观数据做投资是不成熟的，投资要有耐心，有成熟的投资逻辑，不受短期宏观数据影响做交易决策，不能一窝蜂或鸟兽散。

降低预期追求小确幸：慢牛理想化模型就是涨两天跌一天，每三天合计涨4点，全年有个330点超过10%涨幅就叫小牛市了，这只是个开玩笑的理想模型。

在 2015 年 5 月 30 日发布的《常晟投资 2015 年投资策略——国防与安全，变革与转型，牛市的产生与终结》一文中我预测了牛市终结的四种情况，预言千点踩踏从 4600 点跌至 3500 点，很不幸言中。2015 年 6 月中国股市崩盘、大牛市已结束，实际情况从 5100 点跌至 3000 点，超出我的预期，年底才回到 3500 点。全年变幅 ±10% 的平衡市和 10%—20% 的小牛市都是投资者的小确幸，投资者不能要求不是大牛市就不做，没有十倍股就不做。

2016 年预期目标：投资者应争取先把收益率做正，常晟组合一季度收益率 −5.4%，与全市场 1041 个偏股混合型和股票型公募基金相比排名前 2.8%。我现在做量化股票投资依靠定期动态调整的量化选股模型，不太依赖个股消息和公司调研，当然研究报告和公司投资者调研记录还是要看的。2016 年 3 月 26 日看到一篇文章《谈一谈交易投资的九种境界》，忍不住对照一下，目前我号称修炼到金融数学家的第七重境界。我自己总结的大数据支持下的量化股票投资策略如下：逻辑假设——建立数量模型——回溯数据验证——修正假设——学习公司研究报告排除个股风险——依据策略确定组合——执行量化策略——不看盘——争取超额收益——定期检验策略表现——做出动态调整。2016 年成熟投资者不要把目标定得太高，2016 年大资金能有 20% 年收益率应该在前 10% 了。

本文是 2016 年 4 月 7 日在申万金工机构投资者交流春茗上的发言稿

第四节　《金融客》杂志人物专访——王维钢：优秀投资者的三大特征

Q1. 您做过研究、投行，管理过基金，在您看来，这三个工种所需要的人员素质有何异同？

王维钢：研究、投行、投资是投资银行业务的三大核心领域。我有幸成为1996 年 5 月加入君安研究所的首批八位研究员之一，在国泰君安有八年的研究与投行从业经验。2004 年离开国泰君安起有八年公募基金从业经验，在大成基金担任三年基金经理期间曾管理峰值 305 亿的大成创新成长基金，迄今已有 20 年证券与基金从业经验。从我的认识来看，研究、投行、投资三个领域对从业人员的共同素质要求可以总结为：敏锐、执着、果断。1. 敏锐：从业者要有敏锐的形势判断力。在中国的政治经济环境中，思路只要锚定中央的经济发展导向，就能抓住投资银行各业务线的主线脉络。战略新兴产业规划、区域经济发展规划、行业结构调整与兼并重组规划、战略稀缺资源行业整合规划，都为投行、研究、投资者提供了宝贵的业务资源与获利机会，过去、现在、今后均如此。2. 执着：从业者无论工作于哪个领域，都要有执着的业务素质。研究员不能因为投资管理人第一次倾听时的不感兴趣而放弃推荐，要继续寻找有说服力的证据锲而不舍地持续推荐，当个股出现市场正面反应时更要向未听从建议的投资管理人再度提示并提供事实证据。或许投资管理人最终可能仍没有买入该个股，但他对这名研究员的信任度将持续提升，接受下一个推荐建议的可能性就大大提高。投行人员不能因为企业第一次没有接纳就放弃，不断地向企业融资客户提出符合客户利益的融资建议，最终会有打动企业融资客户的时候。投资管理人对自己的投资价值观的执着坚守，也是漫漫时间长河中得以脱颖而出必不可少的素质。3. 果断：投资者或研究员或投行业者都要有狼的眼光而不是羊的盲从。有位投资界前辈总结道："赚钱的人都具有狼的性格，亏损的人都具有羊的性格。好人都不赚钱，赚钱的通常不是好人，攻击时速度快，赚钱时跑得也快，这是狼的心态，巴菲特能够成功，因为他是没

有人性的。"投资者或研究员跟随知名研究者的观点人云亦云似乎是最安全的，出错的概率似乎小一些，但盲从是大多数投资者最终遭受重大损失或丧失重大机会的原因。真正能在相对低位买入或相对高位卖出的投资者都需要有独立果断的判断能力，先知先觉的投资者毕竟是少数。研究员同样要具备独立果断的判断能力，行动迅速，敢于发表独立见解。研究员不要怕出错，每次出错都是自己积累投资研究经验的良好机会，重要的是要记住自己曾经犯过的错误而不是遗忘。投行人员同样在面对业务机会时要表现出果断的业务素质，拖泥带水不太可能在投行的领域获得较好的发展。

从业者最终选择三个业务领域中的任何一个，与个人性格和人生机遇、兴趣有关，与业务素质关联性不大。

Q2. 您在券商、公募都做过，现在自己创立了常晟投资，您对常晟投资设定了怎样的期望愿景？

王维钢：我自 2012 年起担任常晟投资专家合伙人、董事长，希望能在股票量化投资和 preIPO 股权投资事业上继续为高净值人群提供服务。2016 年我们开始运作君晟研究社区（JRC），希望与全国机构投资者及中国十大顶级券商研究机构、上市公司互动交流，让坚持实名制的君晟研究社区成为机构投资者、金牌分析师、上市公司高管合规交流的公共资源平台，以共享经济的理念构建中国最专业的投资与研究虚拟社区，让各方各取所需，都能获得收益与回报。许多业界闻人通过交流平台互相加微信认识，并私下互动沟通，衍生出很多合作机会。有兴趣的高净值人群可以加君晟研究社区订阅号微信：joanson1996qq，君晟研究社区群管微信：JOANSON1996S。

Q3. 您个人的投资风格是怎样的，可否简单介绍一下？

王维钢：我是从君安研究所做行业研究入行的，在国泰君安又做了七年投行，在投资中较注重以投行思维把握公司未来变化的可能性，在具备条件时甚至要致力于推动促进上市公司资本运营和市值管理。投资获利要来自上市公司价值实质性提升，而不是基于故事且无实质变化的炒作。

2004年起我在公募基金工作八年期间，包括我管理基金组合期间，我在各个机构都曾受公司领导委托组织起草公司年度投资策略报告的工作，在离开公募基金后我仍力求延续发表年度投资策略报告的惯例。管理几十亿、几百亿的大资金，只靠个股研究是不够的，事先制定成熟的投资策略和行业配置方案，以组合管理的思路来实施动态管理，才能应对变化的资本市场，取得超出同业的投资业绩。

2012年以来，我在注重策略研究的基础上，进一步运用量化选股模型来调整投资组合管理。现在我已经不太依赖个股消息，在量化选股模型选出个股后，我都会检索多篇相关公司研究报告和公司投资者关系活动记录表，以确认个股估值合理性和经营安全性后执行买入并持有一段时间，再依据更新后的量化选股模型做定期交易调整。常晟量化组合管理策略执行情况总结如下：2012—2014年在指数低于3000点时不择时调整仓位、维持90%仓位，每季度末按更新量化选股模型调整组合；2015—2016年在指数高于3000点后择时调整仓位，仓位波动于50%—90%，每月按更新量化选股模型调整组合。

总结来看，我的投资风格包括：投行思维选股、策略研究做行业配置、量化选股模型指导定期动态组合管理、不看盘少交易。

Q4. 您在中国资本市场耕耘已经20年，觉得这个市场最需要完善的地方有哪些？

王维钢：在2015年第二轮股灾爆发后，如同其他爱护资本市场的投资研究人

士一样，我们于 2015 年 9 月 11 日向监管部门提交中国资本市场重启的对策报告，提出资本市场重启的四大目标。

一是以鼓励市场持股为导向，恢复资本市场 IPO 直接融资功能。建立每日均衡配号与申购机制，取消机构投资者网下申购机制，建立市值投资者独享新股认购权配号机制，建立券商融资给投资者申购新股机制。任何导致市场下跌的恢复 IPO 方案都是不利于市场发展的方案。

二是强化保护市值投资者持股利益和鼓励市值并购的发行股份与再融资发行机制。建立保护市值投资者持股利益和鼓励并购的发行股份与再融资发行机制，折扣认购投资者以承诺持股年限与最低减持价设定市价折扣。

三是以鼓励市场持股为导向向公募机构投资者分配证金公司持股市值和后续维稳现金，加快发展公募机构投资者持股规模。建议证金公司以市值与配比现金认购公募偏股基金，带动全市场持股规模增长，改变证金公司明仓操作的被动局面，证金公司提出长期持有基金份额承诺。

四是合理定位中国资本市场发展的规模目标与进程目标。中国不应追求成为全世界最有吸引力的市场，中国资本市场应定位于估值合理与规模合理的、有基本融资功能与投资功能的发展中大国资本市场，合理定位中国资本市场发展目标，控制创新金融工具发展规模，控制资本市场对外开放节奏。

回头来看，上述建议中，监管当局已经采纳 IPO 发行市值配售与均衡常态申购的理念，IPO 发行期对市场冲击已消减，已陆续出台取消战略新兴板、推迟注册制实施进度和限制境外上市中概股退市回 A 股的战略决策，新的监管当局以更理性的态度确定资本市场的规模目标与发展进程目标。但是，如何保护市值投资者利益、如何鼓励市值并购、如何鼓励市场持股为导向发展公募机构投资者、如何合理化处置国家队救市持股市值，许多优化建议仍有待监管当局继续推进制度创新和改革工作来实现。

Q5. 目前市场状况下，您主要在操作哪类的股票？就大类资产配置而言，您认为目前如何操作为宜？

王维钢：在 2015 年 5 月 30 日发布的《常晟投资 2015 年投资策略——国防与安全，变革与转型，牛市的产生与终结》中，我提出了股票配置的投资主题有国防安全、变革转型，这个策略主题目前在三轮股灾后仍然有效。

高净值阶层的大类资产配置可选项众多，包括股票、债券、房产、高息理财、商品、海外资产配置。

2015 年两轮股灾后期，许多投资者撤出了股票市场，目前股票市场处于低位整固阶段。与之相反的是连续五年牛市且涨幅巨大的美国道琼斯指数已经在 16000—18000 点的山冈上苦苦支撑三年了，苦等海外热钱借美元加息之际回流美国接盘。房产市场在 2016 年一季度出现一线城市加速赶顶、三线城市库存压力巨大的现象，类似于 A 股 2015 年二季度的情况，虽然未见得短期内会崩盘，但从投资回报上来说在现在高位继续追加房产投资似不太理性。高息理财市场是许多退出股票市场的中老年投资者的热衷去向，在二三线城市尤其明显。随着连续性爆发 P2P 高息理财公司数百亿数十亿规模的资金链断裂与管理层跑路事件，投资者应该认识到投资者只是想要固定高收益，但 P2P 想要的是投资者的本金。高息理财本来就是高利贷的互联网 2.0 进阶版，理性投资者应如戒毒一样戒除之。商品市场 2016 年一季度颇为火爆，但商品对投资者风险承受能力要求更高，看对方向的人可能在对的趋势明确前已经爆仓出局了，在螺纹钢爆炒事件后监管当局已经通过商品交易所平息交易各方的投机狂热，对商品期货有较高把握能力的专业投

资者可以选择在商品市场配置一定比例资产搏杀一番，同时要做好爆仓颗粒无收也绝不补仓的思想准备。

资产配置的动力无非来自看空中国发展前景，或听信人民币长期贬值的判断。不少高净值人士选择转移部分家族财富乃至家族成员到海外，移民本无可厚非，许多高净值人士在移民后经过慎重比较与痛苦思考仍然决定主要资产配置在中国远多于美国，这是由于中国的经济发展速度与美国速度巨大差异所决定的，也是由于华裔在美国难以融入主流社会并获得企业经营的足够发展空间。

2016年4月30日美国财政部一反常态改变2016年初策动做空力量唱衰中国经济与人民币的基调，与中国官方论调几乎一致地看好中国经济与人民币，但结论是要求人民币对美元升值。我专门行文驳斥论调近乎"中国财政二部"的美国财政部，人民币贬值空间不大没有错，中国经济中速增长潜力也是各国政府与产官学界逐渐统一的认知，但人民币对美元主动升值是不利于中国出口增长的，因此人民币在做空力量损手损脚无利可图退却的阶段选择对美元的年度5％小幅被动贬值和对欧元日元的年度10％被动贬值对中国最为有利。

在2012—2014年日元主动对美元和人民币贬值约36％，2013—2015年欧元对美元和人民币主动贬值约18％。在年初国内外一片看空人民币大幅贬值并导致年初股票市场第三轮股灾的背景下，年初以来截至5月5日，不顾欧、日1月末推出QE放水应有的贬值预期，欧元对人民币和美元主动升值了5％，日元对人民币和美元主动升值了12.5％，5月初人民币被动贬值后美元对人民币轻微升值0.2％，有加息预期支持但不断取消加息计划的美元反而是美元指数下跌5.0％，所以2016年人民币要继续被动贬值有一定难度。

综上所述，高净值阶层在现阶段维持一定比例海外资产配置，逐步减持房产配置，远离高息理财，少量审慎参与商品期货，逐步增持流动性好的股票配置并有耐心地等待下一轮牛市的到来，这是我对大类资产配置的总体建议。补充一句，不建议较大规模投资流动性差、鱼龙混杂的新三板，绝大部分公司不会走到 A 股市场，有余力的高净值投资者对个人有信心长期做股东，且自己熟悉领域的目标，可用实业投资的心态少量参与未上市的新三板挂牌企业。

Q6. 业余时间您会继续工作，还是会发展其他的兴趣爱好？

王维钢：亲近自然、亲近家人，与认识多年的同学、同事、朋友经常微信互动交流，我与大多数朋友一样，对世界与人性保持着好奇与友善的心态。希望与更多的新老朋友能够就人生、价值观、投资理念交流分享。近期兴趣是到世界之极去探险（就在 2016 年 8 月）。

第七章
向死而生、砥砺前行

第一节　反对涨跌解释家与形而上学预测法

一、涨跌解释家

互联网发达时代，所有似是而非的观点在网络媒体和各种群里转发，让投资者莫衷一是。

18 日大盘下跌后，就有分析师或市场分析人士或记者（统称涨跌解释家）写文章或报告说多哈会议流产油价暴跌，利空中国经济和 A 股，甚至说油价与 A 股呈正相关性。憋了一段时间的空方或骑墙持股者或许就是用油价这个理由集中火力卖股票的。

如果空方能带动心神不宁的年轻基金经理再度杀跌、带动指数回到 2700 点甚至更低，那么众多踏空的不愿意 3100 点以上被动加仓的唱空者才有机会低成本建仓空翻多。

二、低油价利好中国的观点回顾

2016 年 4 月 15 日笔者发布了一篇报告，对石油战争起源与前景、对石油维持 30 美元附近长期运行符合美国和中国共同利益做了论述。回顾如下：

《与姜超同学商榷：为什么我不赞成做原油和黄金？》转摘：

原油 2016 年能涨到 60 美元吗？

原油涨价是违反中国和美国的利益的。在我 2 月 18 日发布的《中国防范美国剪羊毛攻防策略》报告中说道：

"中国要维持宏观经济示弱，配合美国保持石油在 20—30 美元区间屡创新低的态势，不要轻易刺激传统经济复苏，以高估值鼓励资本流入新兴行业并促进新经济体生长。中国要充分享受低价石油每年节约两三千亿美元国际支出的贡献并努力延长石油低价期。中国要在国际范围内赞扬印度 GDP 增长率超越中国的可持续性，鼓励美国'选羊'时扩大可选范围。中国要努力扩大从俄罗斯和伊朗等国家的原油进口比例，并努力推行人民币结算石油贸易。"

美国为什么在 2014—2015 年向俄罗斯发动石油战争？

我在同一篇报告中论述道：

"为了推动国际资本流出'羊国'以实现'羊国'资产跌价与本币贬值，美国需要创造'羊国'的安全困境。2011—2014 年希腊危机和乌克兰危机削弱俄罗斯和德国的安全价值，实现了引导国际资本流出俄罗斯和欧洲且回流美国。希腊加入欧元区前的国家资产负债表调整方案就是高盛帮助策划的，美国政要在事后大方地承认乌克兰政权更迭是美国 CIA 策动的。美国为战略性削弱俄罗斯国力，2014—2015 年发动石油战争，不惜放次要敌人伊朗过关恢复石油供给，不惜牺牲美国经济增长新动力的页岩气和新能源行业，不惜让印度和中国成为石油战争最大受益者。"

石油战争结束了吗？美国打算就这样放过俄罗斯吗？美国能容忍石油从 30 美元翻倍涨到 60 美元以便于让俄罗斯、伊朗、委内瑞拉这些传统美国敌对势力得到恢复国力的喘息机会吗？各位有判断能力的投资者可以很容易得出结论。

三、油价总会涨到 60 美元的，但不是 2016 年

我必须强调的是，"原油能涨到 60 美元吗？"问的是 2016 年内，我回应的预测者也是讨论 2016 年内原油的趋势。

或许终有一天原油会涨到 60 美元，其实也就 50％的涨幅。但或者是在俄罗斯国力大幅削弱后，或者俄罗斯战略投降一头扎进美国的怀里，或者中国与美国爆发正面冲突，或者中国经济显著好转，这些情景假设 2016 年应该不会发生。

涨跌解释家们用了油价下跌不利中国的错误观点逻辑误导了普通的投资者，是我写本文回应的原因。原油价格长期维持在 30 美元附近对中国减少国际支付、对中国经济整体是有利的而不是相反。

四、指数不大涨前提下中小盘个股上涨空间从哪里来？

有人说中国原油生产成本高，油价低对中国不利。是的，对中国石油和中国石化很不利，对中国整体经济很有利。为了股市维稳，中国石油和中国石化 2016 年以来维持在 7.6 元 40 倍和 5 元 18 倍，发改委以维护国家利益的理由用涨多跌少的汽油价格政策让汽油消费者转移支付补贴"两油"。如果中国石油和中国石化能下跌 20％，2 万亿市值减少 4000 亿，在指数维持在 3000 点上方的假设下，能让 2 万亿市值的中小盘成长股或并购预期股获得 20％的上涨空间与可能性，那是"两油"对中国市场维稳的最大贡献。

我一直主张"两油"是空方的最爱，中小盘股杀跌时猛拉两油和大行，掩盖了指数下跌的惨烈程度。表面看 2016 年 1 月最多下跌了 900 点或 25％，但许多基金重仓股由于多杀多 1 个月下跌了 40％—50％。

有人可能不高兴了，你这不是让国有资产流失吗？莫急，等有一天油价涨回 60 美元了、"两油"盈利能力提升了、市盈率下来了，"两油"还会涨回来的，反正国家也从没想卖过"两油"的股票，国有大股东每年分红也不受影响，国有资产保值妥妥的。至于买"两油"的基金经理和个人大户，你们 2016 年持有的"两油"市值都没有怎么跌，多少基金重仓股曾跌了 40％，现在提醒你换仓还不够友好吗？

五、看多要谨慎，反对翻多

我可能是看多的人中最早唱多的（2016 年 1 月 8 日暴跌途中 3100 点时发表《常晟投资 2016 年投资策略》看 2016 年猴市平衡市能回年线 3539），也是看多的人中相对保守的（申万杨国平 2016 年 2 月 4 日翻多看 3684 点，任泽平 2016 年 4 月 10 日翻多涨 20％看 3600 点），跟看空的人或没方向的人比我还是乐观了。重复一遍，我一直提倡要保持多空分歧，我反对逼姜超同学翻多，这样市场才能走得稳健，避免大起大落。我认为几位唱多和唱空的首席跟我对 2016 年后九个月的波动趋势预估竟然是一样的，虽然高低点有可能不同，唱的歌有所不同，年底再回头看。若首席们一致看多，市场猛冲过头就见年度头部，若在 3000—3300 点震荡半年，成熟投资者有能力获得 50％的收益率。我在 2016 年 1 月 8 日发布的《常晟投资 2016 年投资策略——从人民币贬值看 2016 年股票市场趋势》报告中说道，"在过去 20 年中，哪怕是熊市年度中，都有不少于 100 个个股有年度翻番的空间。"现在无人驾驶三霸都已经冲过终点站了，其他有志于年度翻番的个股兄弟们，看你们的了。

六、破除迷信，反对形而上学预测法，市场才能健康

2015 年以来，有人总结招商每次开会股市就跌，称为招商魔咒。到后来，部分投资者都信了，真的在开会那天卖股票，市场真的跌了。这只能用行为金融学来解释，与投资理念、看多看空毫无关系。

早年间香港股市有丁蟹效应，郑少秋新戏一播，老股民吓得就卖股票，卖得人多了且想买的人不敢买，每次指数真的就跌了。

又有涨跌解释家做了深入数据回溯研究，发表文章说历史上的 4 月 19 日股市都大跌了，跌幅从 0.4% 到 4% 不等，解释家怕自己说错被打脸又找补了一句，2016 年 4 月 19 日可能不会跌。这是形而上学的诛心之论，吓得信每年每天会机械重演的投资者真的在 4 月 18 日就提前卖股票了。

为了破除招商开会必跌的魔咒，我向我的南开校友招商宏观首席谢亚轩同学提议，今后招商会议都订在周末，确保当日跌幅为 0，当然开会次数控制一下就最好了。

资本市场不是足球场，没有把买或卖的投资者、唱多或唱空的解释家红牌罚下的机制，不同用心和见解的人都可以自由发言和自由买卖。我不是每天写报告换钱的码农，不平则鸣，发表观点纯属个人爱好。对涨跌解释家与形而上学预测法的奇谈怪论我可以视而不见，也可以维护一下言论自由发表不同的看法，如果能帮到投资者朋友理性思考、增强看空或看多的定力就最好了。

2016. 4. 19

第二节　国家队组合收益情况变动综合测算报告

证券代码	证券简称	基金成立日	基金经理（现任）	单位净值 20150930	单位净值 20151231	单位净值 20160421
001620. OF	嘉实新机遇	2015 - 07 - 13	谢泽林，王茜	0.924	1.063	0.931
001683. OF	华夏新经济	2015 - 07 - 13	彭海伟	0.894	1.033	0.896
001769. OF	易方达瑞惠	2015 - 07 - 31	廖振华	1.007	1.191	1.112
001772. OF	南方消费活力	2015 - 07 - 31	史博，吴剑毅，蒋秋洁，黄俊	0.944	1.093	1.046
001773. OF	招商丰庆 A	2015 - 07 - 31	李　亚	1.005	1.082	1.032
	合　计			0.955	1.092	1.003

续　表

证券代码	证券简称	份额 15A	净值增长率 2016A	净值 2015Q3	净值 2015Q4	净值 20160421
001620. OF	嘉实新机遇	400	－ 12. 4	370	425	372
001683. OF	华夏新经济	400	－ 13. 3	358	413	358
001769. OF	易方达瑞惠	400	－ 6. 6	403	477	445
001772. OF	南方消费活力	400	－ 4. 3	378	437	419
001773. OF	招商丰庆 A	400	－ 4. 6	402	433	413
	合　　计	2 001	－ 8. 1	1 911	2 185	2 007

日　　期	2015 - 9 - 30	2015 - 12 - 31	2016 - 4 - 21
汇金组合迄今收益		11％	－ 3％
除银行的汇金组合迄今收益		31％	4％
汇金组合期间变幅		11％	－ 12％
除银行的汇金期间变幅		31％	－ 21％
汇金组合合计市值	20 107	22 282	19 594
除银行的汇金组合	2 435	3 191	2 536
除银行的汇金组合单位净值	0. 97	1. 28	1. 01
汇金资产迄今收益		19％	－ 2％
汇金资产期间变幅		19％	－ 18％
汇金资产合计市值	2 310	2 758	2 259
汇金资产单位净值	0. 92	1. 10	0. 90
中证金融 10 基金计划迄今收益		23％	－ 2％

续　表

日　　期	2015 - 9 - 30	2015 - 12 - 31	2016 - 4 - 21
中证金融 10 基金计划期间变幅		23％	－ 21％
中证金融 10 基金资产管理计划合计市值	2 921	3 608	2 856
中证金融 10 基金资产管理计划单位净值	0. 97	1. 20	0. 95
国家队四方面军合计市值	9 577	11 742	9 658
国家队四方面军单位净值	0. 96	1. 17	0. 97

　　中证金融 10 基金资产管理计划产品简称为：华夏中证、易方达中证、嘉实中证、广发中证、南方中证、博时中证、工银中证、银华中证、大成中证、中欧中证。

　　结论：Wind 公开信息来源可以统计的国家队四个方面军本金估计数：中证金融五个公募基金 2 000 亿元、汇金（除原银行市值）2 500 亿元、汇金资产 2 500 亿元、中证金融农行公募基金资产管理计划 3 000 亿元，合计 10 000 亿元本金，不包括汇金原来持有的银行市值 1. 8 万亿元。在 2950 点国家队单位净值 0. 97 元，成本线为 3000 点。维持 1 月 8 日《常晟投资 2016 年投资策略报告》的判断：2016 年为猴市、平衡市，见 3539 年线、全年变幅 ± 10％，3000 点以下为空头陷阱。

2016. 4. 21

第三节　国家队不会在 4000 点前退场

一、国家队 2015 年入场以来并未规模性减持

　　国家队 10 个公募基金农行资产管理计划、5 个 400 亿元公募基金、汇金、汇

金资产四个方面军共 17 个投资主体，不包括汇金 1.8 万亿元银行股权，合计持有 1 万亿元本金权益资产。

证金持股转移到梧桐树持股不是国家队退场：根据公开披露信息显示，债权性资金来源的证金公司持仓有机会部分转移到股权性资金来源的外汇管理局人民币资产管理公司梧桐树系列主体，这种转移不算是国家队退场。中国外汇储备与其购买天量美元国债拯救美国资产市场，不如减持部分美元资产释放入人民币资金池稳定中国资产市场。各方应该对国家队持仓转移表示欢迎态度，梧桐树持续增持人民币资产对长期稳定人民币资产市场是有积极意义的。

二、国家队退场情景估计

未来三年 2017—2019 年的某次大级别牛市中，国家队 1 万亿本金权益才会有机会在市场上冲过程中以平抑牛市过热氛围的原因释放回全市场，退出区间预计间于 4200—4500 点，最终实现国家队平准基金的基本功能。证金公司救市资金的退出具体方式甚至可不以出售全部股票为前提，证金公司可以实行放开公募基金管理的 5 个基金与 10 个资产管理计划给全国金融机构和机构投资者申购并用于证金公司定向赎回的政策。国家队公开披露部分的 1 万亿本金预计持有期综合收益率不会低于 40％，年化收益率依据持有时间而间于 10％—15％。

三、监管当局不会容忍国家队市值浮亏超过 10%

前文测算国家队成本线 3000 点，4 月 21 日 2950 点单位净值 0.97 元。我在 4 月 7 日发布的《常晟投资 2016 年二季度投资策略报告——降低预期追求小确幸》中指出："中美争夺众多华裔高净值人群财富流向是货币战争的焦点，也是中国股市资金存量变动的根源之一。"

在 2015 年 9 月 10 日发布的《大国博弈——亚太再平衡战略评估报告》一文中笔者分析道："2008 年世界金融危机后，在注意到中国经济规模增长有接近美国的潜力时，美国政府自 2011 年起推行战略压制中国的亚太再平衡战略。"美国在煽动东盟小国以南海分歧对抗中国的声势日益衰竭之时，不惜赤膊上阵以抵近或飞越南海岛屿领空领海的方式来宣示美国军事航行自由，天真的投资者们怎么能相信美国势力没有参与推高中国股市到非理性高度后制造崩盘呢？那些被抓的证监会高层与中信证券管理层又在为哪国人民服务呢？只有说服中国高净值阶层丧失对中国各大类资产的收益前景的信心，才能引导中国富人们以人民币换美元购买美国资产去增援在 18000 点高位盘桓三年的美国股票市场和类别资产收益率远低于中国同类的国债市场和存贷款市场。

四、股市长期低迷不利于资本市场服务中国经济转型

笔者从 2014 年起历次报告中都提及这样一个观点，即反对暴涨暴跌，市场要按自己规律良性起伏波动运行。中国股市在崩盘后若长期萧条，那么何来万众创业、万众创新，何来传统行业上市公司收购战略新型产业企业获得新经济增长点和外延式发展？何来丧失发展动力的僵尸股卖壳置换重生为充满活力的新经济企业？近十年来，统计数据显示，十倍股有多少是脱胎于股价低至几块钱的低总市值僵尸股？又有多少是脱胎于永续内生性高增长的绩优蓝筹股？如果不利用吐故纳新的市场机制把僵尸股更新为新经济成长股，那么 A 股市场将沦为香港市场那样低估值蓝筹股与众多"老千股"长期共存的低质量市场。

五、不悲不喜，砥砺前行

笔者对中国资本市场预期既不悲观，也不过于乐观。迄今笔者仍然维持 1 月 8

日《常晟投资 2016 年投资策略报告》的判断：2016 年为猴市、平衡市，见 3539 年线、全年变幅 ±10％，3000 点以下为空头陷阱。但我也不认为会短期内冲高到 2 月 4 日杨国平预测的 3684 点或 4 月 10 日任泽平预测的 3600 点，我认为比较保守的估计是在 3000—3300 点震荡半年，视市场情绪和宏观预期改善而择机见年线 3539 点。低位震荡可以促进传统行业上市公司大股东与新经济企业股东以合理价位达成交易，过高的控股权交易价格都是泡沫，过高的收购资产三年利润对赌承诺也都是要流氓。

如果你没有离开中国市场去美国避险的最终愿望，富人们、首席们且行且珍惜吧。中国权益市场只有一个，玩残了，大家都没饭吃。毕竟多数中国投资人缺乏去马来西亚、印度、印尼等号称前景比中国好的市场投资股票的经验与能力。

附录：国家队买入股票名单：中国国家队拥有股票
市场 6％的市值（2015 - 11 - 30）

2015 年 11 月 28 日讯，中国的国家队拥有至少 6％的股市市值，这是今年夏天股市崩盘后，中国大力救市支撑股价的结果。

作为救市国家队的一员，中国证金公司是政府资金注入股市的主要渠道，在 9 月底它持有 742 个不同的股票，而在 6 月底时只有两个。

证金公司是许多政府救助基金救市的主力之一，在夏季股市崩盘后开始进场购买各种股票支撑股指。政府的干预成功地支撑了价格，现在上证综合指数比 8 月下旬的低点上涨了 28％。

根据金融数据库 Wind 的数据，两个国有金融机构领导了救市，它们在

上海和深圳证交所的所有可交易的 A 股股票总市值中的占比从 6 月底的 4.6%，增长到三个月后 5.6%。

这些数据是从上市公司季度财务报表中得出的，上市公司需要披露其前十大股东。国家队持股的实际规模可能更大，考虑到一些可能持有股份太小而不能跻身前十。

在上证综合指数从七年的高点下跌 40% 以上后，政府开始持续为股市注资。

对国家队持股的估计中，包含了证金公司持有的股份，它是有政府担保的保证金贷款，还包括汇金所持有的股份，汇金是许多国有金融机构的控股公司并且是中国主权财富基金的子公司。

证金公司持股的市值在 6 月底的时候是 6.92 亿元人民币，而三个月后，就达到了 6 160 亿元人民币。然而，汇金持股的市场价值在第三季度下降了 1 670 亿元，至 2 万亿元人民币，主要反映了之前持股逐日盯市的损失。尽管今年秋天汇金继续买进股票但是股市承受下行压力。

来自 Wind 的数据减掉了来自 21 家大型国有券商在 7 月初承诺的把自有资金注入股市的 1 200 亿。据媒体报道称，8 月下旬证监会要求他们额外增加 1 000 亿元的救市资金。

高盛 Goldman Sachs 预计在 9 月份，政府花了 1.5 万亿元人民币合 2 340 亿美元来救市，这一数字包括券商购买的。

2015 年 8 月下旬中国证监会表示，证金和汇金将停止大规模购买股票但将无限期持有现有的股票。

国家队在股市中的重要支撑作用，使得市场对股市上涨的可持续性表示担忧。

证监会本周取消了禁止券商的自营部门出售股票的禁令，但是主要的 21 个国有券商的行业协会表示，在上证综合指数达到 4500 点之前，他们不会出售所持股份。

2016.4.21

第四节　中央首次公报维护资本市场

任泽平在 2016 年 4 月 10 日吹了一次冲锋号，指数上冲了 100 点，但不希望中国资本市场还有配置吸引力的做空力量集中筹码做了 150 点的空。2016 年 4 月末，指数在 2940 点附近反复探底，二级市场的小伙伴都慌得坐在了地上，不知道该站起来还是该割肉撤退。

中共中央政治局 2016 年 4 月 29 日召开会议，分析研究当前经济形势和经济工作。为免歧义，列示公报原文如下："会议强调，宏观经济政策要增强针对性。要保持股市健康发展，充分发挥市场机制调节作用，加强基础制度建设，加强市场监管，保护投资者权益。要保持人民币汇率基本稳定，逐步形成以市场供求为基础、双向浮动、有弹性的汇率运行机制。"

2016 年 4 月 29 日上证综指为 2938 点，政治局史上首次发布会议公报维护资本市场，是最高层对做空力量 4 月 20 日起不明原因地集中力量从 3087 点做空 150 点的反击，表明了中央决心善用资本市场的政治态度。

在这样一个大背景下，在 3000 点以下继续做空唱空的投资者是理念上的不成

熟、政治上的不成熟，或者是有非常态因素的原因。

2016年5月首日迅速逼近3000点，验证了笔者长期以来的观点，3000点以下是空头陷阱。2016年4月21日和25日笔者连续发表《国家队组合收益情况变动综合测算报告》《国家队不会在4000点前退场》。笔者经过测算得出结论：3000点是国家队的成本线，2950点时本金1万亿救市国家队（不包括汇金原持有的1.8万亿银行股市值）的组合单位净值0.97元，认为4000点以下国家队不会退场，中央不会容忍国家队净值浮亏10%。

如果再有大规模唱空做空力量出现，中央政府有足够多政策与执法资源应对不利局面，做出回应。金融行业2016年是反腐严查年，内幕交易、操纵市场的不法行为将受到遏制。

笔者在2016年4月27日发文力挺李迅雷老师没有宏观、周期、股市反转的言论。更进一步，我认为各位投资者与首席现在研判反转还是反弹是没有意义的。

什么是反转？创出新高才叫反转，在创出新高前走势再强也是反弹。投资者不要先定性再决定要不要参与行情，等确认反转，那已经创出新高了，踏空者只能决定高位追涨还是放弃参与这一轮趋势。

我在君安香港公司的老同事丹阳同学在2007年3000点和2015年3000多点就已经看空退场了，不能说他看错大盘终将见顶（都在看空后半年见顶），只是两次主升浪他都没参与。如果全市场的投资者都像丹阳同学那样研判准确，那么中国资本市场谁来持有这50万亿市值的权益资产呢？总还是要有一些傻的投资者在市场仍不算涨幅过大时坚定持有有上升可能性的个股，这是中国资本市场能够维系的基础，也是各位首席得以高薪的根源。

我多次强调2016年是猴市、平衡市，年度变幅±10％，3000点下方是空头陷阱。什么叫平衡市？是年末收于3185—3893点区间，才算没说错。如果年末仍在3000点徘徊，那就是－10％——20％小熊市，我就预测错误。如果做空力量成功击破2831点，那就是－20％以上的大熊市，那我就大错特错了。

如果平衡市甚至是弱平衡市成立，那么现在处于年线－10％下轨下方200点处，算不算低位？从2938到3538点有20.4％的上升空间，算不算有投资机会？如果按杨国平2月4日预测的3684点高位还有25％空间，按任泽平4月10日预测涨20％到3600点高位还有22.5％空间。这点指数空间足够全市场投资者做出200个个股有50％的上涨空间，不排除几十个个股能实现翻番。难道还不值得做吗？

2016.5.4

第五节　常晟投资量化组合净值、仓位、相对排名变动图表（2012—2016年）

常晟量化组合管理策略：

量化组合2012—2014年在指数低于3000点时不择时调整仓位、维持90％仓位，每季度末按更新量化选股模型调整组合。

量化组合2015—2016年在指数高于3000点后择时调整仓位，仓位波动于50％—90％，每月按更新量化选股模型调整组合。

排名日	2012 1231	2013 1231	2014 1231	2015 1231	2016 0504	2016 0131	2016 0219	2016 0229	2016 0318	2016 0331	2016 0415	2016 0429	2016 0504
常晟量化组合 单位净值	变幅 12A	变幅 13A	变幅 14A	变幅 15A	变幅 16A	0.841	0.960	0.821	0.904	0.945	0.974	0.913	0.942
常晟量化组合 在全体股票偏 股型基金中相 对排名	0.2%	0.2%	11.9%	13.8%	5.5%	4.7%	1.5%	8.6%	5.8%	2.8%	3.6%	7.7%	5.5%
常晟量化组合 仓位	90%	90%	90%	84%	81%	81%	57%	65%	68%	81%	82%	81%	81%
常晟量化组合 净值 当年初迄今 变幅%	56.8	119.8	54.0	64.9	−5.8	−16.0	−4.0	−17.9	−9.6	−5.5	−2.6	−8.7	−5.8
股票型＋偏股 混合型基金合 计排名家数	526	621	697	791	1 041	1 041	1 041	1 041	1 041	1 041	1 041	1 041	1 041
当年第一基金 年变幅%	31.7	80.4	108.9	163.1	9.6								

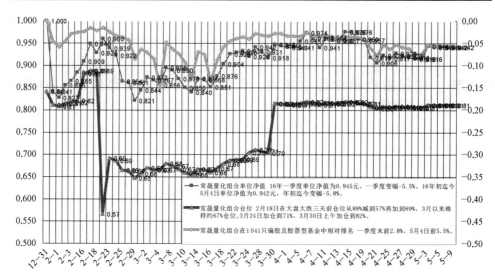

图 2.7.1　常晟投资量化组合净值、仓位、相对排名变动图
（2015 年 12 月 31 日—2016 年 5 月 4 日）

2016. 5. 4

第八章
于无声处听惊雷

第一节　限制红筹股退市再借壳 A 股是利好而不是利空

　　笔者在《中国资本市场重启的对策报告》中又一条改善中国资本市场投资价值的建议被采纳。限制红筹股退市再借壳 A 股是利好而不是利空，壳资源市值缩减后将促进新老大股东理性妥协加速成交，证监会不会停止并购重组以消除僵尸上市公司、改善上市公司资产质量的进程。

　　证监会发言人 2016 年 5 月 6 日表示，"按照现行法律法规，近三年已经有 5 家海外企业经过并购重组回到 A 股。证监会已经关注到，对于这些企业的回归，市场存在质疑，认为这类企业回归 A 股有较大特殊性。同时，境内外市场明显价差、壳资源炒作，应当予以高度关注。"虽无法明言，但隐含了限制的意味。

　　限制不是禁止，事实上也不可能禁止。盈利高的中概股退市借壳 A 股上市最多就按 IPO 标准审核，限制用夸张的三年利润承诺来博取高市场估值。业绩成长等得起的中概股排三年队 IPO 也是可以的，不要为了套现太急吼吼。众多承诺人对被收购企业的巨额利润承诺与前一年盈利规模相比更像是骗局，完成不了就是

全额赔偿对承诺人利益损害也不大。

无疑 2016 年 5 月 6 日空方借题发挥暴力做空跌 3％是成功的，但这也仅仅是二十几年每日波动中跌幅不算很大的一次"不顺"而已，平常心看待。

短期波动，不影响君晟群委杨国平看 3684 点、任泽平看 3600 点、笔者看半年内 3000—3300 点择机上年线 3539 点的判断在 2016 年内实现的机会与可能性。

暴力调整给规模庞大的空仓和低仓位私募机构低位进场的机会，空翻多和多翻空本身就是市场博弈的组成部分，能不能把握住看投资管理人的成熟理念体系了。

平庸的宏观经济环境也有投资机会。

如果说某些时刻的市场涨跌与基本面无关，只是信号误读的行为金融学过度反射，很多人一定不同意。

平庸的宏观经济环境，例如美国、日本同样可以孕育多年大牛市，经济增长持续多年傲视全球的中国在 2009 年之后连续四年半股市表现全球最差，只有 2014 年中至 2015 年中的一年算是大牛市，之后三轮股灾熊市又是一年。

赞同任泽平的新五比旧八好的观点，中速增长仍然可以酝酿未来某年的大牛市，美国 2009 年起的五年大牛市每年 GDP 不变价增速都没有超过 3％的，日本靠安倍 2012—2014 年日元主动贬值 36％换来的大牛市期间 GDP 不变价增速 10 年后更低至 1％以下。

将来回头来看，现在的日涨跌 3％只是底部整固的细波微澜。为此建议各位投资者和分析师不要只看日线图做趋势预测，尝试用月线甚至年线来判断趋势，眼光会长远些。

附录：前文回顾

中国资本市场重启的对策报告

重启的四大目标：

......

四、合理定位中国资本市场发展的规模目标与进程目标：中国不应追求成为全世界最有吸引力的市场，中国资本市场应定位于估值合理与规模合理的、有基本融资功能与投资功能的发展中大国资本市场：1. 控制创新金融工具的使用规模，包括股票期货、个股期权，在适当时机暂停股票期货是可行的选择，不要担心指责中国金融创新发展倒退的声音。2. 放弃鼓励海外中资股退市回境内二次上市的政策规划，全球估值最高的市场不是一个光荣的名声。3. 放缓港股通机制的规模增加政策规划，境外资本较大规模的流入和流出对稳定中国资本市场不一定是正面的。4. 不再推行追求 A 股早日纳入MSCI 全球指数的政策规划，特别是不再以过度开放资本市场作为承诺条件，以水到渠成为宜。

要点：合理定位中国资本市场发展目标，控制创新金融工具发展规模，控制资本市场对外开放节奏。

第二节　利好当利空解读是熊市末期的显著特征

在熊市末期，利好被当成利空来解读是显著的特征。就如在牛市末期，利空被当成利好来解读一样。

一、证监会向明晟交出答卷意在引入境外全球指数基金长线配置中国A股

2016年5月6日，证监会例行发布会四个问答中：

问：中国证监会相关法规是否认可"名义持有人"和"证券权益拥有人"的概念？

问：中国证监会是否认可QFII、RQFII名义持有账户下的证券权益拥有人的权益？

问：A股市场账户体系是否支持QFII、RQFII专户理财（separate account）证券权益拥有人所享有的财产权利？

这三个晦涩问答都不是说给中国投资者听的，是在交明晟的问卷调查。证监会在扫清MSCI指数将A股纳入的最后障碍。从2016年5月9日继续大跌来看，市场并未做出反应。

二、限制境外退市股借壳减少巨量套利性股票供给是利好

笔者在2016年5月6日发布的《限制红筹股退市再借壳A股是利好而不是利空》中指出："限制红筹股退市再借壳A股是利好而不是利空，壳资源市值缩减后将促进新老大股东理性妥协加速成交，证监会不会停止并购重组以消除僵尸上市公司、改善上市公司资产质量的进程。"

笔者在2015年9月11日发布的《中国资本市场重启的对策报告》一文中，又一条改善中国资本市场投资价值的建议被采纳。5月6日市场下跌显然把限制境外退市股理解为利空。

2016年5月9日证监会第四个问答关于限制境外退市公司借壳A股的问题，如果能全部兑现，据研究机构统计，预计减少6 000亿美元市值供给。这是利空还是利好？当然笔者从来不认为境外退市公司借壳A股会被禁止，只是会被限制而已。盈利高的境外退市股借壳A股上市最多就严格按IPO标准审核，证监会应限制被收购企业的股东承诺人用夸张的三年利润承诺来博取高市场估值。众多承诺人对被收购企业的巨额利润承诺与前一年盈利规模相比更像是骗局，完成不了就是全额赔偿对承诺人利益损害也不大。业绩成长等得起的境外退市股排三年队IPO也是可以的，不要为了套现太急吼吼。严格限制借壳的虚假利润承诺与高估市值变现是对投资者最大的保护措施。

三、《人民日报》权威人士文章正确解读

2016年5月9日《人民日报》权威人士长篇文章有重要指导意义，从市场涨跌结果来看这篇文章被理解为利空。我们需要认真分析一下。

文章主要观点总结如下：

1. 经济走势没有 V 型或 U 型，只有 L 型。

2. 没有对过剩产能刺激复苏的政策，坚决推进供给侧改革。

3. 纠正年初央行和地方政府期盼的靠加居民杠杆去房产库存的错误政策。

4. 重视资本市场融资功能。

我对文章主要观点的市场影响做出如下判断。

V 型或 U 型都不在多数投资者的预期中，L 型几乎是一致预期，因此这个观点谈不上新的利空。L 型的本质是从高速增长切换到中速增长，从求增长数量转向求增长质量。

笔者在2016年5月7日发布的《平庸的宏观经济环境也有投资机会》一文中指出："平庸的宏观经济环境，例如美国、日本同样可以孕育多年大牛市，经济增长持续多年傲视全球的中国在2009年之后连续四年半股市表现全球最差，只有2014年中至2015年中的一年算是大牛市，之后三轮股灾熊市又是一年。美国2009年起的五年大牛市每年GDP不变价增速都没有超过3%的，日本靠安倍2012—2014年日

元主动贬值 36％换来的大牛市期间 GDP 不变价增速 2010 年后更低至 1％以下。"赞同任泽平的新五比旧八好的观点，中速增长仍然可以酝酿未来某年的大牛市。

四、不采用对过剩产能刺激复苏的政策、坚决推进供给侧改革是促进经济转型和新经济成长的利好

笔者在《中国防范美国剪羊毛攻防策略》一文中提出反剪羊毛策略："中国要维持宏观经济示弱，配合美国保持石油在 20—30 美元区间屡创新低的态势，不要轻易刺激传统经济复苏，以高估值鼓励资本流入新兴行业并促进新经济体生长。中国要充分享受低价石油对每年节约两三千亿美元国际支出的贡献并努力延长石油低价期。中国要在国际范围内赞扬印度 GDP 增长率超越中国的可持续性，鼓励美国'选羊'时扩大可选范围。中国要努力扩大从俄罗斯和伊朗等国家的原油进口比例，并努力推行人民币结算石油贸易。"2016 年一季度爆炒铁矿石、煤炭、螺纹钢，哄抬原材料价格显然不利于中国国家利益。供给侧改革并不会使原材料供给从过剩逆转为短缺，只是让过剩减少而已，原材料价格反弹结束后应该重归长期低迷之路。

五、中央定调不再用加杠杆方式去房产库存是对股市资金池增量变动的利好

在大类资产配置中，《常晟投资 2016 年二季度投资策略报告》指出：股市资金池"合理的增量资金来源：房产投资资金池，高息理财资金池。如果中央政府严厉整治 P2P 和炒房，将逼迫追求高收益的资金以增量形式流入股市资金池，将提高市场预期。股市泡沫比房市泡沫和高息理财泡沫对社会经济安全冲击更小，政府应该给予合理引导"。

高净值阶层的大类资产配置可选项众多，包括股票、债券、房产、高息理财、商品、海外资产配置。

2015 年两轮股灾后期，许多投资者撤出了股票市场，目前股票市场处于低位整固阶段。与之相反的是连续五年牛市且涨幅巨大的美国道琼斯指数已经在16000—18000点的山冈上苦苦支撑三年了，苦等海外热钱借美元加息之际回流美国接盘。房产市场在2016年一季度出现一线城市加速赶顶、三线城市库存压力巨大的现象，类似于A股2015年二季度的情况，虽然未见得短期内会崩盘，但从投资回报上来说在现在高位继续追加房产投资似不太理性。高息理财市场是许多退出股票市场的中老年投资者的热衷去向，在二三线城市尤其明显。随着连续性爆发P2P高息理财公司数百亿数十亿规模的资金链断裂与管理层跑路事件，投资者应该认识到投资者只是想要固定高收益，但P2P想要的是投资者的本金。高息理财本来就是高利贷的互联网2.0进阶版，理性投资者应如戒毒一样戒除之。商品市场2016年一季度颇为火爆，但商品对投资者风险承受能力要求更高，看对方向的人可能在对的趋势明确前已经爆仓出局了，在螺纹钢爆炒事件后监管当局已经通过商品交易所平息交易各方的投机狂热，对商品期货有较高把握能力的专业投资者可以选择在商品市场配置一定比例资产搏杀一番，同时要做好爆仓颗粒无收也绝不补仓的思想准备。

海外资产配置的动力无非来自看空中国发展前景，或听信人民币长期贬值的判断。不少高净值人士选择转移部分家族财富乃至家族成员到海外，移民本无可厚非，许多高净值人士在移民后经过慎重比较与痛苦思考，仍然决定主要资产配置在中国远多于美国，这是由中国的经济发展速度与美国速度巨大差异所决定的，也是由于华裔在美国难以融入主流社会并获得企业经营的足够发展空间。

六、重视融资功能、资本市场直接融资是引导资金从虚入实的重要途径

在《中国防范美国剪羊毛攻防策略》提出反剪羊毛策略："控制国内资本市场各类型资产估值水平合理性，既要限制高估值行业的过度泡沫化，同时也要维持

蓝筹股估值水平不低于全球主要市场合理水平。目前，中国出现蓝筹股整体估值全世界最低和创业板整体估值全世界最高的并存现状。新兴产业估值高有一定的合理性，有利于新兴产业的加速并购和融资发展，中小市值新兴产业估值整体显著高于蓝筹股现象必将长期持续，并不需要打压。监管当局应改变政策，限制境外上市企业退市回流国内股市再 IPO 的行为，降低国内市场对高估值行业企业跨境回流的吸引力。中央政府应维持国内资本市场的蓝筹股估值水平不长期低于全球主要市场合理水平，因为中国蓝筹股整体估值水平长期过低让国际资本有机会在人民币汇率大幅贬值后再度回流低价收购中国优质企业股权资产。在蓝筹股估值偏低时，中央政府有责任组织跨所有制资本阶段性增持低估的蓝筹股资产，这种做法从时间长度来看没有亏损的可能性，防止剪羊毛第四阶段的人民币汇率大幅贬值后国际资本回流中国低价收购优质资产。"

笔者在《中央首次公报维护资本市场》一文中指出："2016 年 4 月 29 日，上证综指为 2938 点，政治局史上首次发布会议公报维护资本市场，表明了中央决心善用资本市场的政治态度。如果再有大规模唱空做空力量出现，中央政府有足够多政策与执法资源应对不利局面，做出回应。金融行业 2016 年是反腐严查年，内幕交易、操纵市场的不法行为将受到遏制。"如果市场长期低迷，谈什么大众创业和万众创新，谈什么供给侧改革，谈什么僵尸上市公司卖壳重生为新经济企业，谈什么引导资金从虚入实，谈什么加大直接融资比例、降低企业杠杆率。

综上所述，投资者面临市场加速赶底的时刻，是心理崩溃全面砍仓，还是一面唱空一面默默吸纳，还是真心做空唱空等待 A 股纳入明晟指数后外资基金低位建仓，考验中国投资者智慧和耐心的时候到了。

附录：由于以下观点与本人前期观点较近似，征得群友枣同意后列示其于

2016 年 5 月 9 日上午发表的观点：

> 判断这一次是否有跌破 2638 的力量，首先需要回顾一下年初下跌的逻辑。年初下跌到 2638 的逻辑我自己总结了几点：第一，美联储加息后 A 股没有跌，没有反映美国的利率作为全球资产定价的锚上调后对资产价格的影响；第二，人民币汇率大幅波动，释放风险；第三，机构抛售；第四，熔断机制推波助澜；第五，限制减持禁令到期后大小非减持压力；第六，原油大跌带来全球权益资产被抛售，原料国—生产国—消费国的国家再平衡；第七，房地产价格暴涨，分流股票市场资金。

> 目前来看，美国加息的事情恐怕是 2016 年 9 至 12 月才能有所定论了，加息次数从 4 次降低到 2 次有可能后面会下降到 1 次或者 0 次；第二，人民币汇率基本保持稳定，外汇储备绝对量并没有出现大幅下滑；第三，机构经过 4 个月的调仓，基本抛压释放七七八八；第四，熔断机制已经取消；第五，大小非减持在年报披露完有一定压力；第六，原油稳定；第七，房地产价格进一步走势待观察。

2016.5.9

第三节　空方怎么曲解权威人士文章的？

总结 2016 年 5 月 9 日空方广泛传播的曲解权威人士意图的图贴，列示如下：

1. 广泛传播一张三次文章与走势时点图，暗示股市要崩盘，这张图杀伤力最大。

2.广泛传播 L 的四种写法手绘图，暗示长期萧条，股市崩盘。

3.空方力图营造耸人听闻的政策解读，引发投资者退场甚至逃离中国资产市场。

4.把"股市政策取向就是回归到各自的功能定位，尊重各自的发展规律"曲解为中央不再救市、放任大盘下跌。

5.把"政策引导资金脱虚向实"曲解为不要投资股市，都去投资实业。

6.曲解权威人士意图为货币政策将转紧。

为正本清源，必须原文摘抄权威人士观点："股市、汇市、楼市的政策取向，就是回归到各自的功能定位，尊重各自的发展规律，不能简单作为保增长的手段。"权威人士对股市定位做出完整阐述："股市要立足于恢复市场融资功能、充分保护投资者权益，充分发挥市场机制的调节作用，加强发行、退市、交易等基础性制度建设，切实加强市场监管，提高信息披露质量，严厉打击内幕交易、股价操纵等行为。"

全文引用是为了避免多空双方各取所需曲解原意。

一、权威人士强调了股市的融资功能和投资功能

总结权威人士的股市政策取向及定位观点，与 2016 年 4 月 29 日中央政治局公报没有任何本质差异，特别是强调了股市两大功能——投资功能和融资功能，恢复融资功能和保护投资者利益是放在前两位的。

二、权威人士并无放任股灾继续之意

权威人士全文绝无放任股灾继续之意，股指下探 2800 点下方意味着投资者被迫退场和直接融资功能的再度中断，2015 年三季度入市的 1 万亿国家队救市本金

（国家队成本线3000点，不包括汇金1.8万亿银行原始市值）将浮亏10%。

三、权威人士认为资本市场直接融资是引导资金从虚入实的重要途径

权威人士文章观点表明极为重视资本市场直接融资功能，认为资本市场直接融资是引导资金从虚入实的重要途径。再次强调昨天我的观点：如果市场长期低迷，谈什么大众创业和万众创新，谈什么供给侧改革，谈什么僵尸上市公司卖壳重生为新经济企业，谈什么引导资金从虚入实，谈什么加大直接融资比例、降低企业杠杆率。

四、权威人士全文并未强调货币政策要转为紧缩

在欧日2016年1月末QE放水宽松、美国基于自己不争气而一再推迟加息紧缩的货币战争大环境下，中国若采取货币政策紧缩，无疑是走向萧条的绝境。只有在货币政策中性偏宽的条件下，供给侧改革才能在债务低成本调期延迟和兼并收购重组得以实施的基础上获得实质性进展，在紧缩环境中无法完成供给侧改革的战略目标。货币政策中性偏宽松不是强刺激，也不与供给侧改革矛盾。可以预计的将来，降准降息仍将按照宏观调控的需要稳步推进。

五、权威人士L型趋势观点是重复以前中央对经济形势的预估

L型几乎是我所认识的各研究机构宏观策略首席的一致预期，这不是一个新观点，权威人士复述中央以往观点谈不上新的利空。极少数投资者与研究者盲目幻想U型复苏是没有事实基础的。L型的本质是从高速增长切换到中速增长，从求增长数量转向求增长质量。我再次强调，平庸的宏观经济环境也有投资机会，赞同任泽平的新五比旧八好的观点，中速增长仍然可以酝酿未来某年的大牛市。

结论：中国重视资本市场融资功能和投资功能的态度不会改变，恢复融资功

能是当务之急。资本市场是引导资金从虚入实的重要途径，是实现供给侧改革的必要工具，是经济改革转型与新经济成长的客观需要。货币政策中性偏宽松的基调短期没有改变的空间，L型增长趋势虽然平庸但中速增长仍然有投资机会。投资者不要低估中央政府的能力与决心，资本市场全面回暖是未来三个月确定可期的。

第四节　常晟投资三季度投资策略——中国大局已定

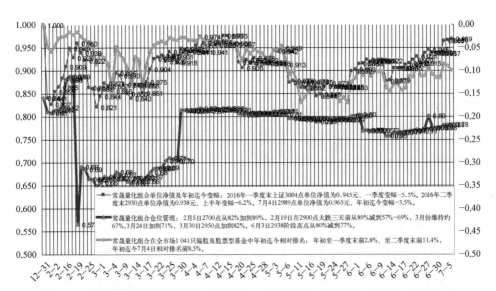

图 2.8.1　常晟量化组合收益率、相对排名、仓位变动图（2015.12.31—2016.7.4）

一、基本面在悄然改善

1. 稳定预期的大局已定

大投资者之所以对国内资本市场心存犹疑甚至选择增加家族资产海外配置，

表 2.8.1　常晟量化组合 2012 年—2016 年 7 月收益率、相对排名变动图

项　目 ＼ 年　份	2012	2013	2014	2015	2016 一季度	2016 上半年	2016 - 7 - 4
常晟量化组合年度收益率	57％	120％	54％	65％	－ 5.5％	－ 6.2％	－ 3.5％
常晟量化组合期末仓位	90％	90％	90％	84％	81％	78％	78％
上证指数年度收益率	32％	－ 5％	54％	12％	－ 16％	－ 18％	0％
创业板指数年度收益率	－ 2％	83％	13％	84％	－ 19％	－ 20％	0％
偏股型股票型公募基金第 1 名收益率	32％	82％	109％	163％	12.3％	11.7％	12.2％
偏股型股票型公募基金前 10％收益率	14％	35％	56％	70％	－ 10.1％	－ 5.8％	－ 4.0％
当年偏股型股票型公募基金家数	526	621	697	791	1 041	1 041	1 041
常晟量化组合类比绝对排名	1	1	82	109	30	119	89
常晟量化组合类比相对排名	0.2％	0.2％	11.9％	13.8％	2.8％	11.4％	8.5％

很重要的原因是对未来中国转型发展前景不明朗的担忧。随着反腐成果的逐步体现，深化改革措施的逐步落实，未来中国转型发展可期，谨慎的大投资者不必对此感到忧虑。

2. 未来几年中国资产市场增量来自热钱全球避险再配置

中国 A 股不入明晟新兴市场指数不是利空，我在 2015 年 9 月《重启中国资本市场的政策建议》中提出不同意中国以放弃管制（例如做空工具审批权）为代价寻求 A 股加入 MSCI 新兴市场指数。热钱跨境冲击市场危害极大，值此多事之秋，放弃管制引进热钱可能对市场稳定是负面的。

人民币大幅贬值的预期已经有效打破。从 2015 年四季度至 2016 年一季度热钱流出导致的人民币贬值已告一段落。2016 年 1 月外资基金做空人民币被央行围剿而亏惨，显示人民币做空已无利可图。央行已进入有限被动贬值的自主性窗口期，多数外资热钱在 2016 年五六月份人民币被动贬值期间已经对做空人民币意兴阑珊。2016 年 6 月 24 日英国脱欧公投后日本相对美元狂升 4%，美元指数狂升 2.5% 至 95.4，英镑兑美元暴跌 9%，英镑兑日元暴跌了 12.5%，借此机会人民币对美元被动微贬 0.5%。美元主动升值时人民币不再勉强盯住，美国政客也无法再批评中国操纵汇率。

英国脱欧公投只是欧盟裂解的序曲，在接下来几年德国总理默克尔将与欧洲各国分裂势力做斗争以勉力维护欧盟的统一，欧元与英镑维持弱势将是可预期的，无处可逃的热钱拉高了日元、瑞士法郎和美元等避险货币的币值。美国 2016 年初锁定做空股市与汇市的剪羊毛对象是中国，中国央行以雄厚的外汇储备和坚定信心击退了做空力量，上证 50 指数成分股的股价趋于债券价格波动的表现使得做空上证 50 指数成了难以获利的目标。现在美国已经借用英国脱欧示范效应深化了欧洲裂解博弈进程，欧洲成了现成的剪羊毛对象。国际热钱持续流出欧洲是无奈之选，暂时逃过一劫的中国有机会成为前几年逃出境外的华裔热钱和各国热钱回流避险的选择之一。

欧洲、日本、美国、中国四大经济区块的经济形势虽然都不怎么样，但是中国仍然是相对最安全的经济板块。美国以亚太再平衡战略提升对中国的战略施压，虽然美国军舰军机和参议员刻意飞越中国东海南海岛屿、刻意营造中国周边紧张局势，但以柔克刚的中国并未采取强烈对抗策略，中国成长动力仍不可遏制。中国区块的相对避险预期引导热钱在人民币贬值预期消退后反向流入，欧盟裂解预期进一步引导热钱全球区块配置再思考。

3. 市场已结束持续下跌熊市阶段而进入平衡市新阶段

有许多主流券商首席计较牛熊的判断和反弹反转的识别，是一种误区。市场趋势除了明显波动的牛市和熊市阶段，更多时间是平衡市阶段，有经验的投资者在平衡市可以获得明显的超额收益。2014 年 6 月以来的牛市与熊市明显趋势阶段已结束，二季度股市进入了平衡市新阶段。笔者维持年初做出的 2016 年为变幅 ±10%的平衡市、3000 点以下仍然是空头陷阱的判断，认为年末前有机会回到年线 3539 点，年末应不低于下限 3185 点。笔者的这一判断在很多投资者和主流券商首席看来可能已经不合时宜了，技术上讲权威人士文章使 3000 点已经从支撑线变成了阻力线。2016 年 5 月 6—7 日上证综指从 3100 点暴跌 170 点到 2830 点，权威人士文章造成的共识混乱起了主要的作用。加入 MSCI 预期的兴起和落空形成了 5 月 30 日的百点长阳和 6 月 13 日的百点长阴。2016 年 6 月 24 日全球主要股市均因英国脱欧公投而暴跌，唯有 A 股假摔 1.3%，宣示中国股市充分调整后做空力量筹码不足、每次下跌到 2900 点以下都成了空仓低仓位投资者补仓的机会。

4. 中国股市存量博弈状况到年末将因特朗普可能当选而有改观

有美国研究机构把 QE 规模折算为基准利率的负利率，认为美国本轮加息周期应该从 2014 年开始 QE 退出时的折算基准利率－2.9%算起，迄今已上升逾 3%。美国主流 2016 年加息次数预期从高盛年初错误预期的 4 次降到 3 月的 2 次，再降到 5—6 月的 1 次。2016 年 6 月 24 日脱欧公投后，欧美资产市场全线暴跌，美国债券之王格罗斯提出了 2016 年加息次数趋于 0 次的新观点。虽然笔者仍然维持 2016 年美联储加息 1 次、美元指数很难超过 100 的判断，但美元加息已是强弩之末。

一般而言美元加息周期至少维持 3 个百分点，但美国的经济形势不如预期那么强，美国经济实在不支持长加息周期，从－2.9％算起预计能加到 1.5％上下波动可能是本轮加息周期的极限了。综合考虑汇率变动和中美债券、存款、股市、房产各资产市场收益率差异，过去几年从中国流入美国资产市场的热钱在考虑汇兑损益后仍将获得综合负收益。

作为地产商利益代表的美国总统候选人特朗普公开宣扬，若当选则 2018 年不会继续提名耶伦连任美联储主席且反对持续加息，2016 年 11 月若特朗普逆袭当选则将抑制美元加息周期的幅度。另外特朗普比希拉里更可能致力于缓和中美和中俄战略紧张关系。因此，预计中国股市存量博弈的状况到年末将有改观，热钱以避险为目的回流中国成为增量将成为可能。

5. 金融政策环境改善是确定性事件

三季度中国金融监管新架构有望明朗，金融监管新格局定案后金融新政会陆续推出。证监会新主席上任后证监会陆续出台的政策总体是有效的，加强市场监管和投资者保护有效提振了投资人参与信心。证监会限制以规避借壳严格审查为目的并以虚高利润承诺换取收购资产虚高估值的再融资行为，严厉处罚兴业、西南等中介机构，警示券商同业为虚假高估值资产换取股权的丑陋行径，都有效地抑制了市场的失血点。

二、未来市场变化趋势

1. 中国政府将善用资本市场鼓励优势企业并购以支持供给侧改革推进

传统行业低估值与新兴行业高估值有利于产能并购与技术并购、市场份额并购，最终有利于政府引导资本脱虚入实，预期中国政府将运用间接融资和直接融资手段鼓励企业并购。中国政府要充分利用欧洲、中国等地经济不景气的难得时间窗口，鼓励中国优势企业并购国内外遇到困境的技术领先或高市场份额的竞争性企业，近期的跨境收购例子有：美的斥资45亿欧元并购德国领先机器人企业KUKA控制性股权，腾讯斥资86亿美元收购芬兰手游开发商Supercell 84.3%股权，海尔斥资55.8亿美元收购通用电气的家电业务。

2. 中国产业结构调整体现在全市场市值结构的持续调整，新老行业比重将变化

五年以后，中国分经济部门的市值分布结构有望出现显著调整，新兴产业经济部门如TMT、医疗、新材料、装备、新能源的比重将持续上升，传统产业经济部门如黑色金属、石化能源、金融地产的比重将相对下降。

三、三季度投资主题与行业配置策略

1. 坚定看好军工行业

没有与大国地位相匹配的军事装备能力，中国守不住改革开放以来积累的巨大财富。虽然二季度常晟表现受到军工股疲软的拖累，但会继续维持半数市值配置在军工行业。

2. 关注产业集中度提高的细分行业优势企业

加大对中小板、创业板高成长有竞争力的优势企业配置，部分小龙头企业放宽对估值水平的苛求。市场低迷期或平衡期是优势企业加快市值并购的最佳窗口期。在行业集中度提高后的细分行业将跑出世界级垄断份额的优势企业，是中国的未来新兴蓝筹股的摇篮。

3. 看好估值相对合理的高成长新兴行业主题

常晟组合对语音识别、充电桩、OLED、物联网等主题均有稳定的配置比例，相关个股二季度均已获得30%—50%的可观收益。但热门主题似电风扇转得太快

而未能规模性参与，定期调整而非短线频繁高抛低吸的量化投资策略限制了常晟量化组合受益于热门主题行业的程度。热门行业不乏两个月涨 50％甚至翻番的股票案例。类似长期投资的量化投资组合以月为组合调整间隔单位，未从参与热门主题电风扇式轮换中整体获益，以致常晟组合年初迄今收益率迟迟未能转正，2016 年 6 月 25 日 2850 点附近仍为 -8％。

4. 看好新一轮城市建设

包括城市更新、轨道交通、海绵城市、园林环境建设等相关主题。

四、重启未来三年新牛市的政策建议

第一，中国的综合金融监管部门应系统制定增加保险、基金、券商等机构投资者群体的投资能力，鼓励并购杠杆融资支持优势企业以合理估值并购国内外竞争对手，继续遏制上市公司虚高估值收购行为的金融政策。要重新认识本土资本市场对改变中国间接融资比重远大于直接融资比重现状的重要性，资本市场对促进经济转型和供给侧改革的作用被严重低估。

第二，供给侧改革具体执行要借鉴巴菲特改革老企业的渐进模式。巴菲特 1965 年收购哈撒韦纺织公司后不惜纺织业多年亏损，始终坚持控制从没落的传统纺织行业转移现金流到投资行业，维持低薪不裁员直到老员工退休的政策，直到哈撒韦从纺织行业完全脱身转型为全球领先的投资控股型上市公司。类似 20 世纪 90 年代单纯的行政命令式关闭产能在各地实践中难以大规模推行，互联网的普及已经让大规模员工集体下岗的群体性事件通过舆情传播造成有可能冲击社会稳定。证监会应鼓励传统行业上市公司通过发行股份收购新兴行业优秀企业，实现企业现金资源持续导入新兴产业，同时让传统行业也有最低现金流维持传统行业产能的有序萎缩。

第三，要充分利用资本市场融资功能，推行新一轮城市建设的鼓励政策。运用 PPP 和土地换建设投资、城市深度更新开发与供给侧改革产能转移相结合等创新城市发展模式，让城市更新、轨道交通、海绵城市、园林环境建设等领域成为 GDP 的新增长点。

第四，要学习美国，制定国产重大装备优先采购法。国产重大装备优先采购法的制定将促进中国重大装备行业龙头企业提升国内市场份额和盈利水平，进而提高其参与国际竞争的能力。高铁、核电就是国家扶持国产重大装备制造能力的重要成果。在重大设备采购中，仍然存在利用中国企业压制外资同业的价格，但采购决策人为免责却仍然采购境外企业重大装备的不正常情况。

五、结论：3000 点以下，曙光乍现

综上所述，基本面在悄然改善，上证综指 3000 点以下，曙光乍现。

2016.6.26

第五节　于无声处听惊雷——寻找中国资本市场的持久驱动力

本文根据 2016 年 8 月 6 日君晟春茗投资俱乐部申月会议的即席发言整理而成。

一、于无声处听惊雷

2016 年 5 月初和 7 月末上证综指两次接近 3100 点，两次指数退守 3000 点下方，回头看权威人士的文章和银行理财征求意见稿有多少实际影响已经不重要，重要的是积蓄一时的做空力量配合两个政策性文献的披露而集中宣示了存在感。

看来前国君首席任泽平在 2016 年 4 月 10 日和申万首席杨国平在 2016 年 2 月 4 日预测 3600 点和 3684 点在三季度实现的可能性已经微乎其微了。我在 2016 年

1月8日熔断机制引发暴跌后提出的2016年是涨跌幅10%的平衡市、有机会看到3539点年线的预测看起来疑问丛生，寄希望于年末回升到平衡市下限3180点就算是不破功了。

就在市场一片看空，迷茫弥漫于野之际，也有清风徐来。海通集中推上海国企改革，恒大加入万科控制权争夺，为低位震荡的市场带来一丝活力。冷静思考，中国资本市场仍然有持久的驱动力，虽然未必重演2015年般的惊涛骇浪。见微知著，我认为未来中国资本市场的再启动将基于三个主导动力，即资产再配置、资产证券化、控制权交易。

一是资产再配置。包括资产类别间再配置和资产跨市场再配置。比较各主要资产类别，泡沫破裂社会冲击成本相对地产和高息理财市场较小的权益市场是未来社会资产类别间再配置的优选方向。全球安全形势继续紧张，基于中国安全比较优势、外逃热钱将循途径回流中国，构成跨市场再配置需求。

二是资产证券化。大企业寻求企业境外上市股权资产境内二次证券化，利用境内外市场巨大的估值差异，实现自身企业的价值重估。集团规模远大于上市公司规模的地方国企也将迎来国企改革的资产证券化新浪潮。

三是控制权交易。中国IPO市场进度在未来几年不太可能狂飙突进，已上市公司的控制权交易始终将是中国股市驱动主线。

二、该抑制哪类资产泡沫？

2016年7月26日召开的年中政治局会议分析研究当前经济形势，一方面强调稳增长，另一方面强调抑制资产泡沫。政治局提出抑制资产泡沫指的是最严重的房地产市场泡沫，但市场反应最快的股市投资者一听要抑制泡沫就先退缩了。

房地产是中国资产泡沫最严重的资产类别，万科这样的老企业不敢与无须承担亏损责任的信达地产去各地争抢地王。但高地价的受益者是地方政府，这使得决策者投鼠忌器，房地产市场泡沫愈演愈烈。提出抑制资产泡沫，说到底是中央与地方从全局利益到局部利益的博弈。

在监管放松的情况下，互联网金融催生的 P2P 高息理财市场在过去几年疯狂生长。资金链断裂和 P2P 高管卷款跑路的频发，也宣示着高息理财市场的资产泡沫是危害社会稳定的毒瘤。

持续低迷的权益市场经历了泡沫破裂的过程，在 3000 点附近低位震荡已有半年多，相对房地产和高息理财市场而言泡沫成分要低很多。权益市场的融资功能为非金融企业提高直接融资比例，实现社会资本脱虚入实提供了最合规和最安全的途径，也为股权投资支持万众创新和大众创业提供了资本退出通道。如果权益市场率先崩溃，何谈社会资本脱虚入实？何谈"大众创业、万众创新"？

三、银行资产管理资金池、保险新势力、大企业大地产商是中国权益市场的新主力

都说中国超发货币，炒房囤地不缺资金，P2P 高息理财不缺资金，不愿意向低信用企业放贷的银行不缺资金，只是资本市场相对缺少资金。

1. 在中国现阶段，谁持有规模性现金

银行资产管理资金池，保险新势力，高信用度的大企业和项目变现后的大地产商才是规模性现金的持有者。首先是银行资产管理资金池手握万亿元级别的资金，但银行资产配置需求受低风险偏好制约不能直接持有权益，更喜欢认购年化收益率 3%—6% 固定回报的无风险资产，是大型企业、机构投资者购买权益的合规配资来源。其次是保险新势力，它们是手持千亿元级别资金逐鹿蓝筹股控股权市场，以安邦、前海、恒大为代表的新崛起保险机构，以激进的资产配置策略加

大权益投资比重，进而涉足上市公司控制权交易市场，以获取更大范围的信用与资本资源。再者是高信用度的大企业和项目变现后的大地产商，它们手持百亿元级别现金，除了寻求企业资产证券化外，还要寻求同行业并购的机会。2016 年 8 月初，万科控制权争夺格局从"华宝石"三国杀演进到"华宝石恒"四国大战，是这一动向的最新体现。历时已经三年，且操作并不规范的京基集团收购身怀巨幅农地之罪的康达尔案例，也体现出大房产商与其以投标方式高溢价增加土地储备，不如转移到以收购企业方式增加土地储备的新思维，这是地产行业从拍卖高价抢地到收购上市公司股权以控制土地资源的资产再配置模式。

由此推论，未来股市增量资金源于以下三个区块：保险机构资产与控制欲共增长、银行理财规模持续增长倒逼银行向高信用企业或机构投资者提供巨额融资实现间接入市、外逃热钱基于中国安全比较优势而循合法途径回流中国。

2. 银行理财管理办法征求意见稿对股市只是杯弓蛇影

众所周知，2016 年 7 月末市场下跌的原因是银行理财管理办法征求意见稿。下跌之后，投资者和首席们逐渐认识到，2016 年 7 月 28 日《商业银行理财业务监督管理办法（征求意见稿）》是前度刘郎今又来，2014 年 12 月就已征求意见的银行理财管理办法最后无疾而终。这次旧事重提，银行理财管理办法能否在新金融监管架构建立之前颁布，笔者认为是存疑的。

简单解读，新征求意见稿限制了基金子公司和券商资产管理公司的理财通道业务，利好于银监会"亲儿子"的信托公司，本质是理财业务流向切转而不是禁止理财业务。银行理财市场的低风险资产荒现象是不以监管层意志为转移而存在的，日益膨胀的银行资产管理规模迫切需要通过向可以直接投资权益市场的高信用等级大企业和机构投资者输送无风险、低固定收益的理财资金来寻找出路。退一步讲，基金子公司和券商资产管理公司真的会把理财业务机会拱手让于信托公司吗？新金融监管架构的主要特征是混业监管而不是现在的分业监管，届时信托、券商、基金都是金融监管委员会的"亲儿子"，只要合规守法经营，对基金和券商的理财业务限制条款或许会再次无疾而终。

四、跨市场再配置需求来自中国安全比较优势，外逃热钱将循途径回流中国

我们来看看跨市场的投资安全性比较。以权益市场为例，比较美股和港股、A股现阶段所处的环境。美股现阶段存在屡创新高后的见顶风险，存在经济复苏低于预期的压力。港股存在因欧美机构投资者占主导力量所形成的估值顶现象，同时存在本港骗子吸干散户血汗的"老千股"现象。A股存在蓝筹股总体估值在全球范围内偏低、中小企业板市场总体估值持续偏高的现象。不喜欢中小创企业的投资者可以选择低估值A股蓝筹股，不喜欢大市值蓝筹股的投资者可以精选高成长创新企业和有大股东或外来新股东资产证券化预期的高估值企业。因此，前几年从中国出逃的热钱改头换面后，仍然有循合法途径回流中国的客观需求。

五、重申美国无力加息的判断

美联储死都不会承认这一判断，委员们会继续谈论下个月加息的概率应该上调多少百分点。虽然我还是认为若希拉里当选则美联储会有50%的概率在2016年12月加一次息。美国联邦基金利率期货暗示，美联储下一个可能性十足的加息时间点在2017年下半年左右。

看清美国无力加息形势的各国央行已经开始行动，欧、日继续放水，次级经济体如澳大利亚、韩国等国已经开始降息，更多的国家将加入这一行列。

美联储只能在会议前过过加息的嘴瘾了，还在盯着美国是否加息来制订宏观

资产配置策略的全球各投行与投资机构分析师们实在太不讲政治了。美联储自2015年起嘴上喊加息快一年多时间了，耶伦和鹰派委员确实用预期引导手法，实现了其他国家加几次息才能实现的美元从全球回流美国和美元升值的预期。美国经济破绽百出，奥巴马政府通过调整就业人口基数意图粉饰非农就业人口月度数据，但不给力的经济实况实在无法契合民主党为寻求连任而营造复苏假象的良苦用心。2016年美元有四五次反弹，都因黑天鹅经济数据而出现美元指数断崖式下跌。

六、人民币对美元汇率趋势可能在美国总统选举尘埃落定后预期反转

先来看 2016 年前 7 个月全球各经济体间汇率结构的剧烈调整。

第一大特征是：2014—2015 年本币大幅贬值的经济体对美元和人民币汇率大幅回升，金砖国家南非和俄罗斯等对美元和人民币均汇率大涨 10% 左右；2012—2014 年日元主动贬值 40% 的安倍经济学成果在英国脱欧的冲击下化为乌有，日元被选为避险货币单日暴涨 10%，2016 年前 7 月累计对美元升值 18%、对人民币升值 21%。

第二大特征是：2016 年前 7 月人民币跟随美元相对次级依附性经济体如新加坡、澳大利亚、马来西亚、新西兰、加拿大五国被动性贬值约 6%—7%，幅度略大于美元贬值幅度的 4%。这说明自我吹嘘经济复苏的美国迫于形势主动让美元对次级依附性经济体货币贬值 4%，人民币顺势跟随贬值。

第三大特征是：在外管局"围剿"2016 年 1 月做空人民币的国际游资后，人民币利用英国脱欧公投的时机相对美元被动贬值，但 2016 年前 7 月幅度累计仅为 2.6%。欧元、美元、人民币三大主力货币居然保持了 3% 以内的小幅波动平衡。

第四大特征是：2016 年前 7 月英镑由于脱欧公投对人民币和美元出现了累计
10％—12％的大幅贬值，但英国股市在几天大幅暴跌后受到国际游资抄底涌入支
持而迅速回升到公投前高位，显示本币贬值后国际热钱重返低价收购股权的这一
贬值利好股市的常态。在 2009 年后，十几个经济体都出现了本币贬值但当年股市
却最可能出现平衡市和小牛市的现象。

表 2.8.2　2016 年全球主要货币对人民币和美元升值率测算表

外币名称	外币兑人民币（2016 年 8 月 8 日）	外币兑人民币年初值	2016 年外币对人民币升值率	外币兑美元最新值	外币兑美元年初值	2016 年外币对美元升值率
英　镑	8.71	9.65	－ 10％	1.31	1.49	－ 12％
港　元	0.86	0.84	2.5％	0.13	0.13	－ 0.1％
美　元	6.66	6.49	2.6％	1.00	1.00	0.0％
瑞士法郎	6.79	6.57	3.5％	1.02	1.01	0.8％
欧　元	7.38	7.08	4.2％	1.11	1.09	1.6％
新西兰元	4.74	4.44	6.7％	0.71	0.68	4.0％
韩　元	0.01	0.01	6.9％	0.00	0.00	4.2％
澳　元	5.07	4.74	6.9％	0.76	0.73	4.2％
马来西亚林吉特	1.65	1.54	7.3％	0.25	0.24	4.6％
新加坡元	4.94	4.59	7.6％	0.74	0.71	4.9％
加　元	5.05	4.67	8.3％	0.76	0.72	5.5％
南非兰特	0.49	0.44	10％	0.07	0.07	8％
俄罗斯卢布	0.10	0.09	13％	0.02	0.01	10％
日　元	6.52	5.40	21％	0.98	0.83	18％

2016 年上半年，美国政府对人民币贬值能否造福美国患得患失。年初美国错判中国形势，一度发动力量唱空人民币要大幅贬值，意图剪中国羊毛，但在中国外汇管理当局强力反制下国际游资铩羽而归，2016 年 4 月 30 日美国财政部发布 2016 年半年度外汇报告鼓吹人民币应该升值。如果下半年人民币继续对美元贬值，进而出现持续增长的对美贸易顺差，美国共和党甚至民主党议员们又将批评中国操纵汇率谋取贸易优势。因此 2016 年下半年人民币贬值到位后存在预期反转为升值的机会，共和党候选人特朗普偏向美国制造业的国际贸易利益将要求人民币升值，以削弱中国的贸易优势。

七、全球热钱何处去，问安全谁更安全？

美国竭力营造的东海南海安全困境的亚太再平衡战略一波高潮已过，中国并未如美国政府预期的那样采取激烈的军事对抗策略，东盟多数国家并未如日本那样与中国争端不断，甚至受美国、日本挑唆而挑起南海仲裁事端的菲律宾在收取美国 3 200 万美元法律援助费后，新总统更有兴趣重建与中国的合作关系。美国除了赤膊上阵进入南海岛礁 12 海里挑战中国主权以外，可做的事情有限。

相对受 ISIS 极端势力恐怖冲击的欧洲而言，全世界更安全的主要经济体只能是中国和日本、美国。而在货币大幅升值后，日本实在难以继续承担国际热钱新避风港的重任，人民币相对被动贬值后的中国基于稳定的政局而资产价值仍然有安全溢价。不甘心主动巨幅贬值且股市大涨的安倍经济学成果在日元莫名获选最佳避险货币后因汇率大涨和股市大跌而化为乌有，获得民意支持的安倍政权二季度多次请伯南克献计，商议直升机撒钱，企图刺激经济复苏走出通缩。可预期的将来，日本及欧洲放水挤出的国际热钱的下一站是回美国做屡创新高股市的接盘侠，还是通过各种管道流入中国抄底长期低位震荡的中国股市？且拭目以待。

2016. 8. 6

第六节　常晟四季度策略报告——人民币难以大幅贬值预期下的大类资产配置选择

一、全球大类资产配置收益归因分析的对象：商品、货币、股指

商品：常晟长期跟踪研究全球 50 个商品品种的连续价格趋势，囿于篇幅，这里重点列示原油、黄金、原材料中的钢材铝铜、农产品中的豆棉糖玉米在过去十年的年度表现（见表 2.8.3）。

货币：常晟长期跟踪全球 19 个主要经济体的货币汇率表现，重点研究各经济体货币兑美元与人民币汇率的变动情况。这里分别以美元和人民币为锚，研究其他 18 个经济体在过去十年的年度汇率变动情况（见表 2.8.4）。

股指：常晟长期跟踪全球 51 个主要经济体的 98 个股票指数，重点列示 22 个经济体的 27 个股票指数在过去十年的年度表现，其中美国选取三大指数，中国内地选取上证、深证、中小板、创业板四个主要指数（见表 2.8.5）。

二、商品难以重现 2009—2010 年的大牛市

一个原因是：2016 年部分商品牛市是对 2013—2015 年商品大熊市的矫正，难以持续。另一原因是：2009—2010 年商品大牛市是"四万亿"强刺激的结果，2009 年原油与铜基本上完全修复了 2008 年的跌幅，而 2017 年中国不会再推出强刺激措施，因此商品价格难以持续大幅上升。

2016 年迄今涨幅较大的主力商品有：原油（20%）、黄金（27%）、钢材（14%）、棉花（33%）、白糖（15%）。基本金属涨幅平平，大豆和玉米疲弱走低。

表 2.8.3　主要商品 2007—2016 年变幅测算表

商品	类型	2007年	2008年	2009年	2010年	2011年	2012年	2013年	2014年	2015年	2016 Q1	2016 Q2	2016 Q3	2016-9-23 连续价	2016年初-9月末	2016年迄今
原油	能源	29%	-49%	103%	15%	10%	-7%	9%	-46%	-31%	3%	26%	-8%	45	20%	17%
黄金	贵金属	31%	6%	26%	29%	11%	6%	-28%	-1%	-12%	16%	8%	1%	1 340	27%	9%
钢材	原材料	38%	-18%	5%	24%	-10%	-15%	0%	-23%	-26%	-5%	5%	15%	2 431	14%	21%
铝	原材料	-14%	-36%	50%	10%	-18%	3%	-13%	2%	-20%	-1%	10%	-1%	1 630	9%	7%
铜	原材料	7%	-54%	155%	32%	-21%	5%	-7%	-15%	-25%	2%	0%	0%	4 845	3%	0%
大豆	农产品	69%	-19%	11%	-1%	1%	13%	-5%	6%	-18%	-11%	16%	-8%	3 697	-3%	8%
棉花	农产品	2%	-18%	40%	77%	-31%	1%	-6%	-30%	-15%	-11%	45%	2%	15 010	33%	49%
白糖	农产品	-9%	-23%	91%	35%	-10%	-11%	-15%	-5%	22%	0%	13%	2%	6 531	15%	16%
玉米	农产品	1%	-10%	27%	12%	13%	3%	-10%	1%	-20%	-20%	3%	-10%	1 430	-24%	95%

表 2.8.4　全球主要经济体 2007—2016 年货币汇率变幅年度表现一览表

美元兑外汇	类别	2008 年	2012 年	2013 年	2014 年	2015 年	2016Q1	2016Q2	2016Q3	2016 年
美元指数	SDR	6%	−1%	1%	13%	9%	−4%	1%	0%	−3%
离岸人民币	SDR	7%	0%	3%	−3%	−5%	2%	−3%	0%	−2%
欧元	SDR	−4%	2%	4%	−12%	−10%	5%	−2%	1%	3%
英镑	SDR	−27%	5%	2%	−6%	−5%	−3%	−8%	−2%	−12%
澳元	资源国	−19%	2%	−14%	−8%	−11%	5%	−3%	2%	5%
新西兰元	资源国	−23%	7%	−1%	−5%	−12%	1%	3%	2%	6%
日元	SDR	23%	−11%	−18%	−12%	0%	7%	9%	2%	19%
瑞士法郎	制造国	6%	3%	3%	−10%	−1%	4%	−1%	1%	3%
加元	资源国	−18%	3%	−7%	−9%	−16%	7%	0%	−2%	5%
港元	四小龙	1%	0%	0%	0%	0%	0%	0%	0%	0%
新加坡元	四小龙	1%	6%	−3%	−5%	−7%	5%	0%	−1%	4%
新台币	四小龙	−1%	4%	−3%	−6%	−4%	3%	0%	3%	5%
韩元	四小龙	−26%	9%	1%	−3%	−7%	3%	−1%	5%	6%
马来西亚林吉特	发展国	−4%	4%	−7%	−6%	−19%	10%	−3%	−2%	4%
俄罗斯卢布	金砖	−16%	6%	−7%	−42%	−23%	10%	5%	0%	15%
南非兰特	金砖	−26%	−5%	−19%	−9%	−25%	5%	0%	8%	13%
印度卢比	金砖	−19%	−3%	−11%	−2%	−5%	0%	−1%	0%	−1%
巴西雷亚尔	金砖	−23%	−9%	−13%	−11%	−33%	11%	12%	0%	23%
墨西哥比索	发展国	−21%	8%	−1%	−11%	−14%	0%	−8%	−5%	−13%

外汇对人民币中间价	类型	2008年	2012年	2013年	2014年	2015年	2016Q1	2016Q2	2016Q3	2016年
人民币指数	SDR	0%	1%	7%	6%	1%	−1%	−3%	0%	−3.9%
美元	SDR	−6%	0%	−3%	0%	6%	0%	2%	1%	2.7%
欧元	SDR	−9%	2%	1%	**−11%**	**−5%**	3%	1%	2%	5.4%
英镑	SDR	**−32%**	5%	−1%	−5%	1%	−3%	−4%	−1%	−9.3%
澳元	资源国	**−27%**	2%	**−17%**	**−7%**	**−5%**	5%	0%	4%	7.8%
新西兰元	资源国	**−28%**	6%	**−4%**	**−9%**	**−7%**	0%	6%	4%	9.3%
日元	SDR	18%	**−10%**	**−20%**	**−11%**	6%	7%	12%	2%	22.8%
瑞士法郎	制造国	0%	0%	0%	0%	1%	2%	1%	2%	5.2%
加元	资源国	**−25%**	2%	−9%	−7%	−11%	6%	3%	0%	8.8%
港元	四小龙	−6%	0%	−3%	0%	6%	0%	2%	1%	2.7%
新加坡元	四小龙	−6%	6%	−6%	−4%	−1%	4%	3%	1%	7.1%
新台币	四小龙	−7%	4%	−6%	−5%	2%	2%	2%	3%	7.9%
韩元	四小龙	**−31%**	9%	−2%	−3%	−1%	2%	1%	5%	8.8%
马来西亚林吉特	发展国	−10%	3%	−10%	−5%	−14%	9%	0%	−2%	7.4%
俄罗斯卢布	金砖	**−22%**	5%	−10%	−40%	−20%	7%	10%	1%	18.4%
南非兰特	金砖	**−31%**	−5%	−22%	−9%	−21%	5%	2%	9%	16.5%
印度卢比	金砖	**−24%**	−4%	−14%	−1%	1%	−1%	2%	1%	2.0%
巴西雷亚尔	金砖	**−28%**	−9%	−16%	−11%	−29%	10%	15%	0%	26.7%
墨西哥比索	发展国	**−26%**	7%	−4%	−11%	−9%	−1%	−6%	−4%	−10.2%

表 2.8.5 全球主要经济体 2007—2016 年股票指数年度表现一览表

市 场	G20/APEC	2007年	2008年	2009年	2010年	2011年	2012年	2013年	2014年	2015年	2016 Q1	2016 Q2	2016 Q3	2016年迄今
阿根廷	G	3%	-50%	115%	52%	-30%	16%	89%	59%	36%	11%	14%	14%	43%
巴西	G	44%	-41%	83%	1%	-18%	7%	-15%	-3%	-13%	15%	1%	16%	36%
加拿大	GA	7%	-35%	33%	15%	-11%	4%	11%	8%	-11%	3%	4%	5%	13%
美国标普	GA	4%	-39%	25%	12%	0%	13%	32%	12%	-2%	0%	2%	5%	6%
美国道琼斯	GA	6%	-34%	20%	10%	6%	7%	28%	8%	-3%	0%	1%	4%	4%
美国纳指	GA	10%	-41%	46%	16%	-2%	16%	41%	14%	5%	-4%	-1%	12%	5%
墨西哥	GA	12%	-25%	43%	19%	-3%	18%	-2%	0%	0%	7%	0%	6%	12%
德国	G	22%	-40%	24%	16%	-15%	29%	25%	3%	10%	-7%	-4%	11%	-1%
俄罗斯	GA	19%	-72%	131%	24%	-22%	11%	-6%	-45%	-4%	16%	7%	8%	32%
法国	G	1%	-43%	22%	-3%	-18%	15%	19%	0%	9%	-6%	-5%	7%	-4%
意大利	G	-7%	-49%	19%	-11%	-24%	8%	18%	0%	15%	-15%	-11%	4%	-21%
英国	G	4%	-32%	23%	9%	-7%	6%	14%	-2%	-5%	-2%	5%	9%	10%
澳洲	GA	14%	-43%	36%	0%	-16%	13%	14%	1%	-1%	-4%	5%	5%	2%
韩国	GA	32%	-41%	50%	22%	-11%	9%	1%	-5%	2%	2%	-2%	5%	5%

续表

市场	G20/APEC	2007年	2008年	2009年	2010年	2011年	2012年	2013年	2014年	2015年	2016 Q1	2016 Q2	2016 Q3	2016年迄今
马来西亚	A	32%	-39%	44%	19%	1%	10%	11%	-6%	-4%	1%	-4%	2%	-1%
日本	G	-11%	-42%	19%	-3%	-17%	23%	57%	7%	9%	-12%	-8%	8%	-12%
沙特	G	39%	-57%	28%	8%	-3%	6%	25%	-2%	-19%	-10%	5%	-8%	-14%
新加坡	A	19%	-49%	64%	11%	-18%	20%	-1%	7%	-14%	-2%	-1%	2%	-1%
新西兰	A	-5%	-37%	14%	-2%	-4%	21%	13%	12%	8%	5%	2%	6%	13%
印度	G	47%	-52%	80%	18%	-24%	26%	9%	30%	-5%	-2%	7%	8%	11%
印尼	GA	52%	-51%	87%	46%	3%	13%	-1%	22%	-12%	5%	4%	8%	17%
中国香港	A	39%	-47%	54%	7%	-20%	23%	3%	2%	-7%	-5%	0%	16%	9%
中国上证	GA	97%	-65%	79%	-14%	-20%	3%	-5%	54%	12%	-16%	-2%	4%	-15%
中国深证	GA	166%	-63%	109%	-9%	-27%	2%	-10%	38%	18%	-19%	0%	2%	-17%
中国中小板	GA	153%	-54%	96%	22%	-36%	-1%	19%	10%	56%	-20%	0%	-1%	-20%
中国创业板	GA	0%	-62%	117%	17%	-35%	-2%	84%	13%	86%	-19%	-1%	-2%	-22%
中国台湾	A	0%	-46%	74%	11%	-21%	9%	12%	8%	-10%	6%	-1%	8%	12%

2016 年三季度除了钢材继续保持价格上升外，其他主力品种原油、黄金、基本金属、农产品均处于盘整或回调。

1. 原油将围绕 40—50 美元中枢上下浮动

2014—2015 年，美国为了打击俄罗斯而说服沙特发动"石油战争"，甚至不惜与伊朗媾和，恢复伊朗的石油供应，2014—2015 年原油价格下跌 62%。2015—2016 年中东战乱国伊拉克、伊朗、利比亚陆续恢复出口。经济依赖原油的国家如俄罗斯、委内瑞拉、沙特都出现了经济低迷的情况。沙特不愿意向伊朗让出市场份额，俄罗斯与沙特几度减产保价商议均未能实现。

常晟维持 2016 年 4 月中旬作出的判断，原油在 2016 年内未必能回升到 60 美元以上。(《与姜超同学商榷：为什么我不赞成做原油和黄金?》)。常晟认为，在全球经济没有明显好转前，原油将围绕 40—50 美元中枢上下浮动。

笔者在 2016 年 2 月 18 日发布的《中国防范美国剪羊毛攻防策略》报告中说道："中国要维持宏观经济示弱，配合美国保持石油在 20—30 美元区间屡创新低的态势，不要轻易刺激传统经济复苏，以高估值鼓励资本流入新兴行业并促进新经济体生长。中国要充分享受低价石油对每年节约两三千亿美元国际支出的贡献并努力延长石油低价期。中国要在国际范围内赞扬印度 GDP 增长率超越中国的可持续性，鼓励美国'选羊'时扩大可选范围。中国要努力扩大从俄罗斯和伊朗等国家的原油进口比例，并努力推行人民币结算石油贸易。"

2. 黄金保值避险功能将让位于美元维持地位的需求

2016 年迄今黄金是表现最好的商品，累计涨幅 27%，但主要涨幅（16%）是在一季度完成的，2016 年 4 月 15 日迄今涨幅只有 10%。

重申一次：我赞同黄金的保值和外汇储备功能；如果未来几年美元持续贬值，

那么黄金的美元计价价格有望继续上涨，各主要经济体的外汇储备管理当局会进一步抛售美元、增持黄金；如果美元没有持续贬值空间，那么黄金的储备功能和保值功能会削弱。

常晟维持2016年4月中旬作出的判断："对原油和黄金的过度乐观是有风险的，原油上涨不符合中国和美国的利益，黄金上涨不符合美元霸权的利益。"

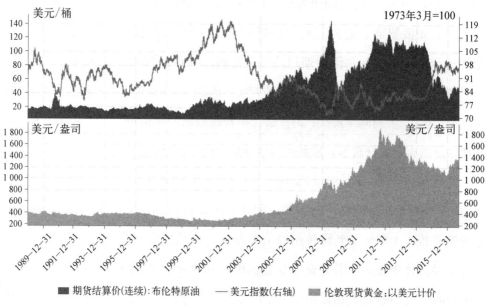

图2.8.2 国际原油和黄金价格与美元指数走势

数据来源：Wind资讯

3. 原材料产能过剩不会由于供给侧结构性改革而很快得到改善，但产业集中有助于龙头企业稳定与提升定价能力

笔者在《常晟投资三季度投资策略——中国大局已定》中已经指出，类似20世纪90年代单纯的行政命令式关闭产能在各地实践中难以大规模推行，互联网的普及

将会让大规模员工集体下岗的群体性事件通过舆情传播，进而可能冲击社会稳定。

证监会应鼓励传统行业上市公司通过发行股份收购新兴行业的优秀企业，以实现企业现金资源持续导入新兴产业，同时让传统行业也有最低的现金流维持行业产能有序萎缩。行业并购可以提高产能过剩产业的垄断集中度，行业龙头企业有机会稳定与提升定价能力。

三、2016 年全球主要经济体股市表现归因分析

1. G20 经济体中中国表现最差，四大指数下跌 15％—22％不等

中国主板市场经历 2014 年下半年到 2015 年下半年的牛市后，全市场崩盘，迄今市场在底部休养生息已近一年。全球经济形势低迷的背景下，中国纵向回落的 GDP 增长与贸易总量在全球横向比较中比重双双继续扩张。

2. 美国股市继续在 18000 点以上高位维持

美国自 2009—2014 年期间除 2011 年持平外连续是大牛市，2015—2016 年连续两年在道琼斯 18000 点上方高位维持，2016 年迄今三大指数均录得 5％左右的屡创新高表现。

北美三国表现强势，加拿大和墨西哥均取得 12％—13％的涨幅。

3. 欧洲各国受英国脱欧影响有限

德国和法国股市维持弱平衡，英国在脱欧公投大跌后强势反弹，录得 10％涨幅，经济相对不稳定的欧洲大国意大利的跌幅高达 21％。欧洲各国经济低迷，但股市相对平稳。

4. 日本货币升值与股市下跌让安倍经济学成果减半

安倍政权上台后 2012—2014 年日元对美元和人民币主动贬值 36％，随后股市大幅上涨，但连续多年经济低迷，央行无底线的货币宽松并未让日本摆脱通缩。

英国脱欧公投后英镑与欧元大幅贬值，但日元在莫名获选为最佳避险货币后单日大涨 10％，2016 年迄今股市大跌 12％、日元兑美元与人民币汇率大涨 19％与23％。不甘心主动巨幅贬值且股市大涨的安倍经济学成果化为乌有，获得民意支持的安倍政权多次请伯南克献计，商议直升机撒钱，企图刺激经济复苏走出通缩。

5. 经济低迷的金砖国家股市表现优异

2014—2015 年货币大幅贬值的金砖国家股市表现优异，2016 年迄今巴西涨幅为 36％、俄罗斯为 32％。然而国际货币基金组织预测 2016 年俄罗斯经济增速为 -1.8％，巴西为 -3.8％，说明经济差的国家股市表现未必差。这表明国际热钱已经进入巴西和俄罗斯剪羊毛的最后一道流程，即对象国货币大幅贬值和股市大幅下跌后外资大规模回流收购低估的股权资产，从而验证了 2016 年 2 月《中国防范美国剪羊毛攻防策略》的分析判断。

6. 印度受益于油价与增长，股市表现优异

印度 2012—2014 年连续三年牛市，2015 年弱势整理后，2016 年迄今再度上涨 11％，重归小牛市。油价暴跌使得印度的进口支出大幅下降，拉动增长 1 个百分点，2015 年印度实现 GDP 增速 7.6％（为 5 年来最高水平），是全球主要经济体中增长最快的。

7. 2009 年末迄今各市场股指收益分析

以 2009 年末为基期比较各市场股指收益率显示，中国主板市场是表现最差的几个市场之一，与俄罗斯（-30％）与意大利（-23％）为伍。而中国创业板累计涨幅 122％，仅次于美国纳指的 133％。美国三大指数平均涨幅 100％。日本虽然长期经济停滞不前，但在安倍主动贬值刺激下取得累计涨幅 60％、在 2013—2015 年累计涨幅超过 100％。经济相对较为健康强劲的德国，其股指累计涨幅为 80％。

表 2.8.6　全球主要经济体 2009 年末至历年末股票指数年度表现一览表

市　场	2009—2010年末	2009—2011年末	2009—2012年末	2009—2013年末	2009—2014年末	2009—2015年末	2009末—2016Q1	2009末—2016Q2	2009末—2016Q3
阿根廷	52%	6%	23%	132%	270%	403%	460%	533%	617%
巴西	1%	−17%	−11%	−25%	−27%	−37%	−27%	−25%	−14%
加拿大	15%	2%	6%	16%	25%	11%	15%	20%	26%
美国标普	12%	12%	27%	64%	83%	81%	83%	86%	93%
美国道琼斯	10%	16%	24%	57%	69%	65%	68%	70%	74%
美国纳指	16%	14%	32%	82%	107%	119%	113%	111%	133%
墨西哥	19%	14%	35%	32%	33%	32%	41%	42%	48%
德国	16%	−1%	28%	60%	65%	80%	67%	62%	79%
俄罗斯	24%	−3%	7%	1%	−45%	−47%	−39%	−35%	−30%
法国	−3%	−20%	−7%	9%	9%	18%	11%	8%	15%
意大利	−11%	−33%	−27%	−15%	−15%	−2%	−16%	−25%	−23%
英国	9%	3%	9%	25%	22%	16%	14%	20%	28%
澳洲	0%	−15%	−4%	10%	11%	10%	6%	10%	13%
韩国	22%	8%	19%	20%	14%	17%	19%	17%	22%
马来西亚	19%	20%	33%	47%	39%	33%	35%	30%	31%
日本	−3%	−20%	−1%	54%	65%	80%	59%	48%	59%
沙特	8%	5%	11%	39%	36%	13%	2%	6%	−3%
新加坡	11%	−8%	10%	10%	17%	0%	−1%	−1%	−1%
新西兰	−2%	−5%	14%	29%	45%	58%	66%	69%	78%
印度	18%	−11%	12%	22%	59%	51%	46%	56%	66%

续 表

市 场	2009—2010 年末	2009—2011 年末	2009—2012 年末	2009—2013 年末	2009—2014 年末	2009—2015 年末	2009 末—2016Q1	2009 末—2016Q2	2009 末—2016Q3
印尼	46%	51%	70%	69%	106%	81%	91%	98%	112%
中国香港	7%	-14%	5%	8%	10%	2%	-3%	-3%	10%
中国上证	-14%	-33%	-30%	-35%	-1%	8%	-8%	-10%	-7%
中国深证	-9%	-35%	-33%	-40%	-19%	-7%	-23%	-23%	-22%
中国中小板	22%	-23%	-24%	-11%	-2%	50%	23%	23%	22%
中国创业板	17%	-25%	-27%	34%	51%	179%	130%	129%	122%
中国台湾	11%	-13%	-5%	6%	15%	3%	8%	7%	14%

结论：中国股市的年度表现与持续表现均长期脱离经济基本面，在上证综指3000点低位长期盘整后向上运行是大概率事件。如果人民币汇率出现大幅下跌，将迎来大牛市。如果人民币汇率不出现大幅下跌，则市场将依据自身规律选择向上运行。

四、2016 年全球主要经济体货币汇率表现归因分析

1. 全球主要经济体分组分析

以经济总量、贸易结算量、全球产业链地位、与大国经济关系等因素来衡量，可以把全球主要经济体划分为 SDR 五国、资源国、制造国、金砖国、四小龙等组。

美中欧日英作为 SDR 五国，是全球最核心经济体和全球制造强国，以高端制造业见长的瑞士是独立于欧盟以外的欧洲制造强国。

2015 年 11 月 30 日，国际货币基金组织正式宣布人民币 2016 年 10 月 1 日加入 SDR（特别提款权）。2016 年 10 月 1 日，特别提款权的价值由美元、欧元、人民币、日元、英镑这五种货币所构成的一篮子货币的当期汇率确定，所占权重分别为 41.73％、30.93％、10.92％、8.33％和 8.09％。

金砖国除中、印以外的俄罗斯、巴西、南非都是资源国，原油等原材料价格下跌使资源供给国受到重创，让中、印等资源需求国受益。

资源国还包括加拿大、澳大利亚、新西兰等发达国家。

结论：制造立国、贸易导向是货币稳定的根本原因。货币最稳定的经济体是中国与瑞士、德国，三者都是制造业强大的经济体。拥有全市场最庞大制造能力的中国难以受外力冲击而出现货币大幅贬值，而资源国无论是发展中国家还是发达国家，都较容易受外力冲击而出现货币大幅贬值。

2. 人民币有控制的贬值有利于促进中国出口

在 2008 年和 2012—2015 年全球货币争相对美元大幅贬值期间，中国恪守道义坚守不贬值，这一做法不符合丛林法则。

人民币 8·11 汇改一次性对美元贬值 5％是对美元以外的货币主动对人民币贬值的反向修正。

为了巩固贸易比较优势，中国应维持"人民币对美元轻微弱势，在美元自主贬值时盯住美元，在美元自主升值时不再盯住"策略而被动贬值。

人民币有控制的贬值有利于促进中国出口。2014 年 8 月的一次性的人民币贬值对我国出口有一定积极作用。在全球经济下行的国际贸易萎缩期，我国出口额下降幅度仅为 2.2％，远低于欧盟、美国、日本等主要国家。

大宗商品价格下跌导致进口总额下降明显。随着中国经济减速，石油、铁矿石等国际大宗商品需求降低，价格大跌，贸易额降低，使我国进口额同比下降 14％。

3. 人民币大幅贬值难以实现的原因

中国处于对多数经济体的贸易比较优势地位，中国大陆与香港合计全球贸易比

重21％，高于美国的12％，如果人民币短期内大幅贬值，将导致中国出口优势暴增。在当前全球性结构性危机前，各国经济下行压力都很大，美国政府对维护本国产业与贸易竞争力的重视超过了美国垄断资本企图通过推动人民币贬值以低价收购中国的股权资产。从巴西、俄罗斯等国的案例可以看出，货币受外部冲击而大幅贬值后，国际热钱重返股市收购股权资产。美国垄断资本想故技重演难度较大，中国已经有成熟的汇率防御体系与防御能力，巨额外汇储备本来就是用于应对汇率波动的。外汇储备并非越高越好，美元资产的低收益率与人民币资产的高收益率让外汇管理当局持有的由外国直接投资对应外汇部分长期构成收益率差额，这对中国不是有利的。

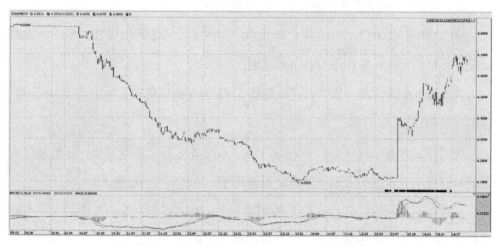

图2.8.3　2009—2015年美元兑人民币汇率变动图

4. 重要经济体汇率大幅下跌案例

2008年金融危机期间，除了盯住美元的中国和四小龙及逆势升值的日本和瑞士，绝大部分经济体均对美元和人民币有22％—32％巨大贬值，欧元对美元和人民币有6％的贬值。

日元：2012—2014 年对美元与人民币有 36％的大幅贬值。

欧元：2013—2015 年对美元与人民币有 18％的大幅贬值。

结论：货币大幅贬值对刺激本国经济效应并不是对所有国家都是显著的，但提供了国际热钱低成本收购本国股权资产的机会。中国没有主动贬值以刺激经济的动力，美国以维护产业贸易竞争力和本国就业为目标的政策导向，也不允许中国人民币贬值而获取更大贸易比较优势。

5. 美元指数已经严重偏离以贸易结算量为权重反映美元汇率变化的初衷

美元指数水准反映了美元相对于 1973 年基准点的平均值，计算原则以当时全球各主要国家与美国之间的贸易结算量为基础。参照 1973 年 3 月份 6 种货币兑美元汇率变化的几何平均加权值来计算，币别指数权重（％）：欧元 57.6、日元 13.6、英镑 11.9、加拿大元 9.1、瑞典克朗 4.2、瑞士法郎 3.6。

经过四十多年，美国的主要贸易伙伴已经发生了巨大变化，美元指数对应的六个贸易经济体占有的比例已经大幅下降。根据 2014 年美国与全球各主要经济体贸易结算量数据，大中华区包括中国大陆 14.5％、中国香港 1.2％、中国台湾 1.6％。欧盟权重 16.7％对应的欧元比重 57.6％和英镑比重 11.9％合计 69.5％。

表 2.8.7　2014 年美国与全球各主要经济体贸易结算表

美国主要贸易对象	合计比例	欧盟	加拿大	大中华区	墨西哥	OPEC	日本	东盟5国	韩国	巴西	印度	瑞士
与美国贸易权重	85.4％	16.7％	16.3％	17.4％	13.0％	6.1％	5.2％	4.4％	2.7％	1.8％	1.6％	1.4％
美元指数比例	100.0％	69.5％	9.1％				13.6％					3.6％

合并计算的美国十大贸易伙伴有大中华区、墨西哥、OPEC、东盟 5 国、韩

国、巴西、印度等合计 47％美国贸易权重的 7 个经济体未纳入美元指数比重，构成美元指数的 6 个货币对应的美国贸易权重仅为 40％，其中欧盟和加拿大、日本以 38.3％的贸易权重占美元指数比重合计 92.2％，已经退出十大贸易伙伴的瑞士和瑞典合计占美元指数比重 7.8％。

为了反映美元指数设置的初衷，我们根据 2014 年美国与各主要经济体贸易结算量比重，重新设计了贸易比重美元指数。表 2.8.8 比较了按 1973 年和 2014 年贸易比重的美元指数在 2007—2016 年各年度变幅：

表 2.8.8　按 1973 年和 2014 年贸易比重的美元指数在 2007—2016 年各年变幅表

年　度	2007	2008	2009	2010	2011	2012	2013	2014	2015	2016
1973 年贸易比重的美元指数年度变幅	−8.4％	5.8％	−4.0％	1.3％	1.6％	−0.6％	0.6％	12.6％	9.3％	−3.4％
2014 年贸易比重的美元指数年度变幅	−7.8％	8.0％	−4.8％	−1.4％	3.0％	−2.0％	1.2％	10.3％	11.6％	−1.8％
时　点	2006 年末	2007 年末	2008 年末	2009 年末	2010 年末	2011 年末	2012 年末	2013 年末	2014 年末	2015 年末	2016 年 Q3 末
1973 年贸易比重的美元指数	83.7	76.7	81.2	77.9	79.0	80.2	79.8	80.2	90.3	98.7	95.4

五、中国高净值阶层大类资产配置策略

高净值阶层的大类资产配置可选项众多，包括股票、债券、房产、高息理财、商品、海外资产配置。

股票市场：2015 年两轮股灾后期及 2016 年初，有些投资者已经撤出了股票市

场，2016 年迄今股票市场在上证综指 3000 点附近处于低位整固阶段，存量资金都是有风险承受能力和追求长期流动性与超额回报的长线资产，全市场存量资金规模已经迎来见底反弹的拐点，但股票指数仍滞后体现存量资金触底的情况。与之相反的是连续五年牛市且涨幅巨大的美国道琼斯指数已经在 16000—18000 点的山冈上苦苦支撑三年了，苦等海外热钱借美元加息之际回流美国接盘。

未来股市增量资金源于以下三个区块：保险机构资产与控制欲共增长、银行理财规模持续增长倒逼银行向高信用企业或机构投资者提供巨额融资实现间接入市、外逃热钱基于中国安全比较优势而循合法途径回流中国。未来中国资本市场的再启动将基于三个主导动力，即资产再配置、资产证券化、控制权交易。详细论述参见《于无声处听惊雷——寻找中国资本市场持久驱动力》。不建议较大规模投资流动性差、鱼龙混杂的新三板，其中绝大部分公司不会走到 A 股市场，有余力的高净值投资者对个人有信心长期做股东且自己熟悉领域的目标，可用实业投资的心态少量参与未上市的新三板挂牌企业。

债券市场：债券市场是低风险投资者的偏爱。但 2016 年以来，辽宁、天津等地方政府国有企业甚至央企恶意拒绝偿还到期债务的先例一开，使得曾经低风险的债券市场不再能维持低风险，投资者有可能失去本金。除了无风险低收益的国债以外，不建议投资高收益的企业债。

房产市场：在 2016 年上半年房地产市场出现一线城市加速赶顶、三线城市库存压力巨大的现象，类似于 A 股 2015 年二季度的情况，虽然未见得短期内会崩盘，但从投资回报上来说在现在高位继续追加房产投资似不太理性。房产体现为消费品和投资品双重特性，作为消费品，以成家为基础的房产消费具有刚性，但一线城市房产价格脱离中产阶级收入承受能力是客观现实，拟婚双方家族倾其全

力支付首付已经成为刚性消费的支持来源，因此拟婚人士买房没有择时机会，只能以一生收入承受还贷的压力。作为投资品，一线城市在一年时间短期内完成了近乎翻番的过程，在二三线城市去库存期间，投资者再去追高买入，长期来看投资回报有限。谨记各地的地王是地方政府为回笼地产商屯集的巨额现金所在的战术配合，中标方与地方政府的土地款往返是不披露的。远离城市中心的地王的产生对周边地区楼盘去库存起到极大的推动作用。结论：投资者如果追高买入二三线城市房产，若没有在风向切换前投机卖出，则存在冲高回落的风险；已经翻倍的一线城市核心区域房产有维持价格的机会，但缺乏上升空间。

高息理财市场：高息理财是许多退出股票市场的中老年投资者的热衷去向，在二三线城市尤其明显。随着连续性爆发 P2P 高息理财公司数百亿数十亿规模的资金链断裂与管理层跑路事件，投资者应该认识到投资者只是想要固定高收益，但 P2P 想要的是投资者的本金。高息理财本来就是高利贷的互联网 2.0 进阶版，理性投资者应如戒毒一样戒除之。

商品市场：商品市场 2016 年一季度颇为火爆，但三季度多数品种涨跌互见，缺乏进一步上涨的动力。商品期货交易对投资者风险承受能力要求更高，看对方向的人可能在对的趋势明确前已经爆仓出局了，在 2016 年 2 月份螺纹钢爆炒事件后，监管当局已经通过商品交易所平息交易各方的投机狂热。对商品期货有较高把握能力的专业投资者可以选择在商品市场配置一定比例资产搏杀一番，同时要做好爆仓颗粒无收也绝不补仓的思想准备。

海外资产配置：人民币对美元没有大幅贬值空间，美联储善用加息预期管理目的在于维持美元地位而并非有通胀压力推动的加息空间。海外资产配置的动力无非来自看空中国发展前景，或听信人民币长期贬值的判断。不少高净值人士选择转移部分家族财富乃至家族成员到海外，移民本无可厚非，许多高净值人士在移民后经过慎重比较与痛苦思考仍然决定主要资产配置在中国远多于美国，这是由中国的经济发展速度与美国速度的巨大差异所决定的，也是由于华裔在美国难以融入主流社会并获得企业经营的足够发展空间。

结论：综上所述，高净值阶层在现阶段维持一定比例海外资产配置，逐步减持房产配置，远离高息理财，审慎参与商品期货，逐步增持流动性好的股票配置并有耐心地等待下一轮牛市的到来，这是笔者对大类资产配置的总体建议。

2016. 9. 25

第七节　常晟 2017 年策略报告——投资中国股票市场是现阶段最优大类资产配置选择

一、大类资产收益前景比较：资本市场是抑制资产泡沫和引导货币脱虚入实的途径

2016 年 7 月 26 日召开的年中政治局会议分析研究当前经济形势，一方面强调稳增长，另一方面强调抑制资产泡沫。政治局提出抑制资产泡沫指的是最严重的房地产市场泡沫，但市场反应最快的股市投资者一听要抑制泡沫就先退缩了。

房地产是中国资产泡沫最严重的资产类别，万科这样的老企业不敢与无须承担亏损责任的信达地产去各地争抢地王。但高地价的受益者是地方政府，这使得决策者投鼠忌器，房地产市场泡沫愈演愈烈。提出抑制资产泡沫，说到底是中央与地方从全局利益到局部利益的博弈。

在监管放松的情况下，互联网金融催生的 P2P 高息理财市场在过去几年疯狂

生长。资金链断裂和 P2P 高管卷款跑路的频发，也宣示着高息理财市场的资产泡沫是危害社会稳定的毒瘤。

债券市场泡沫化的新变化：全球国债市场中多数主要经济体全面负利率化，少数国家美国、中国维持极低的正值。中国企业债市场 2015 年开始出现央企和地方国企违约的情况，银行等债券机构投资者公开提出限制辽宁省国企发行债券，债券不再是无风险市场。在市场交易的债券出现价格上涨、收益率下行的新动向，显示了低风险资产的资产荒现象。

低迷的权益市场经历了泡沫破裂的过程，在 3000 点附近低位震荡已近一年，相对房地产和高息理财市场而言泡沫成分要低很多。权益市场的融资功能为非金融企业提高直接融资比例，实现社会资本脱虚入实提供了最合规和最安全的途径，也为股权投资支持万众创新和大众创业提供了资本退出通道。如果权益市场崩溃，何谈社会资本脱虚入实？何谈"大众创业、万众创新"？

各大类资产的总体判断观点如下：

房地产：我认为中央政府会坚定房地产调控升级的决心，控制房地产泡沫，打压房价。

基本金属商品：有关部门对调控钢铁和有色相关基本金属商品价格投机有监管措施，同意 2017 年周期二次探底的预判。中央会继续深化供给侧改革，总供给大于总需求格局不会轻易改变，即不存在滞胀前景。

黄金原油商品：我对这两类非基本金属核心商品的判断是，受强势美元压制，黄金继续向下区间波动寻底，原油价格走势也不乐观。我仍然坚持 4 月 15 日反驳姜超看好黄金和原油的观点，即认为 2016 年末难以上升超过 60 美元，认为黄金避险保值功能要让位于美元维持铸币霸权的需要，原油过度上涨不符合中国的经济利益和美国压制俄罗斯的政治利益。特朗普任命与普京关系友好的美孚 CEO 为国务卿，预期特朗普会采取与俄罗斯和解的政策进而支持 2017 年原油价格，但特朗普首先得压制美国政府中反对放弃制裁俄罗斯国策的力量。

二、资本市场股票增量供应分析

在股票增量供应方面，笔者预测证监会将加速低价批量 IPO，并出台限制巨量再融资特别是虚拟套现的监管再融资发行政策，这对资本市场健康发展较为有利，3 000 万—5 000 万以打新股套利为目的持有蓝筹股的场外低风险资金持续入市，这些打新资金为资本市场提供了可持续沉淀在市场的增量资金。IPO 与再融资解禁股票上市流通将是引发未来市场波动的重要原因。

三、未来中国资本市场再启动的三个主导动力

在资金增量供应方面，社保、养老金、保险机构等增量资金入市将是 2017 年一季度开年的重头戏。全国社会保障基金理事会 2016 年 12 月 6 日发布公告选秀结束称，评出了 21 家基本养老保险基金证券投资管理机构。养老金可投资规模约 2 万亿元，权益比例上限 30％，首批入市资金预计 3 000 亿元，预计 2017 年一季度趁市场徘徊在 3100—3200 点期间逢低建仓。可以认为监管部门 2016 年 12 月规范保险机构投资者行为的政策对蓝筹股有平抑股价的功效，为一季度养老金建仓预留了空间。截至 2016 年 10 月，全国保险机构股票基金投资规模 1.8 万亿元，只占全行业总资产比例 12％，而保险机构权益比例上限为 30％。2017 年保险机构预计新增可配置资金规模约 5 万亿元，按 12％保守计算估计新投入股票基金规模约 6 000 亿元。而从年末对全国各大保险机构调研的情况来看，各保险机构负责人对 2017 年调高权益比例到 14％—16％有较明确预期，亦即对应新增权益规模七八千亿元。社保自身新增规模不披露，预计应以数千亿计。

未来中国资本市场的再启动将基于三个主导动力，即资产再配置、资产证券化、控制权交易。

资产再配置：包括资产类别间再配置和资产跨市场再配置。比较各主要资产类别，泡沫破裂社会冲击成本相对地产和高息理财市场较小的权益市场是未来社会资产类别间再配置的优选方向。全球安全形势继续紧张，基于中国安全比较优势，外逃热钱将循途径回流中国，构成跨市场再配置需求。

资产证券化：大企业寻求企业境外上市股权资产境内二次证券化，利用境内外市场巨大的估值差异，实现自身企业的价值重估。集团规模远大于上市公司规模的地方国企也将迎来国企改革的资产证券化新浪潮。国企混改是 2017 年市场主线。国资通过混改，将强化核心产业权益资产的控制权，资产证券化将为大企业旗下上市公司市值膨胀提供依据。

控制权交易：中国 IPO 市场进度在未来几年不太可能狂飙突进，已上市公司的控制权交易始终将是中国股市驱动主线。

四、银行资产管理资金池、保险新势力、大企业大地产商是中国权益市场的三大新主力

在中国现阶段，谁持有规模性现金？银行资产管理资金池、保险新势力、高信用度的大企业和项目变现后的大地产商才是规模性现金的持有者。

首先是银行资产管理资金池手握万亿元级别的资金。但银行资产配置需求受低风险偏好制约不能直接持有权益，更喜欢认购年化收益率 3％—5％固定回报的无风险资产，是大型企业、机构投资者购买权益的合规配资来源。

其次是保险新势力，它们是手持千亿元级别的资金逐鹿蓝筹股控股权市场。以安邦、前海、恒大为代表的新崛起保险机构，以激进的资产配置策略加大权益投资比重，进而涉足上市公司控制权交易市场，以获取更大范围的信用与资本资源。

再者是高信用度的大企业和项目变现后的大地产商，它们手持百亿元级别的现金，除了寻求企业资产证券化外，还要寻求同行业并购的机会，例如恒大宝能争夺万科，京基争夺康达尔。

由此推论，未来股市增量资金源于以下三个区块：保险机构资产与控制欲共增长、银行理财规模持续增长倒逼银行向高信用企业或机构投资者提供巨额融资实现间接入市、外逃热钱基于中国安全比较优势而循合法途径回流中国。

五、跨市场再配置需求来自中国安全比较优势，外逃热钱将循途径回流中国

跨市场的投资安全性比较：以权益市场为例，比较美股和港股、A股现阶段所处的环境。美股现阶段存在屡创新高后的见顶风险，存在经济复苏低于预期的压力。港股存在因欧美机构投资者占主导力量所形成的估值顶现象，同时存在本港骗子吸干散户血汗的"老千股"现象。A股存在蓝筹股总体估值在全球范围内偏低、中小企业板市场总体估值持续偏高的现象。不喜欢中小创企业的投资者可以选择低估值A股蓝筹股，不喜欢大市值蓝筹股的投资者可以精选高成长创新企业和有大股东或外来新股东资产证券化预期的高估值企业。因此，前几年从中国出逃的热钱改头换面后，仍然有循合法途径回流中国的客观需求。

美国竭力营造的东海南海安全困境的亚太再平衡战略一波高潮在 2016 年上半年已过去：中国并未如美国政府预期的那样采取激烈的军事对抗策略，东盟多数国家并未如日本那样与中国争端不断，甚至受美国、日本挑唆而挑起南海仲裁事端的菲律宾在收取美国 3 200 万美元法律援助费后，新总统更有兴趣重建与中国的合作关系。美国除了赤膊上阵进入南海岛礁 12 海里挑战中国主权以外，可做的事

情有限。

相对受 ISIS 极端势力恐怖冲击的欧洲而言，全世界更安全的主要经济体只能是中国和日本、美国。而在货币大幅升值后，日本实在难以继续承担国际热钱新避风港的重任，人民币相对被动贬值后的中国基于稳定的政局而资产价值仍然有安全溢价。不甘心主动巨幅贬值且股市大涨的安倍经济学成果在日元莫名获选最佳避险货币后因汇率大涨和股市大跌而化为乌有，获得民意支持的安倍政权二季度多次请伯南克献计，商议直升机撒钱，企图刺激经济复苏走出通缩。

可预期的将来，日本及欧洲放水挤出的国际热钱的下一站是回美国做屡创新高股市的接盘侠，还是通过各种管道流入中国抄底长期低位震荡的中国股市？且拭目以待。

六、重申美国无力持续加息的判断

美联储死都不会承认这一判断，委员们会继续谈论下个月加息的概率应该上调多少百分点。美国联邦基金利率期货暗示，美联储下一个可能性十足的加息时间点在 2017 年下半年左右。看清美国无力加息形势的各国央行已经开始行动，欧、日继续放水，次级经济体如澳大利亚、韩国等国已开始降息，更多的国家将加入这一行列。美联储只能在会议前过过加息的嘴瘾了，还在盯着美国是否加息来制订宏观资产配置策略的全球各投行与投资机构分析师们实在太不讲政治了。美联储自 2015 年起嘴上喊加息快一年多时间了，耶伦和鹰派委员确实用预期引导手法，实现了其他国家加几次息才能实现的美元从全球回流美国和美元升值的预期。

美国经济破绽百出，奥巴马政府通过调整就业人口基数意图粉饰非农就业人口月度数据，但不给力的经济实况实在无法契合民主党为寻求连任而营造复苏假象的良苦用心。2016年美元有四五次反弹，都因黑天鹅经济数据而出现美元指数断崖式下跌。

特朗普会追求大幅提高美联储利率吗？这是希拉里控制下的美国传媒为了恐吓华尔街紧跟希拉里的策略。不够精明的特朗普批评过美联储为了不让美国股市下跌和维持美国经济增长一直不肯在大选前加息。这不意味着特朗普当选后一定支持拉高息口，不要忘了特朗普是一个地产商，特朗普承诺要大搞基建，特朗普宣誓要重振美国经济。最根本的是，美国经济孱弱，美国股市高位惶恐，美联储根本没有持续加息的本钱。

2016年12月有没有加息机会？我仍然维持2016年加一次的预测，加一次息几乎成了美联储信用的最后遮羞布，但概率将随着经济数据的披露而逐步下降，不加也有可能。

2017年能加息两次吗？是的，但2017年加一次的概率大于两次。美联储仍然会继续说有通胀风险、应该加息了，美国投资者听听就可以了，不必每次喊话都让美元指数涨1％。就是加了一次又怎样？值得中国高净值人群在这个时点抛掉高收益率的人民币资产去换成美元购买低收益率的美国国债或房产还是有崩盘风险的美国股票？

七、人民币兑美元汇率趋势在美国总统选举尘埃落定后预期反转

汇率问题是重中之重。我一直以来的观点是稳定汇率预期并反对传播人民币有大幅贬值预期的错误观点。美元与人民币是国际货币体系新双锚。人民币是十年来全球第二强势货币，没有大幅贬值预期。分析全球主要货币2016年分阶段变动原因，可以发现特朗普行情是2016年美元由跌转升的主要因素。外汇管制方面，央行将更严厉地限制资本外逃，2017年1月部分居民以人民币换少量美元只

会购买国内美元理财产品，由于单笔金额较小而难以大量流向美国资本市场，因此只是外汇储备从国家转移到私人，并不足为惧。

2016年全球主要货币汇率变动呈现以下特征：

第一大特征是：2014—2015年本币大幅贬值的经济体对美元和人民币汇率大幅回升，金砖国家南非和俄罗斯等对美元和人民币均汇率大涨10%左右；2012—2014年日元主动贬值40%的安倍经济学成果在英国脱欧的冲击下化为乌有，日元被选为避险货币单日暴涨10%，前10月累计对美元升值18%、对人民币升值21%。

第二大特征是：人民币跟随美元相对次级依附性经济体如新西兰、澳大利亚、马来西亚、新加坡、加拿大五国被动性贬值前10月约7%，幅度略大于美元贬值幅度的4%。这说明自我吹嘘经济复苏的美国迫于形势主动让美元对次级依附性经济体货币贬值4%，人民币顺势跟随贬值。

第三大特征是：在外管局"围剿"1月做空人民币的国际游资后，人民币利用7月英国脱欧公投和10月美元自主升值的时机相对美元被动贬值，但前十个月幅度累计仅4%。

第四大特征是：前七个月英镑由于脱欧公投对人民币和美元出现了累计10%—12%的大幅贬值，但英国股市在几天大幅暴跌后受到国际游资抄底涌入支持而迅速回升到公投前高位，显示本币贬值后国际热钱重返经济体低价收购股权的这一贬值利好股市的常态。

在2009年之后，十几个主要经济体都出现了本币贬值但当年股市却最可能出现平衡市和小牛市的现象。欧元、美元、人民币三大主力货币居然互相保持了4%以内的小幅波动平衡。

人民币最抗跌。对 2016 年 11 月 8 日后两周的全球货币特朗普行情进行分阶段分析，我们发现大部分主要货币在特朗普行情的第一周内普遍下跌了 4%，在第二周普遍下跌 0%—1%，第二周两个强势货币人民币和瑞士法郎补跌 1%。但日元在第一周下跌 4%，第二周继续下跌 2.9%，含有较明显的日本主动贬值的操纵因素。人民币在第一周下跌 1.4%，在第二周下跌了 0.7%，合计下跌 2.1%，全年迄今人民币（CFETS）贬值 6.1%，体现了人民币较强的抗跌性。

2016 年初至美国大选前，人民币对美元贬值 4%，是 2016 年全球主要货币中仅强于英镑的弱势货币，而美元是仅比人民币和英镑强势的货币，其他主要货币都对美元和人民币、英镑升值。

包括特朗普行情的 2016 年初至 2016 年 11 月 25 日期间，人民币对美元贬值从 4% 扩大到 6%，欧元对美元从微升 0.5% 转为贬值 2.8%，英镑对美元贬值 15.6%，而发达资源国澳、新、加元对美元的升值幅度从大选前 3%—6% 收窄为 1%—3%，瑞士法郎从轻微升值 2% 转为轻微贬值 1.4%，日元对美元升值幅度从 13% 收窄为 7%。在特朗普行情中，央行没有放任人民币贬值，我在 2016 年 11 月 18 日文章中批评央行错失了跟随欧元、日元等主要货币对美元被动贬值的最好时间。

2016 年上半年，美国两股政治势力一直就人民币升值还是贬值对美国福利更大有很大分歧。金融寡头对德国、中国、日本、俄罗斯等区域强国无分盟国还是竞争对手都热衷于剪羊毛，希望通过区域强国的货币贬值—资产贬值—国际热钱抄底收购双贬值后资产—资产升值的循环，洗劫区域强国的国民财富。2016 年初美国错判中国形势，一度发动力量唱空人民币要大幅贬值，意图剪中国羊毛，但在中国外汇管理当局强力反制下国际游资铩羽而归。但以特朗普为代表的工商业

寡头政治力量更注重促进美国出口竞争力，注重美国本土就业，反对制造业竞争对手国货币贬值以获取更大贸易竞争优势。2016 年 4 月 30 日美国财政部发表《2016 年上半年汇率报告》指出中国经济好得很，要求人民币升值，这与 2016 年初美国金融寡头组织巨额热钱做空并拼命唱空人民币有大幅贬值预期有鲜明的反差。

特朗普当政后，中国还会人民币汇率主动贬值吗？美国政府高层和国会议员不会指责中国操纵汇率向美国输出廉价商品并剥夺美国劳动人民的就业机会吗？如果人民币继续对美元贬值，进而出现持续增长的对美贸易顺差，不仅特朗普政权和共和党甚至民主党议员们又将批评中国操纵汇率谋取贸易优势。因此 2017 年人民币汇率从贬值预期反转为升值政治压力，新总统特朗普偏向美国的制造业国际贸易利益而要求人民币升值以削弱中国贸易优势。在 2017 年 1 月后，如果人民币再要单独对美元贬值，特朗普会指责中国是汇率操纵国，人民币所谓贬值预期将逆转为升值压力。所以，还在宣扬人民币有大幅贬值预期的经济学家和宏观首席们打住吧，好好重新学习一下亚当·斯密的《国富论》和大卫·李嘉图《政治经济学及赋税原理》中的比较成本贸易理论，调整一下思路再出来发表文章吧。可以判断 2016 年是强势货币人民币补跌的最后窗口期。未来几年中国政府要做的事情，是坚决不同意美国要求人民币升值的政治压力，并为此而付出不懈的努力。

维持我既往的人民币汇率观点，人民币应保持对美元相对弱势，在美元独自升值时应不再盯住美元而与美元、欧元、日元、英镑等贸易权重一篮子货币保持相对稳定，在美元独自贬值时人民币应灵活地被动性跟随美元贬值以弥补 2012—2014 年其他重要货币对美元与人民币大幅贬值 20%—40% 时的央行决策错误。

八、2016 年熊市已终结，2018 年新牛市在酝酿中，常晟在 2017 年平衡市中取得更大超额收益比 2016 年更乐观

1. 2016 年牛熊市形态判定

2016 年 1 月 8 日，笔者大胆提出"2016 年是平衡市，即年末收于 3539 点±10％为 3185—3893 点，有机会回到年线"的观点。上证综指 1 月 29 日 2737 点、4 月 10 日 2985 点、5 月 31 日 2930 点，几位好朋友杨国平、任泽平、荀玉根陆续看多，杨国平看涨 3684 点，任泽平看涨 3600 点。我在《于无声处听惊雷——寻找中国资本市场持久驱动力》中调低 2016 年预期，认为有机会看到 3539 点年线的预测看起来疑问丛生，寄希望于年末回升到平衡市下限 3185 点就算是不破功了。

截至 2016 年 10 月 25 日，常晟量化组合从年初迄今收益率为 5％，在全市场 1 041 只股票型和偏股混合型基金中排名前 6％，显示 2016 年是历年来较难做的一年。按农历测算与公历测算，农历丙申猴年与 2016 年的形态判定完全不同。丙申年立春前 2 月 3 日收于 2739 点，丙申年迄今上涨 13％，算是小牛市（年度变幅介于 10％至 20％为小牛市，大于 20％为大牛市，介于－10％至 10％为平衡市，介于－10％至－20％为小熊市），常晟组合丙申年初迄今超额收益率 10％。而 2016 年从年初 3539 点至 10 月 30 日 3104 点下跌 12.3％，算是小熊市，常晟组合从 2016 年初迄今超额收益率为 18％。

2. 2017 年市场形态预判

笔者首次提出守字诀是在 2016 年 10 月 14 日"君晟年会——助力新财富投资论坛"上，笔者对 2017 年形态判定的立论是"守土有责，防守反击，守必有成"。以 2016 年末 3185 点为起点测算，2017 年是平衡市小阳线，但与 2016 年是守住 3185 点的平衡市－10％下限有所不同，2017 年末指数将上升 5％—10％即 3400—

3500 点区间,处于平衡市的上限,投资者宜稳扎稳打更稳健。我对 2017 年上证指数表现不悲不喜,对常晟量化组合取得较大超额收益率比 2016 年更乐观,5 月(农历巳月)之后形势将愈发明朗。

2016 年 10 月初至 12 月初,在上证指数从 3000 点上涨到 3301 点期间,我一直主张不要指望 2017 年就有快涨的大牛市,2016 年末以守住 3185 点平衡市下限为目标。在 11 月中下旬特朗普当选后,以前较谨慎的全国主要宏观策略首席纷纷翻多,并且上证指数越过 3200 点上行至 3300 点期间,不少朋友批评我的判断太谨慎了。在 2016 年 11 月 27 日(3262 点)君晟头脑风暴全国投研总监子月会议中,笔者仍提出 2016 年末守住平衡市下限 3185 点为目标,为 2017 年上行平衡市和 2018 年土年大牛市留出空间。

(后注:时至 12 月 17 日指数回落到 3123 点时,守住 3185 点成了最后两周全市场机构投资者防守反击的目标了。实际 2016 年末上证指数收于 3104 点)

3. 2018 年市场形态预判

2018 年是戊戌年,历史上土年都是牛市,与历史上土年走势类似的 2018 年大概率将迎来超级大牛市。契合中共十九大后中国经济面貌万象更新,中国步入国运昌盛的新大运。

2016. 12. 1

第八节　君晟研究社区关于中国企业所得税率统一减到 15% 的简政减税建议

简政减税是中共十九大应制定的新国策。中国面临美国照搬邓小平改革开放路线的吸引外资优惠政策竞争，如果中央政府还是以税收增长而沾沾自喜，中国将面临对国内外企业吸引力下降的窘境。

笔者了解到人大一直在研究税收立法权的减税方案，财政部税务总局也一直在分析减税具体方案。但是财政部税务总局小打小闹的减税方案力度不大是搞不过美国特朗普新政的，这必须要中央认清形势下大决心。

2016 年 12 月 22 日君晟颁奖礼上，六位宏观大师——李迅雷老师、央行原金融研究所所长姚余栋、方正首席经济学家任泽平、申万宏观首席李慧勇、兴业宏观副所长王涵、招商证券宏观首席谢亚轩，分成两组参加了两轮宏观三人行辩论。会议中大师们特别看好美国减税刺激经济政策有可能让 2018—2019 年美国经济增长率达到 3％—4％。我们知道，2016 年 11 月 8 日迄今的美国股市特朗普牛市就是特朗普减税刺激政策引发的。

笔者认为，前几年中国内资外资企业税率并轨为 24％—25％的政策调整已经过时了，在美国减税政策压力下，中国应该下调统一企业所得税税率到 15％，重建吸引企业投资的政策优势。

中国刺激微观企业释放投资动力和经营活力进而刺激经济再次提速，才能避免美国特朗普减税刺激经济改革开放新政策的鲸吸效应。我是从国际博弈角度考虑这个问题的。

有人说简政减税是动了政府官员的奶酪，因此是最难推行的。我很同意。如果动动嘴就能解决问题，也不需费力呼吁了。为什么我看好解决核心问题之后的中国政局？为什么我看好中共十九大前后中国政治经济形势万象更新？就是由于信任新一届政府的执政权威性和有效性。

我们呼吁请各位专家发表见解交流，如认同简政减税政策请发挥你们的影响

力发文倡议，或向中央决策部门报告。各位专家不要觉得影响力有限就不吭声，虽然都是微薄之力，但还是积少成多吧。

虽然笔者从 10 月 30 日君晟头脑风暴会议上开始提出 2018 年土年大牛市的观点，但一直没想明白支持业绩增长推动市值增长的逻辑。12 月 22 日，君晟全国投资机构高管及投研总监与十大投行研究所所长及全体金牌首席交流活动中，各位宏观大师的深入讨论让笔者有所启发、豁然开朗，如果中国政府在中美博弈过程中受到美国特朗普减税刺激经济的改革开放吸引外资政策持续压力下，中央会在十九大前后确定企业所得税减税到 15% 的国策。但我预测中国的简政减税政策需要酝酿十个月，不会一帆风顺的。一旦在十九大后中央在美国国际博弈背景下做出重大政治决策，简政减税政策讯息预告后则牛市确立。

2016. 12. 25

第九节　中国资本市场发行监管政策修正建议

一、投资和融资是资本市场不可或缺的两个基本功能

资本市场的功能包括投资与融资两个方面。监管当局忽略投资功能只强调融资功能，投资者无法通过长期投资而获得收益，只能助长短线炒作投机的气氛。如果投资获利功能逐步衰竭，更多投资者将逐步退出资本市场，则市场最终也将逐步丧失融资功能。

相当部分市场参与者把 2016 年 12 月至 2017 年初市场低迷的原因归咎于 IPO 加速和解禁市值日益增加。大数据解读，2016 年中国资本市场 IPO 规模 1 500 亿

元，再融资规模 1.6 万亿元，其中扣除资产证券化约 5 000 亿元后的全市场再融资规模 1 万亿元。可见，IPO 规模并不是市场融资需求的最主要部分。但是发行政策漏洞确实对市场投资功能造成了损害。那么 IPO 发行政策的问题出在哪里？

二、证监会发行监管政策的缺失是过去七年市场低迷期较长的根源之一

2013 年 1 月（详见《常晟投资 2013 年投资策略——IPO 进程对 2013 年市场趋势的影响》）笔者向证监会提出了放弃始于 2009 年的市场化询价高价发行的错误政策，改为限制市盈率不超过 20 倍的低价批量发行政策。但时隔一年半，2014 年 6 月证监会才实行限制市盈率 23 倍批量发行的政策，发行新政引发了为期一年的牛市。但是每月两次定期现金申购发行政策导致了 2015 年上半年每月两次因巨额申购现金需求，造成市场投资者集体减持市值的人为震荡波动，发行制度的缺陷对资本市场良性运行构成新的威胁。

第二轮股灾后，2015 年 9 月（详见《中国资本市场重启的对策报告》）笔者向证监会建议取消现金申购而采用市值配售并坚持低价批量发行政策。2016 年初以来，由于采用低价发行政策，网下打新无风险差价收益吸引了一批场外资金入市持有蓝筹成分股市值。2016 年蓝筹股的表现远好于其他类型股票。

三、2016 年四季度以来的发行政策新漏洞

随着网下打新账户的增多，主承销商不断提高网下打新账户规模门槛，从 2016 年初 1 000 万元到 2 000 万元，到上海 5 000 万元、深圳 3 000 万元。低于逐月提高的网下打新账户门槛值的账户因退出打新也不再需要继续持有市值，减持为打新而配置的蓝筹成分股市值。

网下打新账户数继续攀升，无风险打新收益率不断下降。当打新账户无风险差价收益率下降到低于持有市值预期跌价损失率时，部分低风险资金也将选择减

持市值，退出网下打新领域。

2016 年下半年普通投资者中签概率比 2015 年和 2016 年上半年大幅下降，普通投资者无法再享有中签后因持股而获得的单笔 2 万—4 万元无风险收益，在预期收益下降而预期风险损失上升时，普通投资者减持市值也是一种无奈选项。

这三部分投资者构成了由于发行政策漏洞造成的新的市值减持来源。

四、证监会现行发行政策漏洞的修正建议

修正发行政策漏洞的解决方案是：推行对普通投资者普适的市值配售新股认购权制度（获配者自愿行权，余额券商包销），通过批量低价发行让更多普通投资者获得 IPO 新股与市价间的制度性差价收益，这样才能鼓励更多普通投资者长期持有市值以分享制度性差价收益。网下打新账户的存在有其必要性，但吸引过多低风险资金进入网下打新市场将构成逆转性市场冲击的新风险点。因此证监会修正后的发行政策对新股额度在全市场普通投资者市值配售范畴和网下打新账户范畴的比例分配要保持合理平衡，通过限制网下打新账户中签率和收益水平来限制网下打新账户的同户分拆和过度膨胀，更重要的是，好的发行制度要给投资收益预期本就不高的普通投资者以获得无风险差价收益的期望与可能性，以鼓励更多普通投资者持有市值长期投资。

第九章
君晟研究社区年会成果文献汇编

第一节　君晟年会与君晟推荐新财富最佳首席名单

　　为公平起见，君晟按照机构负责人反馈意见汇总广受好评的九家研究机构各三名最佳分析师，入围要求是公认在该机构中最勤奋的首席。在 31 位君晟助力推荐最佳首席中，君晟研究社区只主动建议提名了四名最佳分析师，其他 27 名最佳首席都不是君晟提名的。2016 年 10 月 14 日，君晟研究社区年会"君晟助力新财富投资论坛"在上海召开，60 位公募保险机构负责人及各部总监与各研究机构负责人和推荐最佳首席进行了充分交流。

表 2.9.1　君晟推荐最佳首席 31 人名单

研究机构	首 席	领 域	历 史 业 绩	参 会
长江证券	王鹤涛	钢 铁	2012—2015 年四届第一	是
长江证券	邬博华	电 新	2014 年第二、2015 年第三	是
长江证券	范 超	建 材	2014 年第五	
方正证券	任泽平	宏 观	2015 年第一	是

研究机构	首席	领 域	历 史 业 绩	参 会
方正证券	杨仁文	传媒	2015年第一	是
方正证券	李大军	中小盘	2012—2015年四届第一	是
广发证券	沈涛	煤炭	2014—2015年两届第一	是
广发证券	巨国贤	有色	2013—2014年两届第一	
广发证券	郭鹏	环保	2015年第一	
海通证券	荀玉根	策略	2015年第二	是
海通证券	邓勇	石化	2014—2015年两届第一	
海通证券	钟奇	传媒	2015年有色第一	
国泰君安	侯丽科	地产	2014年第二、2015年第一	是
国泰君安	王炎学	汽车	2015年第二	是
国泰君安	袁善宸	化工	2015年团队第一	
国泰君安	刘欣琦	非银	2015年金牛奖第一、水晶球第二	
申银万国	杨国平	金工	曾获第一、2015年第二	是
申银万国	王胜	策略	2015年第三	
申银万国	周海晨	轻工	曾获第一、2015年第一	
申银万国	刘晓宁	电力	2015年第一	
兴业证券	王涵	宏观	2014年第二、2013/2015年第三	
兴业证券	王德伦	策略	2015年团队第一	
兴业证券	徐佳熹	医药	2014年第一	
中信建投	周金涛	策略	周期天王	—

续　表

研究机构	首　席	领　域	历　史　业　绩	参　会
中信建投	武超则	通　信	2013—2015 年三届第一	是
中信建投	冯福章	军　工	2014—2015 年两届第一	是
中信建投	李俊松	煤　炭	2015 年第二	
招商证券	董广阳	食　品	2015 年第一	是
招商证券	鄢　凡	电　子	2011/ 2014/ 2015 年第二	
招商证券	谢亚轩	宏　观	十年外管局专家	是
招商证券	朱纯阳	环保　电力	2015 年第四	

会议选题：

1. 宏观大师巅峰决：研究领袖李迅雷 vs 任泽平 vs 十年外管局专家谢亚轩

2. 地产金牌三聚首：七届白金孙建平 vs 建投所长苏雪晶 vs 新科侯丽科

3. 策略交锋争榜首：荀玉根 vs 王德伦、张忆东 vs 王胜 vs 周金涛、王君

4. 长期金牌寻白金：七届孙建平地产、三届张忆东策略、五届刘元瑞钢铁、三届武超则通信、四届王鹤涛钢铁、两届沈涛煤炭、两届冯福章军工、四届李大军中小盘

5. 易学预测窥天机：吴宽之大师预测国运 vs 杨国平预测股市

6. 南开金牌候选人：杨仁文传媒、王炎学汽车、王鹤涛钢铁

非研究机构部分嘉宾演讲：

上午场讨论：

主持：钧齐投资徐智麟董事长/君晟群委：《宏观经济与资本市场最新观察》

财通基金刘未董事长：《捕捉中国资本市场特殊的定增投资机会》

前海基金杨德龙首席经济学家:《迎接蓝筹并购时代》

中午场讨论:

主持:常晟投资王维钢:《打破人民币大幅贬值预期和守护资本市场》

华安基金许之彦总监:《黄金 ETF 投资机会》

下午场开场:

水则堂吴宽之老师/ 君晟群委:《中国国运预测最新研究心得》

下午场压轴讨论:

主持:海通证券副总裁李迅雷老师/ 君晟群委:《宏观经济向何处去》

海通证券李迅雷 公司副总裁/ 宏观/ 君晟群委

民生资管詹粤萍 公司副总裁/ 原博时基金研究总监

兴业证券张忆东 研究所副所长/ 策略

浙商资管王晓东 原国泰君安首届宏观首席/ 宏观固收

人保资产翟金林 总监/ 年会发起人

表 2.9.2　参与君晟助力新财富论坛的券商领导及研究机构负责人

研究机构	负责人	领　　域	历　史　业　绩
长江证券	刘元瑞	公司副总裁/ 所长/ 钢铁	五届第一
方正证券	杨仁文 李大军	副所长/ 传媒 副所长/ 中小盘	2015 年第一 2012—2015 年四届第一
广发证券	王新栋 李　兴	公司总裁助理 所长	
海通证券*	李迅雷	公司副总裁/ 宏观	研究领袖
国泰君安	孙建平	副所长/ 地产	七届第一

续　表

研究机构	负责人	领　域	历　史　业　绩
申银万国	刘　郎	公司副总裁	
兴业证券	张忆东	副所长/策略	2012—2014 年三届第一
中信建投	苏雪晶	所长/地产	2013 年第一
招商证券	杨　晔	研究总监	

第二节　宏观巅峰对决：人民币汇率必须大幅贬值吗？

君晟年会发表人民币汇率问题观点的嘉宾有：

任泽平，方正首席经济学家，2015 年宏观第一。

李慧勇，申万宏观经济学家，曾获宏观第一。

谢亚轩，招商宏观与固定收益首席，有十年央行外管局经验。

张忆东，兴业副所长，2012—2014 年蝉联三年策略第一。

王维钢，常晟投资董事长，1996 年君安研究，原大成基金经理。

王晓东，原国泰君安首位宏观与固收首席，2004—2006 年蝉联第一。

徐智麟，钧齐投资董事长，原国泰基金投资总监、中国首位基金经理。

各位嘉宾对人民币应贬值有一定的共识，但对贬值幅度观点分歧很大。针锋相对，和而不同，才是言论自由基础上的思想盛宴。

一、任泽平：房地产调控叠加美联储加息预期，预计近期汇率开启第四波贬值

房地产调控叠加美联储加息预期，预计近期汇率开启第四波贬值，其对国内

金融市场的影响有待观察。2015 年 8 月、2016 年 1 月和 2016 年 5—8 月的前三波贬值对金融市场影响差别很大，前两波贬值均对应了 A 股闪崩，但是第三波贬值债市是涨的，A 股也走出一波小行情，金融市场对前三波汇率贬值的反应模式完全不同，可能跟央行调控和资本流出难度增加有关。如果央行能够通过干预资本流出进而阻断汇率贬值对金融市场影响的渠道，第四波汇率贬值的冲击可能整体可控。

汇率和房价的勾稽关系及未来走势是什么？1990 年的日本和 1997 年的东南亚为了保汇率而收紧国内金融环境导致房价崩盘，2014 年俄罗斯贬值汇率保住了房价。中国会走哪种模式呢？保汇率的日本和东南亚都导致了房价崩盘，但是中国不像东南亚那样有大量对外负债，也不像当年日本那样被美国"广场协议"挟持，因此中国没必要在汇率上逆势硬抗，选择不言而喻。未来汇率和房价可能的演化路径是：汇率逐步修正高估，但资本管制加强，资金留在国内，国内资产价格以人民币计价能够稳住。同时汇率修正高估，有助于缓解贸易部门的压力。当然，这是理想状况。需要说明的是，人民币贬值并不是竞争性贬值，而是对 2014—2015 年被动成为世界第二大强势货币的高估部分的修正，以及面对来自美联储加息、国内货币政策中性、房地产调控等市场压力下的合理反应。

二、李慧勇：人民币为什么贬值，还要贬多少？

从 2015 年 8·11 汇改开启人民币汇率市场化的新征程到现在已经十个月有余，然而对于人民币汇率市场化开启之后人民币汇率为什么总体走软，以及未来还要贬多少仍未达成共识，这里就对这两个问题进行回答和分析。

1. 人民币为什么面临贬值压力

有很多理论解释一个国家汇率的变化，但最直观的和最基础的无非是相对经济增长和相对利差。8·11汇改之后人民币面临贬值压力，总体走软也主要和这两个因素有关。

（1）中国经济的边际下行压力使人民币汇率承压。虽然中国经济仍然维持在全球较高的水平，但边际来看，中国经济近年来持续下行，而美国经济则呈现出弱复苏的迹象。一国GDP增速可以视作广义上的该国资产（这与我们一般讲的股票、房地产等狭义资产不同）的预期回报率。因此，在中国GDP增速边际下行而美国GDP增速边际企稳的背景下，人民币相对于美元的预期回报率应该是降低的，因此，人民币应该相对于美元贬值。

（2）中美货币政策存在分化，使人民币汇率承压。由于中国经济持续承压，货币政策仍会偏宽松，利率总体仍将走低。与此同时，由于美国经济率先复苏，美国的货币政策已开始收紧，美联储的加息周期也已启动。人民币的供给仍会扩张，而美元的供给相对收缩；人民币利率将进一步走低，美元利率开始走高。这使得美元的吸引力大于人民币，使得人民币面临贬值的压力。

当然，汇改之前人民币汇率由于受僵化机制的影响，并没有及时反映基本面的变化，使得人民币存在高估的压力，高估的压力需要释放，这也使得人民币面临贬值的压力。

2. 人民币会贬到多少？

人民币贬值过程实际上是一个动态纠偏优化资源配置的过程。人民币汇率贬值是因为人民币汇率存在高估，会贬到多少，取决于人民币均衡汇率是多少。实践中可以从两个角度来计算人民币均衡汇率。

第一种是根据货币当局的平均换汇成本来计算均衡汇率。我国目前实施的是两级结售汇制度，相应地，外汇市场分为柜台市场和银行间市场。企业和个人在

柜台市场向银行出售外汇，银行购入外汇售出人民币；而银行在银行间市场平盘外汇，央行购入外汇售出人民币。前者结余形成金融机构的外汇资产（外汇占款），后者结余形成货币当局的外汇占款。我们可以根据货币当局的资产负债表中的外汇占款（人民币计价）和央行公布的外汇储备（美元计价）的比率计算央行的平均换汇成本，以此作为均衡汇率的参考。2015 年底，央行外汇储备 33 303 亿元美元，央行外汇占款为 248 537 亿元人民币，平均比率为 7. 463，而 2015 年底美元兑人民币汇率为 6. 4936，理论上人民币的贬值空间大概 15％左右。

这种方法的特点是比较直观，但不足也非常明显。很大的原因在于交易导致的外汇储备和外汇占款变动量理论上是相等的，但实际上并不一定相等，有时候甚至相差会很大。外汇占款只受到外汇交易的影响，但外汇储备还受到非交易因素的影响，这些因素并不影响外汇占款，例如汇率变动和汇兑损益的影响；此外，外汇储备还会受到部分使用途径的影响，比如外汇储备委托贷款，外管局委托商业银行将前者所持有的外汇储备以外汇贷款的形式借贷给需要用汇的企业。这种情况下，外汇储备产生变动，但外汇占款不受影响，以此计算汇率可能会出现偏差。以 2015 年为例，外汇储备变动－5 127 亿美元中，由外汇交易造成的部分为－3 509 亿美元，其他货币相对美元贬值导致的汇兑损益为－1 044 亿美元，还有－574 亿美元是由于外储委托贷款等其他因素造成的。汇兑损益和外汇储备使用等因素造成全年外汇储备和外汇占款的差额达到了 1 618 亿美元，或者超过 1 万亿元人民币。如果直接据此计算"隐含的美元兑人民币折算汇率"，显然会出现较大的偏差。

第二种是根据人民币跟随美元被动升值幅度来计算均衡汇率。由于人民币的贬值压力相当程度上是由于人民币跟着美元被动升值所致，我们可以计算人民币被动升值的幅度，并以此作为人民币重估空间的参考。我们分析了三种情形下，人民币可能存在的高估程度。一是以美元指数的低点 2011 年 7 月为基准点。彼时美国退出 QE2，美元指数进入升值通道。中国经济增速持续下跌。虽然经济承压，但直至 2015 年 7 月，由于人民币盯住美元，随着美元走强，人民币有效汇率却不降反升。同期，各主要国家有效汇率普遍下跌。此种情形下，人民币高估 30% 左右。这种高估既可以通过主要对手货币的升值来化解，也可以通过人民币贬值来化解。在其他因素不变的情况下，人民币贬值的理论值是 7.95。二是以 2014 年 1 月为基准点。彼时美国开始退出 QE，此后，随着货币政策的背离、美元逐步走强，各国汇率普遍贬值，但人民币有效汇率仍不降反升。此种情形下，人民币高估 10% 左右，人民币贬值的理论值是 6.74。三是以 2014 年 7 月为基准。彼时美元再次显著走强。此种情形下人民币高估 15% 左右，人民币贬值的理论值是 7 左右。

以上两种方法近似估算了人民币汇率调整的空间。但人民币最终重估到什么位置，既取决于空间，更取决于决定人民币汇率的基本因素的改变。基于 2018 年左右中国经济明显复苏的判断，人民币汇率重估目标有可能在 7—7.5 之间。

三、谢亚轩：与人民币汇率贬值预期和睦相处

毋庸置疑，当前人民币汇率存在比较明显的贬值预期，虽然贬值预期不等于一定要显著贬值，但是如何正确看待贬值预期是投资者不能回避的一个问题。

1. 从过去的经验看，贬值预期并不罕见

1994 年人民币实现汇率并轨改革，将官方 5 元人民币兑 1 美元的汇率与调剂中心 10 元左右的调剂汇率并轨到 8.7。此时人民币存在贬值预期，央行经过多方努力方才稳定下来。大致从 1996 年开始，由于全球流动性环境的变化，以香港资

金为主的国际资本流入中国，因此本人 1997 年 7 月刚刚参加工作参与讨论的第一份文件就是如何防范热钱流入。此时人民币有一定的升值压力。1997 年东南亚金融危机的冲击在当年底开始显现，人民币汇率贬值预期重新燃起，一直持续 5 年到 2002 年。此后随国内外经济金融环境的变化，特别是中国通过外向经济实现劳动生产率的显著提升，美联储为应对"9·11"和经济下滑而连续通过降息放松货币政策为全球带来宽裕的流动性环境，人民币在此后 10 年内基本保持升值预期（2008 年危机期间有过短时间的贬值预期出现）。严格说来，本轮贬值预期始于 2014 年下半年，根源之一是美元的快速显著走强，美元指数从 80 升至 100 的位置，上次出现是在 1995 年。因此，我说人民币本次面临一个 20 年一遇的外部冲击。2015 年的股灾和 8·11 的汇改形成共振，进一步激化了人民币汇率的贬值预期。可以预见的是，当前的贬值预期可能还会持续一段时间，等待国内和国际经济金融环境的变化。

2. 人民币汇率走向浮动、贬值预期与中国经济和金融市场的关系

不展开论证，过去十年的升值预期也好，当前的贬值预期也罢，可能都是人民币走向浮动汇率制度所必不可少的环节和过程。我将浮动汇率与中国经济和金融市场的关系比喻为过敏源和有机体的关系。简单说，"过敏"是有机体免疫系统由于不能识别过敏源，将其视为侵入的异物而产生的不良反应。8·11 以来，中国各个经济主体和金融市场（有机体），第一次真正接触一个向下浮动的人民币汇率（过敏源），不能正确看待，视为异常现象，视为汇率崩溃和金融体系危机的前兆，因而产生恐慌购汇，加速偿还外债，股票市场暴跌乃至"熔断"等不良反应（过敏）。但是，正如越干净的环境中人越容易过敏一样，人民币汇率向下波动带来的恐慌一定程度上缘于我们过去十数年持续存在的单一升值预期，大家没有见

识过"贬值"。如何治疗过敏？简单说有两个办法，一是远离过敏源，即我们退回到固定汇率，不要汇率波动。但是，正如现实生活中过敏源林林总总，花生、小麦等生活必需品都可能成为过敏源，因此难以彻底隔绝一样，我们不能想象，中国这样一个大国的货币仍然与某一个外国货币保持固定汇率，货币政策失去灵活性这样的情形。另外一个办法，正如中医所建议，要小剂量频繁接触过敏源，使得有机体的免疫系统慢慢"认识"过敏源，大家成为老朋友，才不会再次出现过敏反应。当前的贬值预期及其带来的一系列调整，也许就是中国经济和资本市场逐步"认识"浮动汇率制度必须要经历的一个阶段和过程。

3. 人民币汇率的信心何在

现代纸币信用货币的条件下，各个国家的币值本质上都是一个信心问题。人民币的信心从哪里来？应该如何来"锚定"？1840年以来，中国人逐步习惯以"西方"的标准来进行评价，"师夷长技以制夷"，"超英赶美"，"改革开放"，决定诸多（虽然不是全部）改革方向的标准是"开放"或者说西方的标准。大家对于人民币币值的评价标准似乎也是外向的，要决定于人民币与美元的单一货币汇率。有学者发现，正如中国习惯以西方为评价标准一样，近年来印度似乎一直在以中国为参照系。这提醒我们反思，是不是我们应该有更多的自信？博采众长，保持学习和追赶的姿态无可厚非，但对于货币和汇率而言，归根结底，其信心的来源是保守的货币政策态度和对内的币值稳定。

四、张忆东：策略角度看人民币汇率趋势

总体来说，人民币汇率的中期趋势将呈现有序、可控地贬值，为中国经济转型服务；人民币汇率的短期趋势则取决于央行的意愿及行为，双边波动且幅度将逐步扩大，但系统性风险可控；人民币汇率的长期趋势则取决于中国的竞争力的

变化，特别是中国经济转型的成败。

20世纪70年代布雷顿森林体系崩溃之后，全球货币秩序进入纸币时代、信用货币时代、央行主导的时代，因此，汇率的中长期趋势其实反映的是对相关货币的信心，是对相关货币背后的经济竞争力、社会运行效率、军事力量等综合国力的信心，汇率的短期趋势则反映主要国家的货币政策的博弈。

首先，我们谈谈短期。年底之前，人民币汇率的波动方向和波动幅度将明显受到美联储加息预期和中国央行相关对策的影响，大概率是先持续释放贬值压力，之后在年底企稳。

2016年12月美联储加息是大概率事件，加息预期越强，则美元升值的趋势越强，从而导致离岸人民币贬值预期越强。虽然，当出现外部冲击时，类似美联储加息、英国脱欧等，中国央行往往会容忍市场自发的波动，借坡下驴、有序贬值。但是，一定不能忘记，中国政府有能力在短期影响汇率的波动，一旦市场上出现恐慌性贬值预期时，央行对于离岸市场和在岸市场的干预将是强有力的，就像2016年春节前后打爆恶意做空人民币的力量那样。

再考虑到，在房地产调控背景下，央行将难以进一步降息降准，我们判断，2016年10月、11月人民币将进一步适度有序地贬值，从而提前释放外部风险，并提升一定程度的出口竞争力。建议关注离岸／在岸人民币汇差以及在岸人民币成交量两个指标，从中可以观察到贬值预期以及央行干预的意愿和力度。

另外，我们预计，在2016年末2017年初人民币汇率有望企稳反弹。一方面，当美联储加息的预期兑现之后，美元有望阶段性调整；另一方面，中国也要防止在年初出现新一轮居民恐慌性换汇，因此，岁末年初央行有望加强对于汇率的阶段性维稳。

无论短期人民币汇率的变化节奏是否按照我的预期而走，至少有一点是确定的，那就是：随着资本管制的加强，人民币贬值对于资本市场的影响将远远弱于2015年8月"汇改"之后。

其次，我们谈谈人民币中期的趋势。人民币汇率将服务于中国经济转型的大趋势，贬值不是失控，更不是失败，而是稳定有序地贬值，为经济转型和产业升级创造条件。

当前，中国经济转型至中段，从总量上看，中国经济增速经历了过去数年的"调结构、出清"和"稳增长、托底"进程，初步实现"软着陆"，但仍将低位徘徊，人民币有序贬值有助于缓解传统行业"去产能、去杠杆、去债务、去库存"的痛苦，有助于供给侧改革"持久战"推进下的"剩者为王"和行业龙头的竞争力，为经济转型创造稳定健康的环境。

从结构上看，本轮经济转型进入结构分化阶段，经济结构和产业结构调整的效果逐步显现，新兴产业迅速发展，但是，在较长一段时间内，新兴产业仍将不能完全取代以房地产为支柱的传统产业。在此背景下，特别是在部分区域的房价泡沫压力越来越大的背景下，人民币汇率有序可控地贬值，有助于为经济转型争取时间。因此，不必去预测人民币贬值的空间，最终是看中国此轮经济转型的成效以及对中国经济竞争力的影响，经济转型和改革的困难越大、拖得时间越久，则人民币贬值的空间就越大。

最后，长期来看，我们对于中国经济转型的成功抱有信心，因此，人民币的国际化将最终取得更大成就。具体说来，中国老百姓对于财富、事业、创业等极度热诚的追求是全球罕见的；中国政府对于经济的管理能力以及对于各种资源的掌控能力都是全球少见的；改革开放以来留下的完备的产业链基础和庞大的人才

基础；最可喜的是，近年来国家对于知识产权的保护，以及社会各界对于科技创新的极度支持等新变化，上述这些都有利于在保持经济总体稳定的情况下实现全要素劳动生产率的提升，从而在和"泡沫"经济的赛跑中最终转型成功。

最后提醒一下，长期来看，人民币需要避免重蹈 20 世纪八九十年代日元国际化的覆辙：汇率贬值后推动货币国际化，在国际化过程中伴随着本币升值，本国的资金被迫在海外"低抛高吸"，导致受损严重。

五、王维钢：人民币应弱于美元自由波动，四大原因打破人民币大幅贬值预期

1. 中国有较强汇率防御能力

2016 年初，美国策动国际国内舆论唱空人民币大幅贬值并组织巨额国际热钱做空，试图剪中国羊毛。外汇管理当局 2016 年 1—2 月守住了汇率冲击，投机热钱亏损离场，人民币 2016 年迄今对美元才贬值 3％。一计不成又生一计，2016 年 4 月 30 日，美国财政部发布半年度外汇报告改称中国经济好得很，人民币应升值，试图在汇市重演中国股市 2015 年先拉升后崩盘的故技。

美国舆论与美国政府部门对人民币汇率是否合理的判断的矛盾性，体现了美国垄断资本利用全球各国强大经济体汇率和股市大幅波动来获利剪羊毛的需求不可遏制性，也体现在人民币扩大对美元贬值造成中国对美国贸易优势进一步扩大而影响美国制造业竞争力和就业情况恶化。如果人民币利用美元自主升值机会自由波动每年贬值 3％—5％而不再盯住美元，中国制造业出口竞争力将继续稳步提升，而且无须遭到美国政治力量指责中国操纵人民币汇率的压力，这是对中国有利的。但是人民币每年如果贬值幅度扩大到 5％—10％即大幅贬值，则同为制造国的墨西哥、马来西亚、越南、韩国都会采取竞争性贬值措施，中国非但不能收到贸易优势扩大的好处，还要遭到以美国政治势力为首的国际舆论强大压力，得不偿失。

金融战争是国力的较量，中国虽有损失，但中国是美国战略对手中最有防御能力的对手，中国汇率防御能力来自全球最庞大制造能力和贸易比较优势、最庞大外汇储备和相对稳定的政治格局，中国暂时守住了阵地。

2. 汇率相关重大争议需明辨是非

争议一是，货币宽松必然导致本币贬值吗？我对 2007—2016 年十年全球所有主要经济体的汇率变动实证检验表明，货币宽松主要经济体的货币美元、人民币、欧元与其他各国货币相比都表现不错，日元 2012—2014 年对人民币大幅贬值 36％后 2016 年对人民币升值 23％，日元已成为最佳避险货币而在英国脱欧当日暴涨 10％。中国货币宽松不会是导致人民币大幅贬值的原因，中国最庞大制造能力和贸易比较优势及外汇储备是人民币不会大幅贬值的根源，人民币应自由波动维持对美元轻微弱势以提升贸易比较优势并保持对贸易权重一篮子货币稳定。

争议二是，房价与人民币汇率只能保一头吗？这个伪命题的潜台词是房价高涨难以遏制的当下，人民币应该大幅贬值。汇率是否合适，主要看贸易比较优势与境内外市场主体对该币种的需求，日本在资产泡沫化时期日元是升值的。

3. 确保中国经济安全从打破人民币大幅贬值预期和守护资本市场做起

中国资本市场的使命是引导社会资本脱虚入实，让上市公司从资本市场得到持续融资用于行业并购并投入技术创新与产业升级，这对提升中国高端制造能力和贸易竞争优势有莫大帮助。融资功能与投资功能是一个硬币的两面，资本市场长期低迷与投资无回报必然导致融资功能萎缩。

引导汇率与股市崩盘后抄底中国权益市场中系统性重要企业的控制权是美国剪羊毛的最后目标，因此，打破人民币大幅贬值预期和守护资本市场是确保中国经济安全的首要任务。

六、王晓东：人民币贬值是大势所趋

汇率诚然受诸多因素影响，但货币量超发将必然贬值应是不言自明的。表面上看，美、欧、日等央行的货币政策极为激进、疯狂，但事实是，在政府权力受到各方制衡、各市场主体（商业银行、企业）自负盈亏的市场机制背景下，信贷增长依然不为所动，央行大规模投放的货币更多还是滞留在银行体系内。

人民币的情形则大为不同，央行低调谨慎，但商业银行信贷却大举扩张。在商业银行暗含国家信用、国有企业体量举足轻重、政府决策并未受到充分质疑约束的背景下，值得强调的是，信贷的大幅扩张具有体制性、内生性。

一个主要是通过央行购买国债而有所增加的货币总量，一个主要是通过资产质量存疑的信贷扩张而大幅飙升的货币总量，谁将贬值是毋庸讳言的。

对这个结论尚有疑虑的，不妨感受一下这两个美元指数的震撼对比：① 对欧元、日元、英镑等 7 个主要货币的美元指数（major）1973 年初至今贬值了约 15％；② 对中国、俄罗斯、印度、巴西、南非、墨西哥等约 20 个国家货币的美元指数（OITP）同期升值超过 70 倍。相对于 major 国家，尽管 OITP 国家的经济整体上蓬勃向上，但汇率无一例外、此起彼伏地出现大幅惊人贬值，发人深省。

中国的经济增速依然会是远超欧美，但需要警醒的是，信贷扩张的速度也会依然比经济增速更快。人民币汇率稳定是各方所乐见并努力维系的局面，大幅波动则或许会有灾难性的后果。但大家都明白，灾难并不会因善良的愿望而避免。

七、徐智麟：摸象游戏，猜猜人民币汇率会是哪条华山路？

经济问题永远是这两个问题：资产债务问题和收入支出问题，由此而生的管理运营则是审视并平衡好这两个问题。如果这两个问题出现资不抵债、入不敷出了，则皮之不存，毛将焉附。所以就会有金融危机和经济危机潜行了。

金融危机是啥事呢？就是资产负债表裸泳了！金融危机可以分为货币危机、债务危机、银行危机、次贷危机等类型。目前我国债务总规模约 168 万亿元，其中外债约 8.9 万亿元，内债约 160 万亿元。外债 8.9 万亿元相当于 1.4 万亿美元，而我国的外汇储备约 3.1 万亿美元，所以可忍让人民币波动的空间巨大，外债这部分并无大问题，不可能裸泳；约 160 万亿元的巨大国内债务在经济增长放缓的情况下已到很容易出现裸泳的边界，必须要让资产端稳定并少往下波动。

经济危机就是生产过剩危机，是经济发展过程中周期爆发的产能过剩危机，也是经济周期中的决定性阶段。目前我国结构性产能过剩严重，要拔除爆发经济危机的引线，或硬着陆去产能，或软着陆去产能。若硬着陆去产能，肯定会危机动荡不已，显然比较好的选择是软着陆去产能。在国内无法消化如此大体量过剩产能时，软着陆方法可以是国内国外一起消化，而人民币汇率的波动可以令过剩产能外溢帮助软着陆。

通过上面演绎，留给人民币汇率的华山之路只有一条，这条路的方向已不由主观情感所决定了。一是债转股拔除了系统性金融危机的引线。二是人民币适度的有速度的贬值，开辟去产能过剩的通路。三是压制房地产业疯狂的投机性需求，堵塞因整个社会流动性失血而引起经济危机的黑洞。

第三节　地产金牌聚首：建投所长苏雪晶 vs 新科侯丽科

一、苏雪晶：中国房地产市场几大变化

1. 大周期

通过大量的研究和比较，在当前中国人口红利逐步消失的情形下，我们对中

国房地产大周期的判断是：

（1）开工规模和投资增速的历史高峰已经出现；

（2）新房成交量正在接近历史天花板，存量房市场仍大有可为；

（3）中国房价高增长时代或将结束，未来要关注区域分化下的城市级差扩大，警惕人口净流出的三四线城市。

2. 居民杠杆

年轻是加杠杆的资本，而我国人口拐点正在出现，我们预计 2016 年中国居民房贷收入比将达到 65％，超越日本最高水平、接近英国历史高峰，我们一直提示过快攀升的居民杠杆带来的风险。

3. 短周期变化

商品房市场：自 2016 年以来，行业热度从一线城市逐步向二三线城市传导，热点二三线城市的量价表现也自二季度开始超越一线城市。但随着热点城市限购的重新启动，成交下行压力加大，我们预计四季度销售将加速回落。

土地市场：2016 年的地王潮超越历年水平，"面粉贵过面包"现象愈演愈烈，在当前企业端资金加速收紧的情形下，量缩价升的趋势将越来越难以持续。

对 2017 年的判断：房价预计维持上行至 2017 年上半年；开工将加速下行，投资预计负增长。

4. 政策变化

居民端政策：我们是市场上最早强调热点城市存在政策收紧预期的卖方，"十一" 20 城限购政策的密集出台也印证我们的判断，不排除力度较轻的城市出台二轮政策的可能。

企业端政策：我们是最早且唯一持续提示流动性监管预期的卖方，房企公司债发行监管加强、土地市场资金管控的收紧等都一一印证我们的观点。

（苏雪晶，中信建设研究所所长，2014 年新财富第一）

二、侯丽科：中国房地产市场基本面判断及选股策略

随着国庆节多城调控政策的密集出台，标志着房地产进入新一轮的限购周期。我们对房地产的基本面谨慎看好，但我们认为在货币政策未有明显拐点的预期下，对房地产的基本面也不必过于悲观。

1. 限购政策的出台目的在于稳定而非打压房地产市场

限购政策的密集出台标志着 2014 年 9 月份以来的宽松政策正式进入尾声。此轮限购政策虽然目的在于控制一线城市、稳定二线城市、盘活三四线城市，但不可避免地对需求产生一定的抑制，销售下滑预期加强。

2. 预计会对需求产生一定的影响

预计 2016 年第四季度到 2017 年上半年销售、投资、开工数据均有所回落，但在货币政策没有明显拐点的预期下，限购对房价的影响有限。受销售预期下滑以及同期基数较高的影响，预计 2016 年第四季度销售增速仍将继续回落，从而拖累投资和新开工增速的回落。但是我们预计货币政策仍将维持较为宽松的状态，因此限购对房地产市场整体的影响较为有限。

3. 房地产整体大小周期见顶，短期利好难寻

在货币宽松空间有限、房地产需求最高峰已过的大环境下，叠加调控政策收紧以及货币政策空间有限的小环境下，房地产板块短期难以走出持续性行情。

在板块整体乏善可陈的情形下，我们认为精选个股是板块较好的策略，在优质标的中选取驱动力较强的标的。具体包括两条路径：

1. 关注优质的地产壳资源

恒大地产拟资产重组深深房或将地产板块壳资源重新带回视野。随着更多的在港股上市的地产公司回归 A 股的诉求加强，地产板块的壳资源由于其同业优势将更具竞争力。推荐标的：阳光股份、广东明珠。

2. 关注优质的定增标的

在地产板块定增的浪潮下，一些优质的地产公司面临定增价格倒挂的压力，而定增价格同时也形成了一定的安全边际。此类标的具有较强的上涨动力，预计会有较大的投资机会。推荐标的：苏宁环球、荣盛发展。

（侯丽科，国泰君安地产首席，地产 2015 年新财富第一）

第四节　策略交锋争榜首：申万、建投、兴业、海通四大团队争锋

一、申万宏源策略王胜团队：从"平头"到"出清"

（1）尽管我们节前提示了 10 月反弹，但是，从 2016 年四季度到 2017 年上半年，全球反思负利率的浪潮仍将不断，民粹主义的崛起和逆全球化趋势导致各国政治"黑天鹅"不断，全球各类风险资产的波动性将大幅提高。

（2）全球视野看，新兴市场仍相较发达国家有 30％左右的 PE 折价，但这主要体现在中国香港、韩国、俄罗斯等市场，而非 A 股，加之沪港通、深港通打开上限和香港独特的联系汇率制，更多投资者可能将解决资产荒的希望寄托于港股，不排除大量举牌港股的事件出现。

（3）A 股的存量博弈继续，资金从楼市转战股市仍需两个条件：第一，房价环比下跌，彻底失去短期赚钱效应；第二，股市估值挖坑，让长期资金有更好的配

置机会。而在 2016 年四季度，根据申万宏源策略的资金供需平衡表，A 股资金缺口 2 000 亿元以上，如果考虑 12 月和 2017 年 1 月每月 4 000 亿元以上的大小非解禁，股市资金压力巨大。

(4) 在经历了超过 7 个月、神似 2002—2003 年的"平头"震荡之后，A 股将逐步迎来类似 2004 年的"出清"过程，尽管出于对国家队的信仰，已无人相信 2800 点将被跌穿。催化剂可能是香港联系汇率制被攻击、全球地缘政治动荡、美联储加息以及国内汇率房价通胀的约束。在 2017 年看到 2300 点左右的底部之后，根据申万宏源策略的累计换手率假说，熊市可能在 2017 年 6 月前就结束，量化标志是日均换手的低迷，以及产业资本从净减持到净增持。

(5) 向靠谱的估值前进是 2016 年最大的趋势，抽象来看，生益科技、亨通光电和贵州茅台并没有什么不同。公募基金重仓股中 TTM 的 PE 大于 50 倍的公司占比仍然在高位，只是国家队的存在阻碍了银行股等低 PE 行业的增配进程。医药、PPP、少量受益于涨价的原材料公司和可能受益于出口复苏或者进口替代的先进制造业公司仍然是四季度重点关注的方向，传统行业的龙头公司由于行业竞争格局已经稳定也隐含着赚业绩钱的机会，其他一些小的细分行业比如非金属手机后背板和乳酪可能有些机会。但总体来说，经过全面轮动的耗散式反弹之后的 A 股，行业选择愈发艰难，这也是为什么即便你放弃自上而下的仓位选择，自下而上看仓位也注定不高。投资者陷入行业选择的迷茫状态，将希望寄托于个股选择，所以有些投资者戏称这样构建的是"没有灵魂的组合"。事件驱动策略可能是一个选股的方向，比如我们 2015 年年会推荐的可交换私募债，又如壳资源。而港股、美股对新主题方向的领先预示作用仍将在 2017 年发挥作用。另外，建议投资者积极思考：不考虑股价，有哪些三年复合增速能够达到 20％以上的细分行业值

得关注？

二、中信建投策略周金涛/王君团队：涛动周期，一波三折

2016 年我们通过周期研究和搭建世界大宗商品价格运行模型把握了大宗商品和 A 股市场供给侧改革的年度行情——从周期运行的框架判断出商品成为 2016 年大类资产运行的核心，并开创性地用四周期嵌套模型将世界大宗商品周期进行了划分，定义了"涛动周期"，并证明了这种涛动周期的波动决定了 2016—2017 年大宗商品的行情，同时在 2015 年四季度通过对于世界范围内产能周期和库存周期波动的规律，判断了 2016 年中国通过供给侧改革推动价格修复带动经济的逻辑必然性。

我们对于国企改革进行了全市场最深入的研究，通过打造"国改君"系列把握了国改中所有的投资机会：一季度，上海战略新兴板搁置后，重点建议布局集团整体上市后旗下"国资壳"转让投资机会；二季度，最早推出上海国改投资报告，系统梳理了上海在推进混改、优化两大国资流动平台、完善国资结构布局以及自贸区联动的四大改革方向；三季度，对于混改加速的判断也逐步得到了验证，对地方央企国改的方向和受益的标的进行了精准的把握。

通过对于整体金融环境相对稳定下与"资产荒"背景下资金配置的需求，首先，我们较早地看好供给侧改革推进下市场化债转股的推出，同时我们判断了三季度恰恰是人民币汇率稳定与改革加速推进的阶段；其次，在金融监管与治理的背景下，我们强调了把握机构"资产荒"背景下配置需求与改革逻辑的对接。基于以上逻辑，我们把握了三季度"低估值、高股息"板块的投资机会。

在策略市场的短期趋势的研判上，虽然全年来看，市场窄幅波动，但我们全年还是精准地把握了 A 股市场"一波三折"的节奏，把握了 2016 年 2 月（《让反弹飞》——2月21日；《第一波主升浪》——3月21日）和6月（《仲夏登高，顺阳在上》——6月6日；《不动如山，守正待时》——7月28日）开始的上涨和4月中旬（《佯北勿从，饵兵勿食》——4月11日；《碧水东流至此回》——5月3日）的折返，提供了有效的择时判断。我们不纠结于"牛熊"执念，站在更高的格局，让我们的康波周期框架研究和改革研究更加完整和深入！

三、兴业策略王德伦团队：螺蛳壳里做道场

1. 结论

大势研判："2016年7、8月吃饭"行情之后以释放风险为主，年底可能有一次博弈性反弹机会。中长期看对A股市场维持存量博弈的消耗性行情、"螺蛳壳里做道场"的判断，将延续到2017年。捕捉结构性、阶段性机会。

行业配置：四季度重在把握绩优股估值切换（2017年）、周期景气向上的细分子行业（化工、轻工）、去库存即将结束并开始补库存的行业。布局2017年偏中长期机会：以PPP领衔的大基建、次新股中寻找穿越周期的标的、博弈性反弹时重点关注TMT。

主题投资：海绵城市、核电、深港通（并系统性看好港股）。

2. 展开

（1）一个重要的判断前提：经济基本面不构成驱动市场向上或向下突破的动力。波动收窄＋政府控制。

（2）四季度市场偏谨慎的主要原因

① 房地产调控的负面冲击，货币宽松的预期到头了，流动性边际拐点。除了各地房地产调控政策之外，有可能对货币政策取向发生影响。需要注意，2016年前三个季度经济其实不错，全年经济增长有保证，四季度单季不需要加码刺激，

只需要维持即可。2017 年一季度经济压力大，反而比四季度更需要托举。

② 海外风险不但没有消除，波动还在加大。全球基本面缺乏波动、流动性泛滥、"黑天鹅"事件频发导致全球资本流动对基本面的反应在逐渐弱化，对风险的敏感度增大，波动也随之增大。未来一段时间影响事件较多：美国大选结果、之后的政策方向以及加息进程，欧洲意大利公投、德银危机和 2017 年将要面临的多国大选换届等。

③ 监管不但没有结束，而是会持续从严。"抑制资产价格泡沫"的思路逐步落实，三会联合监管是方向。四季度全国金融工作会议可能讨论宏观审慎框架下的三会联合监管构架。经济学角度看，联合监管抹掉了"监管套利空间"，水至清则无鱼。行政角度看，从严监管、排除风险符合部门利益。

④ 金融去杠杆继续，提防信用风险卷土重来。

(3) 拉长看，市场依然是存量博弈的消耗性行情

① "资产荒"大背景未变，大类资产中，A 股的配置吸引力也相对提升。从历史、国际、大类三个维度比较，只有 A 股还处在历史估值的中位数水平。（对比债券、房地产，对比美、日、欧）

② 全球资本流动中，中国作为新兴市场"领头羊"，国内优质资产将受益于海外资本从欧美向新兴市场的回流。

(4) 投资策略——"熊市牛股"带来的启示

对历史三轮熊市（2001 年 6 月—2005 年 6 月，2007 年 10 月—2008 年 10 月，2011 年 4 月—2012 年 12 月）取得正收益个股的研究（共 158 只）：

① 财务条件：利润增速一般不低于 35%，当它们股价触底或者行情启动时，估值大多位于合理区间内（不存在低估、没有跌深反弹），大多满足 PEG<1 的估

值条件。

② 穿越熊市的标的少之又少，占比不到 5％。不好挑，挑到好的也不要轻易换。

③ 龙头容易跑赢。一类是大市值龙头的稳健成长，一类是小市值公司的快速成长。而且往往是行业第一或第二，第三都不行。

④ 充分重视次新股。158 只穿越熊市的股票中，当时的新股或次新股占据了超过 1/3 的篇幅，也就是说，做足新股功课、挖掘未来细分行业龙头的成功概率更高些。

⑤抓住下一轮先导性行业。从行业分布来看，熊市牛股多是符合当时经济周期和产业方向的，时代浪潮推动业绩快速向前，只是每个阶段"成长"的含义不同，2001—2006 年有港口、集装箱、机场、海运、机械，2007—2013 年有医药，2011—2012 年有互联网、传媒、电子。

(5) 重视库存周期带来的投资机会

① 我国目前正处于自 2000 年以来的第五次去库存周期的末期。本次去库存周期最快可能在四季度内结束并进入补库存阶段。

② 未来去库存即将结束并开始补库存的行业包括煤炭开采、有色金属开采及冶炼、化学原料与制品、化纤制造、印刷业、通用设备制造、电气设备制造、金属制品业和服装制造业共九个行业。

(6) 上行风险与下行风险

① 向上风险主要来自改革超预期。供给侧改革、国企改革等切实推进并体现阶段性效果，提升市场中长期估值。

② 下行破位风险可能来自房地产负面冲击超预期、金融去杠杆过程中监管操作不当引发局部风险、美国加息节奏超预期（市场预期 2016 年 1 次、2017 年 1—

2次）。

四、海通策略荀玉根：多了些阳光

核心观点：

① 维持《更乐观的未来》观点，国庆假期国内外利空多但节后市场高开高走，说明前期盘整已经把利空消化了，国企混改等积极因素出现，振幅有望向上拓宽。

② 以史为鉴，地产调控会促使市场风格变化、机构调仓，此次风格将转向业绩及国企改革。

③ 市场中期仍是大震荡格局，短期可为，持有业绩稳定的消费股和真成长，关注上海国企改革。

1. 积极因素有望推动市场波幅向上扩大

国庆期间国内外利空不断，市场却不跌反涨，尤其是第一个交易日市场高开，值得深思。利空出现市场不跌，通常说明之前市场已经把利空消息消化了。类比2016年5月中下旬的行情，4月中3097点回撤以来主要利空是担忧国内供给侧改革对经济的伤害、美联储加息对人民币汇率的影响，5月中开始中微观数据已经显示经济增速回落，美元走强背景下人民币已经缓慢贬值，但市场却横盘而未跌破2800点，说明担忧的利空很大程度已被消化了，最终市场从2800点逐步涨到3140点。现在国内地产调控已经落地，美国利率期货市场隐含的美联储12月加息概率已经高达69.5％，说明预期也已比较充分。1月底《A股见底了吗?》就提出2638点是底部区域，市场从单边下跌演变为区间震荡，目前看市场仍在震荡蓄势期。上证综指从1月底2638点以来，到目前为止已经有9个多月在20％内震荡，5月底以来振幅仅11％，7月底以来振幅仅5％。对比历史，从窄幅波动的持续时间来看，目前基本达到了历史极限值，未来波幅向上扩大的概率更大。目前市场积极变化正在发生，10 月 9 日晚中国联通发布公告称，控股股东联通集团 9 月 29 日参加了发改委召开的国有企业混合所有制改革试点专题会，探讨第一批试点的混合所有制改革项目实施方案。作为央企混改的标志性个案，中国联通混改方案一旦落实，具有较强的示范效应，国企改革望持续推进。未来走势仍需跟踪 12 月美联储加息节奏及力度，以及国内政策变动。

2. 地产调控后，风格已经发生变化

2010—2011 年地产调控政策出台期间，基金持仓中地产产业链（地产、建材、钢铁、煤炭、有色等）占比从 15.6％降至 12.3％；2013 年地产调控政策出台期间，地产产业链占比从 16％下降至 5.6％，TMT 行业（电子、通信、传媒、计算机等）占比从 7.6％升至 21.4％。本轮地产调控后，从上周的行业表现来看，风格已经悄然变化，从地产链逐步转向业绩及改革等热点：地产链（地产、家电、有色、建材）等行业涨幅靠后；除 PPP 带动的建筑、机械行业外，TMT、军工等成长行业表现更优。中小板、创业板三季报业绩预告净利同比为 41％、46％，中报为 13％、50％。据盈利季节性分布，估算中小板、创业板 2016 年净利增速分别为 45％、50％，中小板高于市场一致预期，创业板盈利预期差处历史偏低水平。目前中小板和创业板的 PE（TTM，整体法）分别为 53.8 倍和 70.6 倍，如果未来一年盈利继续保持此增速，PE 变为 38.2 倍和 48.4 倍。

3. 应对策略：仍在可为期

长期看我们对 A 股保持乐观。当前中国居民资产股票配置仅为 3％，地产配置高达 65％，与美国、德国、日本等国相比严重失衡，地产调控有望加速优化居民资产配置结构。横向比较 A 股其实并不贵，目前中国 A 股的市值占 GDP 比重为 76％，全球平均值为 92％，美国目前为 131％。过去两个月上证综指振幅只有

200 点，地产调控释放利空后，伴随国企改革等积极因素发酵，市场短期向上突破概率更大。后期密切跟踪 12 月中美联储议息会议，重点看会议声明是鸽派还是鹰派。市场中期仍是震荡格局，业绩仍为选股的重要依据。年初至今的震荡市中，估值适中（PE20—50 倍），净利润增速较好（大于 20%），估值与业绩匹配度（PEG 0—2）较佳的股票涨幅更好。市场在 2016 年又重回业绩主导行情。地产政策收紧后，此风格特征会更明显。消费＋成长仍然值得关注。主题方面关注国企改革的进程，尤其是混合所有制改革方面的突破，重点关注上海国改。

第五节　君晟年会现场实况精彩回放

君晟研究社区年会"君晟助力新财富投资论坛"于 2016 年 10 月 14 日成功举行。

一、嘉宾介绍之主流券商公司领导或研究所负责人

有九家主流券商的公司领导或研究所负责人共 11 人：

长江刘元瑞副总裁、方正杨仁文副所长、方正李大军副所长、广发李兴所长、申万刘郎副总裁、海通李迅雷副总裁、广发王新栋总裁助理、财通刘未董事长、国君孙建平副所长、兴业张忆东副所长、中信建投苏雪晶所长、招商杨晔研究总监。

二、发表演讲的研究机构领导与最佳首席

上午场：主持人　谭晓雨（国联安基金总经理）

刘元瑞（长江副总裁）、王鹤涛（长江钢铁）、任泽平（方正宏观）、沈涛（广发煤炭）、杨仁文（方正传媒）

午餐主讲：

A区刘欣琦（国君非银）、B区邬博华（长江电新）、D区李大军（方正中小盘）、E区董广阳（招商食品）

中午场：主持人　孟朝霞（融通基金总经理）

荀玉根（海通策略）、孙建平（国君副所长）、苏雪晶（建投所长）、王炎学（国君汽车）、侯丽科（国君地产）、杨国平（申万金工）

下午场：主持人　李蓉（伏明资产总经理、原申万经济学家）

冯福章（建投军工）、武超则（建投通信）、谢亚轩（招商宏观）、董广阳（招商食品）

三、非研究机构嘉宾演讲人

上午场讨论：主持人　徐智麟（原国泰基金投资总监、钧齐投资董事长、君晟群委）

前海基金杨德龙首席经济学家（并购投资机会）

财通基金刘未董事长（定增投资机会）

中午场讨论：主持人　君晟群委、常晟投资王维钢董事长（守护资本市场）

华安基金许之彦总监（黄金ETF）

下午开场主讲：中国易学预测大师吴宽之老师

下午场讨论：特邀主持人　海通副总裁、君晟群委李迅雷

王晓东（原国泰君安首位宏观固收首席、蝉联2004—2006年第一）、詹粤萍（民生通惠副总裁、原博时基金研究总监）、张忆东（兴业副所长，蝉联三届策略第一）、翟金林（人保资产总监、本次会议发起人）、李迅雷

四、到会的机构投资者代表

上投摩根穆矢董事长、申万刘郎副总裁、财通基金刘未董事长、海通李迅

雷副总裁、融通基金孟朝霞、国联安谭晓雨总经理、广发证券王新栋总裁助理、富国基金李笑薇副总经理、中海基金许定晴副总经理、民生惠通资管詹粤萍副总裁、前海基金杨德龙首席经济学家、融通基金商小虎投资总监、华安基金许之彦量化总监、汇添富周睿医药投资总监、银河基金钱睿南投资总监、谈洁颖长信基金投资总监、浦银基金黄列研究总监、国泰基金樊利安研究总监、朱赟平安养老总监、信诚基金闾志刚、华安基金廖发达、国联人寿焦浩溥权益总监。其他报名参加的还有华安基金杨明研究总监、汇添富楚天舒量化总监、浙商基金倪权生投资部副总监、浙商基金查晓磊研究副总监、南方基金蒋峰、长江养老梁福涛总监。

参加本次论坛的资深机构投资者有：原大成基金经理的常晟投资王维钢董事长、原富国基金的滚石投资王继青董事长、原申万经济学家的伏明资产李蓉总经理、原中邮基金的宝樾投资郑楚宪合伙人、原光大资管副总的君富王进董事长、国元证券蔡峰总监、原申万自营负责人的彤源投资王武董事长，主办方之一南开金融研究中心的佟鑫总和滦海资本高凤勇董事长、平安信托相关业务负责人。

五、到会的君晟群委

本次论坛特邀嘉宾有九名君晟群委中的五位到场：

研究领袖海通证券副总裁李迅雷、中国易学预测大师吴宽之、原万国总裁助理、君安副总裁、国联安基金督察长谢荣兴、中国首位基金经理及国泰原投资总监、钧齐投资董事长徐智麟、锐隆投资董事长汪铭泉博士。九名群委中除了普之润陈钢总裁因去国外工作而缺席，五位嘉宾加上上台主持或演讲的谭晓雨总经理、王维钢博士、杨国平博士，共计八位君晟群委全部到会。

在诚意力邀下，君晟群委吴宽之老师改变了原定工作行程，专程到上海来作论坛下午场的开场演讲《中国国运预测》。

李迅雷老师曾带领国泰君安获 2003—2005 年新财富本土最佳团队独领风骚三年，又带领海通团队 2013 年登顶，李迅雷老师在下午场讨论阶段领衔豪华阵容做压轴演出。

六、君晟年会完美亮点

退隐新财富江湖大牛群英荟萃：

李迅雷老师　君晟群委、海通副总裁、研究领袖

詹粤萍　民生通惠资管副总裁、原博时基金研究总监

王晓东　原国泰君安首位宏观首席，2004—2006 年蝉联三届固收第一

张忆东　兴业副所长，蝉联 2012—2014 年三年策略第一

翟金林　人保资产总监、君晟年会发起人

淡出江湖的意见领袖们再现君晟研究社区下午场讨论环节，只因有话要说。完美结局！

七、致谢

这个活动的起源非常偶然，仅仅是热心的李蓉总裁提议为几位南开首席学弟造势，在君晟春茗小群喊话并得到众多回应。我们在 9 月 24—26 日三天时间里，运用微信平台很快地确定了九家研究机构负责人及最佳首席各一名和多数公募保险机构负责人及投研各部总监。在致谢公开信中，我们对 12 个方面的老师朋友们的无私鼎力支持一一致谢，其实更要感谢九家机构负责人和所有出席会议的公募保险券商公司领导和各部总监，没有大家的全情投入，这个年会只会是天方夜谭。为了保持君晟研究社区的非营利公益性，我们拒绝了某基金公

司和一家医药上市公司的场地赞助构想，发起人分担了有限的费用。像来自广州的广发王新栋，来自杭州的汪铭泉董事长，来自北京的中信建投苏雪晶所长，来自深圳的招商杨晔总监和前海杨德龙，来自无锡的吴宽之老师，都是专程来上海参会后当天返回驻地，所有亲朋好友的热心支持不能——用言语表达谢意，全都铭记在心了。

祝愿所有参会的投资大佬净值大涨，祝愿所有参会的最佳首席勇夺第一再创辉煌，祝愿中国国运昌盛、再展宏图！

2016. 10. 16

【第三部】

国运 博弈 篇

第一章
大 国 博 弈

——亚太再平衡战略评估报告：中国战略家与美国战略家的讨论

第一节　中国还是日本在挑战美国主导的二战后国际秩序？

1. 中国恢复主权独立是在二战盟友美国和苏联的帮助下实现的。

2. 二战后是中国人民选择支持共产党而不是美国意识形态盟友国民党，这不是共产党的错，美国政府应该尊重中国人民的历史选择。中国新政权 1949 年建立后选择与苏联"结盟"，1972 年中国与美国二次"结盟"制衡苏联，这是美国 1990 年取得冷战胜利的重要因素。

3. 美国和中国有责任共同维护二战后国际秩序。中国从未试图挑战美国主导的二战后国际秩序，这是因为中国是二战后国际秩序的受益者，在与美国第二次战略合作后三十年里，中国经济获得快速发展。

4. 二战后国际秩序的挑战者是日本而不是中国。日本是受益于二战后国际秩序而且国力恢复最快的战败国，但日本仍然是二战后国际秩序的被约束国，也是最致力于改变二战后国际秩序、尝试改变被约束国地位的战败国。最热衷于推动中国与美国战略对决的国家是日本，日本政治力量正在利用美国压制中国的战略机遇期加速恢复日本的军事行动能力。美国与中国的战略对峙必然导致两国国力消耗，最大受益者是日本，其次是俄罗斯。

第二节　中国和美国战略合作的回顾

中国和美国第一次战略合作始于 1941 年日本偷袭美国珍珠港后美国和中国共同对日宣战，实现了战略结盟应对共同最大的战略对手日本，结束于 1949 年中国共产党取得政权并选择倒向苏联的战略定位。

中国和美国第二次战略合作始于 1972 年尼克松与毛泽东的敌友互换，实现了战略合作应对共同最大的战略对手苏联，结束于 2011 年美国启动亚太再平衡战略。

亚太再平衡战略的实质是美国战略压制中国。

第三节　美国选择战略压制中国的原因分析

美国选择战略压制中国，是因为中国与美国的意识形态与社会形态差异，还是因国际关系处理原则分歧而中国挑战美国的领导地位？是因为中国综合国力超过日本接近美国，还是中国展现出挑战美国的全球军事行动能力？

一、中国与美国的意识形态与社会形态差异并没有美国传统人士想象的大

意识形态：公平、正义、自由、民主、人权同样也是中国的核心价值观，而不只是美国的价值观。中国的核心价值观包括富强、民主、文明、和谐、自由、平等、公正、法治、爱国、敬业、诚信、友善共 12 项内容。

社会形态：中国已经演进到现代民主社会形态，传统意义的无产阶级已经事

实上消亡。中国的统治阶层在改革开放 30 年中如同美国统治阶层一样拥有了巨大社会资源，人数庞大和财富积累中的中产阶层已经形成，来自社会底层的平民有可能在社会竞争中获得财富和政治地位。从这一角度而言，中国现阶段的社会阶级形态与美国没有实质差异性。

国家领导人产生制度：现阶段中国已经不是一个意识形态与美国完全对立的国家。中国国家领导人在经历 30 年各级基层政权领导经历后执掌中国政权 5—10 年并有制度保证执政轮替。美国国家领导人产生制度是美国统治阶层推举出两个候选人让各州选举人选出一个更讨人喜欢的总统，平民只有资格选举代表某个政党的本州选举人，并不能保证一定选出一个品德高尚且足够睿智的国家领导人。同样，中国的国家领导人也是统治阶层按照制度推选出的合资格领导人，这一点上中国与美国也没有实质差异。从领导人的历史作用来看，中国与西方的国家领导人产生制度孰优孰劣难有定论。

二、中美在国际关系处理原则上的分歧未导致中国挑战美国的领导地位

这几年，中国政府让美国政府不满的主要因素是在国际关系处理中不够服从美国。在国际关系中，中国政府更追求利益分享而忽视对象国的政治生态非常态性，美国政府在追求利益的同时强求对象国政治生态的同一性和服从性。对于服从度低的国家如俄罗斯、中国、伊朗、叙利亚、苏丹、伊拉克，美国都坚持采取各种程度的制裁措施，不惜打乱对象国的政治生态和社会结构。对于服从度高的国家政权如沙特王国、2010 年前的埃及穆巴拉克政权、1978 年前的伊朗巴列维国王政权、1988 年前的伊拉克萨达姆政权、1988 年前的巴拿马诺列加政权，哪怕是独裁政权，只要服从美国的意志，美国政府仍然愿意与独裁者密切合作。尽管中国有自己的和平共处国际关系处理原则，近三十年来中国在不涉及中国领土主权核心利益的国际问题上往往采取合作姿态，已经放弃了作为发展中国家正义立场代言人的旧有姿态，在联合国重大争议性问题表决中只是采取弃权来表达不满，极少动用否决权。中国在处理国际关系时更多考虑采取温和立场，不够强势，对象国在获取利益的同时往往未必给予中国足够的尊重。美国在处理国际关系时更多考虑压迫性与侵略性，对不够服从的对象动辄施加外交压力和军事压力，进而注重扶持亲美政权，反而让对象国统治者对美国心生敬畏。

三、美国启动亚太再平衡战略的溯源

美国政府注意到 2008 年后中国国力持续提升是美国政府下决心启动战略压制的根源。2008 年世界金融危机后，在注意到中国经济规模增长有接近美国的潜力时，美国政府自 2011 年起推行战略压制中国的亚太再平衡战略。自 2010 年迄今中国 GDP 超越日本是人民币盯住美元持续升值和日元持续贬值导致的虚幻表象，事实上，中国与美国的综合国力仍有巨大差异，中国与日本的国力也难分伯仲。美国启动战略压制的其他原因是，2010 年美国西亚战争事态陆续结束，美国军事工业需要新的发展动力源，塑造战略对手是美国军事工业财团的需要。事实上，中国并没有展现足够的军事行动能力，来尝试取代或分享美国的国际秩序主导权，中国甚至乐于搭便车。中国也没有能力独立压制日本的军事野心，事实上中国就美日军事同盟对日本约束作用的支持，远多于对抗衡美日军事同盟的担忧。

第四节　亚太再平衡战略效果评价

一、再平衡战略对大国格局的效果评价

亚太再平衡战略实现了两个战略接近（1973—2009）的大国——中国与日本

过渡到战略对立，实现了两个互相战略猜疑（1960—2010）的大国——中国与俄罗斯过渡到战略结盟，实现了两个战略接近（1972—2010）的大国——美国与中国过渡到战略猜疑。中国对周边事态持续处于战略防御姿态。

欧洲的两个战略对手德国与法国在二战后实现了民族和解，导致相对独立于美国的欧盟政治力量崛起。德国在欧盟中建立了主导地位，对美国的统治力造成挤压。因此，美国绝不愿意看到亚洲的战略对手日本和中国的民族和解，进而导致美国在亚洲的影响力遭到挤出。在 2010 年前，中国与日本并无战略对立的引爆点，中日对钓鱼岛问题都采取克制态度，日本民主党政权有几任首相更热衷于推动亚洲经济共同体和中日经济融合。2010 年起，美国通过对日本政局的操控与影响，连续撤换支持中日战略接近的民主党首相，并放手让日本右翼政治力量挑起钓鱼岛归属争议，以二桃杀三士的古老策略最终成功地实现了日本和中国的国民情绪对立以及国家战略对立。美国意图利用中日对立削弱中国的国力，日本同样寄希望于中美对立获得提升本国政治地位和恢复军事行动能力的历史性机遇，生逢其时的安倍取得了几十年以来日本政坛罕见的长期稳定执政权。

再平衡战略对大国格局效果的总体评价：中美战略对峙存在发展为战略对决的风险，鹬蚌相争渔翁得利，最大受益者是日本，其次是俄罗斯，这种局面对中国和美国不利；中俄被迫战略结盟对俄罗斯和中国有利，对美国不利；中日战略对立对美国和俄罗斯有利，对中国不利，对日本利弊兼有。

二、再平衡战略对中国的实际效果

在外部战略压力下，中国加速了军事力量的更新与投入，意识到了军事能力的差距，外部压力实际上帮助中国提升了现代军事能力。外部压力缓解了社会财富分配严重不均衡造成的尖锐社会矛盾，降低了因统治阶层内部腐败而政权垮台的风险，强化了中国共产党的执政、提升了共产党的民意支持。

结论：中国是再平衡战略对稳固政局和提升军力的受益者。

第五节　中美战略对峙走向战略对决的几率大增

非理性强人执政美国将是美国做出战略调整的突破性因素。在民族主义情绪支配下，非理性强人取得政权并获得高民意支持是民主社会的常态，20 世纪 30 年代的希特勒，2012 年的安倍，20 世纪三四十年代的蒋介石，2016 年的特朗普都具备非理性强人的特征。

中美战略对决的最悲观可能后果估计：

1. 中国战败，中国人口锐减 70％，共产党垮台，受美国支持的临时政权代表中国投降，中国放弃交战权，中国被分割为 7—10 个区域性国家，多数区域性政权成为美国或日本的仆从国。

2. 美国战胜，美国人口锐减 10％—40％（取决于中国核武器对美国本土的实际使用效果），失去对欧洲和亚洲的绝对主导地位。美国可以选择强迫中国以持有的美国国债之类外汇储备资产作为战争赔款赔偿给美国，美元也将因此失去国际信用而被欧元和日元逼退成为三足鼎立的国际主要货币，美国失去美元铸币权这一美国核心国力来源。中国巨大的制造能力因战争而阶段性丧失，美国因失去廉价消费品主要供应源而出现持续通货膨胀，美元货币供应因战争对全球物资的需求和持续通胀而失控，美元持续贬值加速美元铸币权的丧失。

3. 未参战的德国将取代美国成为欧洲的绝对主导力量。躲避战祸的美国和中国精英阶层将携带财富和知识体系移居未参战的欧洲地区，德国和英国将成为精

英阶层移民的最大受益国。

4. 参战的日本在中国战败后将致力于军事挑战美国在亚太地区的主导地位，改变军事仆从国地位，恢复世界领导国家的地位。崛起后的日本，将取代美国成为亚洲的领导者，美国对亚洲国家政权的影响力衰退。

5. 俄罗斯可能不会参战，但可能会向中国提供战略支持以消耗美国的战争能力。未参战的俄罗斯为了避免成为下一个被军事肢解的主要国家，在中国战败后将寻求军事挑战美国在全球主导地位的机会。为了各自的国家核心利益，日本与俄罗斯结盟并不是天方夜谭，日本与俄罗斯只需要用北方国土交易即可解决历史分歧，但是削弱美国的全球主导地位是日本与俄罗斯结盟的共同利益。

6. 美日俄战争必将以日本与俄罗斯结盟偷袭美国本土的方式展开，战争的结局可能是人类毁灭，多数主要国家回归旧石器时代。最早的战败国、前中国地区可能获得战略休养期，分裂的各前中国地方政权作为仆从国分别支持美国与日俄同盟并向双方提供战争资源。

7. 中国难民全球大迁移：数以亿计的中国难民通过陆路借道俄罗斯进入非交战区域的欧洲，通过海路成批进入北美大陆，美国政府在白人至上主义和基督教正义感的民意束缚下挣扎于击沉难民船还是开放海岸难民营和美加、美墨边境的两难选择。中国难民在全球各地遭到屠杀以及中国难民与原住民的武装冲突将肢解难民流入国区域的社会稳定结构。在数十年混乱后，在太平洋东岸地区将通过民主选举的方式选出同情华裔生存权的白人政权，华裔将获得类似1990年前的南非黑人的种族地位。直到50年后选出华裔与白人混血后裔的区域政权领导人，太平洋东岸地区将通过全民表决的方式从美国、加拿大脱离并取得"美西国"的独立地位，美籍白人将继南非的荷兰裔白人之后成为"美西国"的少数族裔，华裔将获得目前南非黑人的种族地位。

8. 中国的复国：二战所有主要战败国都在 50 年内恢复了原有的国力，德国获得了对欧洲的实际支配权，日本获得了世界第二大经济体的地位，如果没有中国的阻挠，日本同样将获得对亚洲的实际支配权。中国的中原地区在南宋政权和北金政权被蒙古政权灭国 100 年后，重新建立了统一的明政权，疆域远大于南宋政权。可以悲观地预判，前中国地区大约需要 50—100 年时间恢复国力，重新统一为中国，恢复交战权和实现复国是获得民意支持的来源，通过民主选举出现军事强人是大概率事件。由于战争而造成人口锐减对中国的复兴发展事实上是历史赋予的机遇，尽管这个机遇来得极为残酷。

——中美战略对峙是转为战略合作还是战略对决？

美国下届总统拥有发球权。想清楚了，再发球。

Great powers gaming—Asia Pacific rebalancing strategy evaluation report

Sept. 10, 2015

The Chinese strategist' Discussion with the American strategist

Author introduction : Dr. Viger Wang was one of the first analysts since 1996 in JunAn Securities Research Institute (JRI) which was the first China's investment banking research institute similar as Goldman-Sachs Global Investment Research (GIR) and Nomura Research Institute (NRI), was the fund manager of Dacheng Innovation Fund 160910. LOF which scale was RMB 30. 5 billions or USD 4. 7 billions in 2007, now is CEO of Changsheng Investment and senior economist based in Shanghai, China.

Does China or Japan challenge the post-WWII US-dominated international order?

1. China's reversion of sovereignty in 1945 depended on the help of the United States and the Soviet Union in the Second World War.

2. After WWII, the Chinese people chose to support the Communist Party instead of the KMT, the ideological allies of the United States of America. That is

not the Communist Party's fault. The United States government should respect the Chinese people's historical choice. After the establishment of China's new regime in 1949 it had allied itself with the Soviet Union. In 1972 China allied itself with the United States to confront with the Soviet Union. An alliance with China is an important factor for the victory of the United States in the cold war in 1990.

3. The United States and China are responsible to jointly safeguard the post-WWII international order. China has never tried to challenge the US-dominated international order after WWII. Because China is a beneficiary of the post-WWII international order. In thirty years after the second strategic cooperation with the United States, China's economic acquired the fast development.

4. The challenger for the post-WWII international order is from Japan, not China. Japan benefited from the post-WWII international order and was the defeated nation with the fastest recovery, but Japan is still constrained by the post-WWII international order, and is the defeated nation, who devoted most to change this situation. Japan is the country, which is most keen to promote the strategic duel between China and the United States. The Japanese political power is making use of the United States to suppress the Chinese strategic opportunities in order to accelerate the recovery of Japanese military operations. The strategic confrontation between the United States and China must cause the power consumption of both countries. The biggest beneficiary is Japan, followed by Russia.

A review of the strategic cooperation between China and the United states:

The first strategic cooperation began in 1941 after that the Japanese attacked the Pearl Harbor. The United States and China declared war on Japan at the same time, realized the strategic alliance to confront with the most common strategic rivals Japan, ended in 1949 when Communist took power in China and chose to rely on the Soviet Union strategically.

The second strategic cooperation began in 1972. Nixon and Mao Zedong abandoned the adversarial relationship to achieve the strategic alliance in order to confront with the same biggest strategic rivalry, the Soviet Union. The cooperation ended in 2011 when the United States launched the Asia Pacific rebalancing strategy.

The essence of Asia Pacific rebalancing strategy is that the United States strategy suppresses China strategically.

An analysis of the causes of US's choice of strategy suppression to China:

Ideological and social differences? Does China challenge the US's leadership position because of the difference of International relations principle? Does Chinese comprehensive national strength exceed that of Japan and is close to that of the United States? Has China demonstrated the global military ability to challenge the United States?

The differences of the ideology and the social form between China and the United States aren't as big in traditional people's imagination:

Ideology: equality, justice, freedom, democracy, human rights are also the core values of China, not just universal values of the United States. The core values of China include prosperity, democratic, civilization, harmony, freedom, equality, justice, rule of law, patriotism, dedication, and integrity, friendly.

Society: China has evolved into a modern democratic society dominated by the ruling class. The traditional proletariat had in fact disappeared. The ruling class of China during 30 years of the reform and opening years as the ruling class in the United States has a huge social wealth. A large number of bourgeoisie in wealth accumulation was come to been, and civilians from the bottom of the society have the chance to gain wealth and political status in the community through competition. From this point of view, there is no substantial difference between the social class and the United States in China at this stage.

The state leaders' election system: At the present stage China is not a state ideologically opposed to the United States. The national leaders wield state power for 5—10 years after 30 years of leadership at all levels of grass-roots organizations of political power. There is the system to guarantee the rotation of the ruling. The American election system is the two candidates elected by the American ruling class and a more pleasing president is selected by electors of each state. The civilian has just right to choose the elector of the state, who represents a party. The system doesn't guarantee to elect a national leader with a high moral character and enough wisdom. Similarly, China's national leaders are also the qualified leaders elected by the ruling class in accordance with the system. For the generation system there is no substantial differences between China and the United states.

Regarding the historical role of the leaders, it is difficult to determine, which one is better, the Chinese system or the western system.

Different principles of China and the United States in dealing with international relations do not lead to China's challenging of American's leading position:

In recent years the main factory of dissatisfaction of the United States against Chinese government is no longer humanity, democracy, or freedom as they had a few decades ago, but Chinese government's incomplete obedience to the United States in handing of international relation. In the international relationship, the Chinese government focused on the pursuit of mutual benefits while overlooking the abnormality of the political ecology of the objective country. In contrast, the American government demands uniformity and the obedience of the political ecology from the objective country while pursuing interests. For the countries with low level of obedience and uniformity, like Russia, China, Iran, Syria, Sudan, Iraq, the United States persist in all kinds of punishment measures regardless of its disturbance in their political ecology and the social structure. For the country with high level of obedience and uniformity, like Saudi Arabia Kingdom, the Mubarak regime in Ectype before 2010, the Pahlavi's regime in Iran before 1978, the Saddam's regime in Iraq before 1988, even if what they had was dictatorship, the United States government is willing to cooperate with them as long as they obey the US's wills. Even through China has its own principles in dealing with international relationship for peaceful coexistence, in recent 30 years China resigns itself with a cooperation position in dealing with international issues as long as they are not concerning the core benefits of the China's territorial sovereignty. China has abandoned its old firm attitude for justice as spokesman for developing countries and in most controversial issues China would merely abstain from voting to express its dissatisfaction instead of using a veto.

In dealing with international relations, China considered more about a moderate position with a lack of oppression and aggression. But objective countries while acquiring interests may not give enough respect to China. In dealing with international relations, the United States pays more consideration on oppression and aggression and always applies military and diplomatic pressure to the countries who do not obey enough. This leads to the cultivation of pro American regimes, but leaves the governors of the objective countries in awe.

The origin of Asia Pacific rebalancing strategy in the United states:
The United States government notices that China's continuous improvement in national strength is the cause which leads to its determination to start the suppressing strategies: after the world financial crisis in 2008, the United States notices that the potential of Chinese economic growth would be close to that of the United States, The United States government implements the Asia Pacific rebalancing strategy to suppress China since 2011.

Since 2010, that China surpasses Japan in GDP is only unreal numerical representation which results from the appreciation of RMB pegged to USD and the

depreciation of Yen. In fact the comprehensive national strength of China still has a wild gap with that of the United States. And the national strength of China and Japan were also on a par. There are other reasons why the United States launched the suppressing strategies: in 2010, the United States ended the western Asia war, and the American military industry needs a new development drives. To shape the strategic opponent is the need of the American military industrial consortium. In fact, China does not show enough military action ability to try to replace or share the international order enforcement powers of the United States. China is even willing to take a free ride. China is not able to suppress Japan's military ambitions alone.

In fact, China is more supportive for Japan in the Japan-American military alliance than its worries in the confrontation of it.

The effect evaluation of the Asia Pacific rebalancing strategy on the great power pattern:

It achieved a strategic confrontation between China and Japan who share a strategic proximity (1973—2009); it lead China and Russia from mutual strategic suspicion (1960—2010) to strategic alliance; it also caused strategic suspicion between the United States and China who used to share strategic proximity (1972—2010). For the surrounding situation China continues to be in a strategic defense posture. European strategic rivals, Germany and France achieved national reconciliation after the Second World War. It caused the rise of the European

Union's political power, which is relatively independent from the United States. Germany established a leading position in the European Union and extruded the dominance of the United States. Therefore, the United States isn't willing to see the national reconciliation between Japan and China, which will result in a squeezed-out influence of the United States in Asia. In 2010, China and Japan had no strategic confrontation. Both China and Japan take restraint attitudes on the issue of the Diaoyu Islands. Several prime ministers of the Japanese democratic regime are even very willing to promote Asian Economic Community and the economic integration between Japan and China. Since 2010, the United States uses its manipulation and influence on Japan's political situation to continuously replace the prime ministers who support approaching strategies between Japan and China, and let the Japanese right-wing political forces provoke the dispute of the ownership issue of the Diaoyu Islands which eventually achieves the national antagonism and national strategic rivalry positions between China and Japan. The United States intends to make use of the opposition between Japan and China to weaken China's national strength. Japan also hopes to enhance its political status and to resume military action ability through the opposition between China and the United States. Shinzo Abe has thus gained a long-term governess which was rarely seen for Japanese political arena in decades.

The overall evaluation of rebalancing strategic effect for the pattern of the big powers: Strategic confrontation between China and the United States may transfer to risks of strategic duel. The biggest beneficiary is Japan, followed by Russia. It is

unfavorable for China and the United States. The forced strategic alliance between Russia and China is advantageous for China and Russia, but disadvantageous for the United States. The strategic confrontation between China and Japan is beneficial for USA and Russia, disadvantageous for China, and brings both advantages and disadvantages to Japan.

The practical effect of the rebalancing strategy on china:

Under the external strategical pressure, China has accelerated the renewal and devotion in the military force and realized the gap of its military capability. The external pressure actually helped China improve its modern military capabilities. The external pressure relieved the social class contradictions caused by the serious imbalance of social wealth distribution, and it also reduced the risk of the collapse of the regime because of its corruption of the ruling class which strengthened the ruling of the Communist Party of China and promoted the people's support for the Communist Party.

Conclusion: China is a beneficiary of the rebalancing strategy for the stability of the political situation and the promotion of military power.

The probability that the strategic confrontation will transfer into strategic duel between China and the United States increases greatly:

It will be a breakthrough for strategic adjustment of the United States that an irrational strongman holds power. Under the dominance of nationalism sentiments, it is common place for an irrational strongman to take power and obtain the high public support ratio in a democratic society, like Hitler in the 1930s, Abe in 2012, Chiang Kai Shek in the 1930s to 1940s. In 2016, Trump has the characteristics of irrational strongman.

An estimation of the possible consequences of strategic rivalry between China and the United States:

1. China is defeated in the war and China's population would drop by 70%. The Communist Party would collapse and a provisional authority supported by the United States would surrender on behalf of the Chinese government. China would surrender its right to war and be divided into 7 to 10 regional countries, most of which would become American or Japanese vassal countries.

2. The United States wins, and its population would drop by 10%—40% (depending on the actual effect of the use of China's nuclear weapons on the United States); the United States would lose the absolute leadership position in Europe and Asia. The United States can choose to force China to use its Treasury foreign exchange reserves to pay for war reparations for the government of the United States. The US dollar would lose its international credit and would be forced to become the third major international currency with equal position to the euro and the yen. The United States would thus lose one core power source gained from the coinage of the US-Dollar. China's huge manufacturing capacity would fall into the phased loss because of the destruction in war. And there would be sustained inflation in the United States resulted from its loss of the main supply source of

cheap merchandise. Currency supplies would get out of control because of the demand of global resource for the war and the sustained inflation. The continuous depreciation of US dollar would accelerate its loss of coinage.

3. Germany who did not get involved in the war will replace the United States as the absolute leading force in Europe. The elite class in United States and China, who would avoid the war, will immigrate with fortune and knowledge into the war-free Europe. Germany and the UK will become the biggest beneficial countries of US and China's elite class immigrants.

4. Japan, who took part in the war, will strive to challenge American dominance in the Asia Pacific region to change its military servant status and to regain the leading position in the world. After the rise Japan will replace the United States as a leader in Asia. The influence of the United States on the Asian countries will fall into the recession.

5. Russia may not enter the war, but may provide strategic support to China to consume America's power in the war. In order to avoid becoming a main target country to be militarily dismembered, Russia will seek the opportunities to challenge the U. S. in its global dominated position militarily. For mutual core interest, an alliance between Japan and Russia is not out of the question. Japan and Russia only need to trade the northern land to solve their historical differences. To weaken US global dominance is the common interests of the alliance.

6. The war among the U. S., Japan and Russia will surely break out in the form that the alliance of Japan and Russia takes a sneak attack on the United

States. The outcome of the war may be the destruction of mankind and most major countries would return to Old Stone Age. The former China regions which firstly get defeated in the war may gain strategic rest but as vassal states, they would respectively support America and the alliance of Japan and Russia and provide resources for both parties during the war.

7. The global migration of Chinese refugees: hundreds of millions of Chinese refugees go through Russia by road into the demilitarized zones of Europe or enter North American continent by water. And the United States gets into dilemma of whether they should shoot down the refugee boats or to open shore refugee camps and American-Canadian and American-Mexican borders while struggling between white supremacy doctrine and Christian justice senses. Chinese refugees' being massacred around the world and the armed ethnic conflict between the Chinese refugees and native residents will disintegrate the stable social structure of the region which the refugees flow in. After decades of chaos, in the Pacific coast area the white regime, who sympathizes with Chinese living rights, will be elected through democratic election. Chinese will get the racial status of black people in the South Africa before 1990. Until 50 years later, mixed race descendants of Chinese and white will be selected as the local government leaders. The Pacific coast area, through public opinion vote, will separate itself from the United States and Canada and achieve independence as west American countries. American whites will become ethnic minority in west America after the Dutch whites in South Africa. The Chinese will get the current ethnic status of South Africa Black.

8. The restoration of China: all major defeated Powers in WWII restored their original national strength within 50 years. Germany got actual dominance over Europe; Japan won the status of being with the world's second largest economy. If it were not for the obstruction from China, Japan may as well get actual dominance over Asia. In the Central Plains of China, 100 years after that the destruction of Southern Song Dynasty regime and the Jin Dynasty regime by Mongolian regime, Ming Dynasty regime was reestablished with its territory far greater than the Southern Song Dynasty regime. With a pessimistic prediction, it would take the former China about 50—100 years to recover national strength and be reunified as China. The restoration of belligerent rights and the realization of national restoration is the source of public support. That military strongman appears through democratic elections is an event of high probability. In fact, the sharp decrease in population caused by the war is a historical opportunity for China's revival, even though this opportunity comes utterly brutal.

Should strategic confrontation between China and the United States turn into strategic partnership or strategic rivalry?

The next president of the United States will have the right to decide. Think clearly before decide.

第二章
中国防范美国剪羊毛攻防策略

第一节　美国剪羊毛的历史回顾

1970 年起，美国充分利用货币统治力、军事统治力、贸易统治力，多次通过美元资本输出和美元资本回流，并制造区域安全危机，逼迫世界区域强国本币大幅贬值甚至引发债务危机，事后通过资本再输出低价收购对象国资产以实现国民财富跨国转移，俗称剪羊毛。

美国始终扮演牧羊人角色，世界各区域强国轮流扮演羊的角色。美国剪羊毛的对象不分盟友还是对手，主要看国力强弱，看是否值得剪羊毛。50 年来，美国剪羊毛对象不分先后排序，包括：日本、中国、德国、俄罗斯、拉美强国（巴西、阿根廷等）、东南亚强国（泰国、印尼、马来西亚）、中东强国（沙特、伊朗）。从 1970—2020 年，大致上按 16 年一个周期，美国实施剪羊毛流程。有研究者认为，美元以 16 年为一个周期，前 10 年美元降息贬值，后 6 年美元升息升值。这一周期归纳不能一概而论，但也不妨了解一下。

20 世纪 70 年代，美元资本流入拉美，80 年代，美元资本流出拉美，曾位列发达国家的阿根廷汇率崩溃、债务沉重再度沦为发展中国家。1982 年马岛战争后

阿根廷货币贬值 50%。

1999 年欧洲统一货币推出欧元，1999 年美国发动科索沃战争。出于对欧洲安全前景的担忧，配合国际资本的流出，科索沃战争后欧元贬值 30%。

20 世纪 80 年代，美元资本流入东南亚，1997 年美元资本流出东南亚，泰国、印尼、马来西亚汇率大幅贬值且股市崩盘，中国大陆开放程度不高受波及较小，香港在大陆协防下惨胜。

2008 年美国金融危机后，三轮 QE 驱使天量美元资本流向世界各国。在美元结束零利率政策开始首次加息的舆论引导下，美元指数从 2014 年 5 月的 79 回升到 2015 年 3 月的 100，美元资本回流美国在一年多时间里已经让部分相对弱的区域强国例如俄罗斯、巴西、阿根廷出现汇率暴跌和股市大跌的局面。

2014 年转折点，全世界范围较肥较强的羊有中国、德国，较肥较弱的羊有俄罗斯、巴西、沙特。本轮剪羊毛的主要对象国是中国和德国，美国只有恐吓并鼓励国际资本流出中国和欧洲，才能实现剪羊毛的第一步。为了推动国际资本流出"羊国"以实现"羊国"资产跌价与本币贬值，美国需要创造"羊国"的安全困境。2011—2014 年希腊危机和乌克兰危机削弱俄罗斯和德国的安全价值，实现了引导国际资本流出俄罗斯和欧洲且回流美国。希腊加入欧元区前的国家资产负债表调整方案就是高盛帮助策划的，美国政要在事后大方地承认乌克兰政权更迭是美国 CIA 策动的。美国为战略性削弱俄罗斯国力，2014—2015 年发动石油战争，不惜放次要敌人伊朗过关恢复石油供给，不惜牺牲美国经济增长新动力的页岩气和新能源行业，不惜让印度和中国成为石油战争最大受益者。2015 年 ISIS 的支持者在巴黎发动了大规模恐怖袭击，在全球无所不能的 CIA 并没能够提供情报帮助法国。巴黎恐怖袭击和叙利亚难民持续涌入欧洲，无疑为营造欧洲安全困境作出了贡献。

第二节 美国剪羊毛步骤归纳分析

中国是否只能认剪？有没有防御剪羊毛的攻防策略？在制定 2016 年投资策略时，我们需要先研究一番。所以本文不是与投资无关的政论，而是与投资有关的策论。本文讨论的问题不是投资什么的问题，而是应不应该在中国投资的问题。

为了寻找防御办法，笔者研究了过去 50 年美国历次剪羊毛的事例，归纳牧羊人剪羊毛步骤如下：

1. 前 10 年美元降息贬值，美元资本输出"羊国"，"羊国"大举借贷美元债务维持经济繁荣。

2. 转折点：牧羊人制造"羊国"安全困境，恐吓资本流出"羊国"。

3. 后 6 年美元加息升值，"羊国"资产泡沫破裂，美元资本流出"羊国"，"羊国"货币大幅贬值，陷入债务危机。

4. "羊国"本币大幅贬值和资产价格大幅下跌后，牧羊人美元资本再度流入"羊国"，低价收购优质资产。

5. "羊国"在转折点抗拒本币对美元贬值，引导牧羊人只能选择其他相对容易剪的羊毛。

剪羊毛没有一成不变的程序。美国对前对手和现盟友日本的剪羊毛就采用了变通的策略。1985 年美国逼迫高速发展为世界第二大经济体的日本签署广场协议，日元大幅升值，日本资产泡沫破裂，日本进入停滞的 20 年，时至今日日本仍

然陷于低增长的困境中。

第三节　中国防范美国剪羊毛的攻防策略

策略 1：控制金融体系开放。有序缓慢推进人民币国际化和资本市场对外开放，增加国际资本跨境流出的难度。人民币国际化是 50 年规划的长期目标，不能一蹴而就、给境外主权经济体和国际金融机构提供过多人民币筹码，不试图发展香港以外的伦敦或纽约成为人民币离岸中心，维持人民币汇率定价权的可操纵性，即防范剪羊毛第三阶段美国打压人民币汇率引导资本外流。

策略 2：央行维持人民币汇率对一篮子货币的稳定和对美元的相对稳定的灵活主动控制权。在美元相对主要货币贬值时不妨盯住美元跟随美元相对主要货币贬值，在美元相对主要货币升值时不妨保持对一篮子货币稳定。人民币相机选择对美元适当贬值有利于中国经济，且不会招致美国和其他主要国家的非议，中国属于被动型贬值，不是暗示中国宏观经济困境的主动型贬值或外部冲击型贬值，相机对美元适度贬值不会构成人民币持续贬值预期，反而会构建人民币阶段性升值预期，降低国际炒家的投机收益预期。中国央行要掌握汇率政策的一致性和灵活性，积极应对货币冲击行为，多储备一些釜底抽薪的更改游戏规则的手段，不要怕国际炒家骂中国央行没有节操，即防止剪羊毛第三阶段美国打压汇率引导资本外流。

策略 3：中国要维持宏观经济示弱，配合美国保持石油价格在 20—30 美元区间屡创新低的态势，不要轻易刺激传统经济复苏，以高估值鼓励资本流入新兴行业并促进新经济体生长。中国要充分享受低价石油对每年节约两三千亿美元国际支出的贡献并努力延长石油低价期。中国要在国际范围内赞扬印度 GDP 增长率超越中国的可持续性，鼓励美国"选羊"时扩大可选范围。中国要努力扩大从俄罗斯和伊朗等国家的原油进口比例，并努力推行人民币结算石油贸易。

策略 4：中国维持外交示弱。在经济实力相对弱化的进程中，美国有维持全球霸主威严的强烈需求，中国要尽力配合，美国才有成就感、才能稍息。美国的亚太再平衡战略的核心就是构建中国周边安全困境，恐吓国际资本外流，削弱中国的亚洲影响力。2011 年迄今美国围绕中国次第展开全面烽火斗争策略，挑动中日钓鱼岛争端、鼓励南海岛屿争斗、支持台湾与大陆保持距离、资助香港动乱、逼迫朝鲜崩溃、亲自巡航南海。中国秉持要文斗不要武斗的宗旨，钓鱼岛争端已转为中日均衡默契，南海菲越争议高潮已过，香港占中告一段落，南海冷场逼得美国亲自巡航。未来几年，美国对中国的打压仍将此起彼伏，挑拨与中国亲近的韩国因朝鲜炫武求安而怨恨中国，台湾大选后新矛盾有待激化。中国的战略对策是只能守不能攻，低调更有战略价值。防止剪羊毛第二阶段的美国制造周边安全困境恐吓资本外流。

策略 5：中国加速加强军备。中国历史上各朝代相比，堪称经济实力强盛的宋朝因军力羸弱仍然不能免遭灭国之灾，三百年接连面临辽、金、夏、蒙的持续侵略。清末及民国百年期间，国力羸弱的中国始终是世界列强军事侵略和经济侵略的首选对象。家财万贯架不住强贼惦记。中国自 1979 年越南战事后已久疏兵刃，美国在阿富汗战争和伊拉克战争中已经训练了军队实战能力并提升了装备力量，必须承认中国与美国军事装备水平的巨大差距，中国应毫不掩饰地增加军事装备研发与采购力度。中国投资者也应毫不顾忌地容忍军工行业的市场估值水平并支持军工行业市场融资以支持军工产业加速更新换代。投资者为中国军事能力提升

也就只能作这些贡献了，防止剪羊毛第二阶段的美国制造周边安全困境恐吓资本外流。

策略6：中国加强国际舆论引导，善用各种国际交往平台和传播媒体。过去30年，中国出于息事宁人较少指责美国的激化矛盾的做法，这使中国处于国际舆论劣势。中国应调整外交舆论策略，勇于揭露美国激化亚太安全矛盾的用心。中国应旗帜鲜明地向国际社会说明朝鲜问题主要是美国愿不愿意给朝鲜安全承诺以换取弃核的问题，美国应担起朝鲜问题的主要责任，中国只有义务提供六方会谈场地让美国与朝鲜对话。中国应旗帜鲜明向国际社会说明中国坚决捍卫南海国际航行自由、坚决反对美国在南海军事存在，中国应毫无保留地揭露南海安全困境是美国亲自制造的、是削弱东南亚投资吸引力的、是不利于周边国家发展的，防止剪羊毛第二阶段的美国制造周边安全困境恐吓资本外流。

策略7：控制国内资本市场各类型资产估值水平合理性，既要限制高估值行业的过度泡沫化，同时也要维持蓝筹股估值水平不低于全球主要市场合理水平。目前，中国出现蓝筹股整体估值全世界最低和创业板整体估值全世界最高的并存现状。新兴产业估值高有一定的合理性，有利于新兴产业的加速并购和融资发展，中小市值新兴产业估值整体显著高于蓝筹股现象必将长期持续，并不需要打压。监管当局应改变政策，限制境外上市企业退市回流国内股市再 IPO 的行为，降低国内市场对高估值行业企业跨境回流的吸引力。中央政府应维持国内资本市场的蓝筹股估值水平不长期低于全球主要市场合理水平，因为中国蓝筹股整体估值水平长期过低让国际资本有机会在人民币汇率大幅贬值后再度回流低价收购中国优质企业股权资产。在蓝筹股估值偏低时，中央政府有责任组织跨所有制资本阶段性增持低估的蓝筹股资产，这种做法从时间长度来看没有亏损的可能性，防止剪羊毛第四阶段的人民币汇率大幅贬值后国际资本回流中国低价收购优质资产。

第四节　中国安全环境维护博弈策略分析

剪羊毛的核心问题是中国周边安全环境的维护与破坏博弈。笔者对以下区域问题的美中博弈策略做出分析与建议：

1. 朝鲜方略：朝鲜问题的焦点不在中国，在于朝美安全妥协，朝鲜无视联合国制裁发展军力是为了吸引美国给出不消灭朝鲜的安全承诺，美国不理睬朝鲜而逼迫中国制裁朝鲜是为了让朝鲜崩溃后将祸水引向中国和韩国。正如美国带着欧盟兄弟打压叙利亚，大量叙利亚难民涌入欧洲，美国表示过分担一点难民压力吗？制裁的结果就是朝鲜战火覆盖首尔及几百万难民涌入韩国，中国也会面临难民潮和朝鲜在崩溃前的报复。日本和美国巴不得朝鲜崩溃，所以中国不需要对美、日说什么。

2. 南海方略：南海航行自由是美国战略家变魔术信手拈来的话题，炒作极为成功。从美国设置话题到美国游说鼓励菲、越激化争端，美国的话题运作是成功的，值得中国学习。南海问题的效果是，加深了中国与东盟的战略猜疑，削弱了中国对东盟的影响力，推迟了 RECP10＋6 的进程，实现了排除中国的 TPP 协议。但被唆使者菲、越所得利益极少，菲、越以外国家不愿蹚浑水，几年过后南海题材已日益老化。2015 年起，美国只有亲自出马，派遣军舰军机侵入中国南海实际控制岛屿的 12 海里领空和领海，凸显了美国提倡的南海航行自由是以侵犯南海岛屿主权国领空领海为标志的，无论这些岛屿是中国还是菲律宾、越南实际控制或

声称拥有主权的。美国特别希望拉拢日本、印度、澳大利亚参与南海巡航、炒热第二阶段南海议题。美国南海战略的副作用是，中国加快了南海岛礁建设、增强了军事存在与实际控制力，建设进度呈现日益加快和无视美国的态势。中国只做不说，对此美国将继续寻找激化南海安全形势的操作对策，游戏博弈继续中。

3. 香港方略：香港第一阶段博弈随着特首普选方案流产和占中收场宣告结束。美国通过代理人已经培养了一批行动力量，随时伺机而动，年初一旺角事件就是动乱力量的一次集结，动乱力量希望香港成为类似乌克兰和巴勒斯坦的动乱地区。占中和旺角事件之后，中国中央政府加快了几大自贸区建设进程，大陆民众自发减少到香港旅游。在未来十年，香港在大中华地区的重要性将进一步下降，香港的繁荣程度将日益减弱。只有香港主流民意认识到动乱对香港存在价值的毁损，香港市民用选票改变政治生态，才谈得上香港动乱的平息。在当前历史环境下，动乱只会延缓香港地区的发展。历史上，持优越感的特定区域市民反感外地同胞的事例不是香港这一孤例，上海市民歧视上海以外民众是长期的传统，直到浦东开放发展二十年后，沪语倒成了要保护和挽救的对象，全国优秀人才云集浦东且平均收入高于浦西传统意义上的本地市民，上海市民的排外现象才无疾而终。

4. 日本方略：美国用二桃杀三士的古老策略，成功地挑起了中日两国国民对立。钓鱼岛又是美国虚空信手拈来的题材，钓鱼岛本身没有战略价值，但现在是中国的脸和日本的脸，尽管我们都知道二桃杀三士，但中日双方都没有退的理由。中国和日本失去了共建东亚自贸区经济一体化的机会，中国放弃一厢情愿的搁置争议政策转为实质巡航钓鱼岛政策，日本得到军事松绑的奖励，各有得失。钓鱼岛争议棋局暂时封盘，中日双方都没有挑起战端的意愿。

5. 叙利亚方略：叙利亚在政治上、经济上对美国有价值吗？没有，美国在中东已经有一大批追随者了，叙利亚的石油远没有海湾国家多。叙利亚的价值在于它是俄罗斯在中东唯一的政治与军事立足点，美国下定决心拔掉俄罗斯在中东及地中海的唯一军事立足点，这是美国姑息 ISIS 壮大对抗叙利亚政权的根本原因。美国下决心颠覆叙利亚政权，与叙利亚政权是民主还是独裁无关。只要政权亲美，美国根本不在意盟友是否独裁国家，从 1978 年前的伊朗到 1988 年前的伊拉克，从沙特国王到阿拉伯之春中独裁者倒台的突尼斯和埃及，它们都是美国的好朋友，从未因独裁而受到美国的有组织攻击。俄罗斯 2015 年出兵叙利亚成功主导了叙利亚事务的进程，同时获得了海空军事力量实战训练的难得机会，值得中国学习。但囿于对"老大"的敬畏，国际社会对美国纵容沙特和土耳其的做法无人批评。ISIS 除了嘴上恐吓"欢迎美国士兵来受死"，似乎从未对美国本土发动进攻，美国除了从未见效的空袭外，一直拒绝实质性打击占领叙伊两国近半领土的 ISIS。就像两个太极拳高手一直在围绕阴阳太极转圈，但谁也不发致命一击。

第五节　面对剪羊毛，中国富人只能转移资产来避险吗?

我们先来分析一下，全球各主要市场现阶段处于什么状态。2015 年以来美国首次加息预期引导美元升值诱发资本回流美国，中国股市已经从 2015 年 6 月 5000 点经过三轮崩盘式暴跌大幅回落腰斩，香港市场从 2015 年 4 月近 29000 点回落到 2016 年 1 月的 18000 点，香港与大陆蓝筹股估值处于世界最低水平。日本自 2012 年 11 月起安倍主动日元贬值 50% 后历经三年大牛市，日经指数从 9000 点起步攀升到 2015 年 8 月的近 21000 点，现已进入高位回落阶段。美国股市 2011 年 10 月道指从 10000 点起步已经连续五年牛市，2014 年初迈上 16000 点后已经在 16000—18000 点苦苦支撑了两

年，反复进入高位回落阶段。2014 年 10 月和 2015 年 8 月股市的回调但很快被美国主流资金拉起，这就是别的国家可以股市崩盘但美国不可以，这是亲生儿子。各家的孩子各自抱，同理，中国的资本市场也只能由中国的主流资金来维持其合理价值水平。

纵观全球资产配置视野，现阶段卖出人民币资产、人民币换成美元买入美元资产合理吗？中国国债收益率远高于美国国债收益率，中国存贷款利率远高于美国存贷款利率，中国股市已经腰斩，美国股市刚开始回落。未来几年的人民币汇率贬值空间能否覆盖两国资产收益率的历年累计差额？中国的富人们在用人民币换美元时请用一下大脑。

第六节　不提倡反美，只提倡防美

最后一个问题，多数中国人反美吗？我绝不这样认为。大多数中国人很喜欢美国，包括我本人。我的众多亲戚朋友现在生活在美国各州，托微信和 Skype 的福，我与他们仍然有亲密的沟通与互动。很多亲友鼓动我也跟随他们的后尘移民美国。对我而言移民不算难事。但若有朝一日中国战败了垮台了回到一百年以前了，有钱的华人无论躲在新西兰或者美国，还是有可能被送进集中居住地或被贫穷的邻居打劫稍微有点温馨的小家。何必折腾呢，守住我们的家园吧，尽管冬天有雾霾。

本人只是一个理性的专业投资者。本文是给有智慧的中国决策者和投资者阅读的。

本文不提倡反美，只提倡防美。美国人剪羊毛不只对中国下手，德、日、中、俄、巴，世界上所有区域强国——无论是美国的盟友还是对手——都是剪羊毛的目标，只取决于"羊国"的肥瘦状态和防御能力。所以睿智的中国决策者和投资者们，看破并叫破对手的后招，选对防御策略，对手的一些招数就不灵了。接招吧，中国！

2016. 2. 18

第三章
论为什么我支持特朗普

为什么中国投资者要关注美国总统选举：中国权益市场未来几年的前景除了与中国经济及政府执政能力有关，当然与下届美国政府的经济与外交政策有密切关联，所以成熟投资者不能眼睛只盯在宏观数据的短期波动上，也要登高望远、纵览全局。

特朗普2016年4月27日长篇演讲明显是美国共和党精英在确认泛象共主后向特朗普竞选团队集结的产物。

这篇政治宣言明显比特朗普刚开始竞选时的大嘴言论高明不知几个档次。两党无论谁执政，都不会只是一个个性很强的政治家的个人秀，美国的政治导向最后都是执政利益集团综合妥协的结果。美国选民不需要担心特朗普上台让美国跑偏。

第一节　这篇政治宣言划定了特朗普共和党的盟友和敌人

特朗普确定的盟友是：犹太人、白人基督教徒。特朗普确定的敌人是：伊斯兰恐怖主义、墨西哥非法移民。

1. 犹太人控制了美联储、华尔街、好莱坞、硅谷、全国新闻网等美国核心资源，所以无条件支持以色列。占美国人口仅 3％的犹太人操纵着美国 70％以上的财富，他们在美国经济、金融、政治、外交等方面有重大影响，是美国最强大的少数族裔。在美国媒体和文化产业中犹太势力举足轻重，代表人物是世界上最大跨国媒体集团——新闻集团默多克、华尔街财经资讯占垄断地位的彭博资讯大股东、前纽约市长布隆伯格，平面媒体《纽约时报》《时代周刊》《新闻周刊》《华尔街日报》以及美国三大电视网中到处都是犹太势力。美国产业动力之源硅谷的领袖们例如谷歌创建人拉里·佩奇、英特尔创建人格鲁夫、微软 CEO 鲍尔默、甲骨文老板埃里森、戴尔创建人麦克尔·戴尔也都是犹太人。据报道，IT 精英们大多来自常春藤盟校，而犹太裔学生在名校的人数最多，哈佛大学至今仍有个不成文的"犹太限额"——犹太学生在每年新生中的比例不能超过 40％。据说是因为犹太学生成绩太优秀，才促使哈佛为了公平教育机会不得已而为之。

奥巴马民主党政府与以色列政府关系恶劣。以色列总理内塔尼亚胡 2015 年 3 月 3 日在美国国会发表演讲，强烈反对可能达成的伊朗核协议，并警告说该协议将为伊朗拥有核武器"铺平道路"并"引发地区核军备竞赛"。内塔尼亚胡接受美国国会众议院议长、共和党人博纳邀请，决定 3 月访美并在国会就伊核问题发表演讲，这引发奥巴马民主党政府强烈不满，以色列总理极其罕见地拒绝会见奥巴马。

《中国防范美国剪羊毛攻防策略》指出："美国为战略性削弱俄罗斯国力，2014—2015 年发动石油战争，不惜放次要敌人伊朗过关恢复石油供给，不惜牺牲美国经济增长新动力的页岩气和新能源行业，不惜让印度和中国成为石油战争最大受益者。"美国民主党政府保大弃小放过伊朗，严重侵犯了犹太人祖国以色列的安全利益。机智的特朗普旗帜鲜明地阐述了反伊朗支持以色列的政策，犹太势力

还要支持民主党继续执政那就奇怪了。

2. 白人基督教徒是美国主流社会的基础，长期以来对非法移民涌入美国非常反感。但是反对种族歧视又是 20 世纪 60 年代以来美国政治正确的信条之一。特朗普在竞选初期提出让墨西哥政府出钱建墨西哥边境墙防止非法移民进入美国的惊人主张，听上去荒谬且政治不正确，深受种族平等信条影响的奥巴马政府和美国精英阶层一片挞伐之声，但真的是说到了反感被非法移民夺走工作机会的美国白人中下阶层劳动人民的心坎里去了。事实上美国政府和墨西哥政府永远都没有预算去建一堵边境墙，除非特朗普共和党政府脑洞大开让中国政府以 PPP/BOT 形式出钱修建。

3. 美国奥巴马政府的反 ISIS、反恐政策优先度低于打击俄罗斯在中东最后政治军事据点叙利亚的战略围剿俄罗斯政策。为了肢解敌对宗教派系什叶派的主力国家叙利亚，沙特、土耳其等逊尼派国家与叙利亚什叶派政府对抗。美国民主党政府从公开立场上必须是反恐的，以美国的军事能力，如果 ISIS 有攻击美国本土行为时，美国会毫不犹豫迅速铲除。但 ISIS 从未攻击过美国本土，攻击法国、比利时制造欧洲安全困境对热钱流出欧洲、增援美国资本市场是有利的，并未发现万能的 CIA 和 NSA 向法国和比利时提供反恐情报来破解 ISIS 的系统性攻击。美国号称三年来一直在空袭 ISIS，但 ISIS 一直没有受到重创，俄罗斯军事介入叙利亚一年比美国空袭三年都要见成效，意味深长，很值得研究。

笔者在《中国防范美国剪羊毛攻防策略》中指出："囿于对'老大'的敬畏，国际社会对美国纵容沙特和土耳其的做法无人批评。ISIS 除了嘴上恐吓'欢迎美国士兵来受死'，似乎从未对美国本土发动进攻，美国除了从未见效的空袭外，一直拒绝实质性打击占领叙伊两国近半领土的 ISIS。就像两个太极拳高手一直在围绕阴阳太极转圈，但谁也不发致命一击。"

第二节　这篇政治宣言宣示了特朗普的美国优先的政治主张

"美国优先"的主张可谓深得美国人心。3 月 23 日特朗普在拉斯维加斯的庆祝大会上，喊出了口号"Make America great again！"（让美国再次伟大）。特朗普主张美国优先的孤立主义倾向，轻视美日同盟，提出向日本、韩国、沙特增收"保护费"的主张。

特朗普言论综述："美国的盟友正在'敲我们的竹杠'。""为了平衡交易，沙特应该派遣地面部队打击叙利亚和伊拉克的 ISIS 组织，或者'大幅补偿'美国对这一激进组织的打击。""如果当选总统，将允许日本和韩国建立自己的核武库。它们将独自应对中国和朝鲜的威胁。"

第三节　这篇政治宣言宣示了美国共和党政府对俄罗斯和中国以及非亲美小国的外交政策

特朗普反对奥巴马-希拉里·克林顿民主党政府打烂非亲美国家并弃之不顾的立场，对希拉里漠视美国人特别是外交人员在利比亚班加西大使馆遭到生命利益侵犯的行为持严厉抨击态度。

特朗普对普京表现出强人对强人不可遏制的喜爱，如果特朗普当选后言行一致，特朗普会与普京建立基于个人喜爱的好友关系，这对剑拔弩张的国际紧张局势无疑是福音。

特朗普将反华作为竞选中的固定内容，指责中国操纵汇率和窃取美国就业机会已经成为其演讲中的固定内容，放言对中国商品征收45％的重税。我认为特朗普看似不利中国的言论对美国而言是正确的、没有问题的，作为美国共和党总统候选人必须在涉及普通选民个人利益的贸易与就业问题上向中国开炮，这远比为了延缓中国崛起进程而在中国近海自由军事航行及开炮有正能量得多。贸易摩擦是第一进口国与第一出口国间永恒的话题，就像夫妻之间不吵架怎么可能恩爱一样。中国海量廉价商品供应美国，让美国普通人民可以过上有尊严而富足的生活，即使失业也能满足家庭生活所需，保证了美国多少年从未受通货膨胀之苦。如果特朗普上台准备实行加重税梦想，那么无数的美国消费者和受益更大的美国制造业采购以及美国批发零售商利益集团会对特朗普施以强大的压力，直到特朗普认识到中国廉价商品对美国人民福利和美国高端制造业因质优价廉中国半成品零部件稳定供应而保持全球竞争力的重要性。美国产业界早就放弃了不具有竞争力的劳动力密集型产业。假设特朗普对中国产品加重税，受益者不会是美国普通消费者和产业界，而是越南、墨西哥、巴基斯坦等低附加值商品的替代供应国。

第四节　特朗普不是亲华派，敢说真话的粗俗好过煽风点火的虚伪

已经有分析人员和特朗普反对者提出"特朗普总统"将可能提高中共及其领导的国家在世界上的地位。中国的利益关切者不要高兴得太早，两党无论谁执政，美国对中国的战略压制都不会有实质性减弱，美国与中国的政治摩擦都不会减少，特朗普不会以亲华派的面貌出现。

特朗普看似史上最不靠谱的总统候选人，但是任何一个总统都是美国统治阶

层让各州选举人在两个总统候选人中选出不那么令多数美国人讨厌的总统。美国公民只有资格投票选出本州的选举人而不是直接选举美国总统。1980 年美国人民从好莱坞选出一个演员做总统，这位里根总统已经被后世公认为联手中国打赢对苏联冷战的 20 世纪下半叶最伟大的美国总统。那么睿智的美国人民为什么不能选出一个敢说真话的房地产富翁做总统呢？

如果特朗普总统能够改变奥巴马-希拉里·克林顿政府在全球各地到处煽风点火、惹是生非，挑起东亚、中东、东欧各地国家争端的国家战略竞争模式，为美国人民创造更大福利并实现美国伟大复兴，那么五十年后谁能保证特朗普不会成为 21 世纪上半叶最伟大的美国总统呢？美国选民们，想清楚了。

祝美国劳动者"五一"节日快乐！

2016. 5. 1

第四章
"中国财政二部"唱空人民币不成
就改先唱多再做空

4月30日，美国财政部发布了2016年度半年度外汇报告。在这份报告里，美国财政部大篇幅地说了一件事情：人民币兑美元中长期还应该升值。

美国财政部4月末立场与2015年末、2016年初美国调动舆论积极唱空并组织做空力量做空人民币的策略一反常态、背道而驰。

众所周知，美国权益市场站在18000点山冈上三年了，急等欧中日海外资金流入美国承接颓势。为了让中国高净值阶层相信人民币即将贬值50％、中国经济将会崩盘、中国股市将会第三、第四轮崩盘，美国情报系统调动"明浮"（已经不潜伏了）在各大微信群、各微博大V、各网络论坛中"美军驻中国网络部队收费灌水员"全体出动传播看空中国经济、汇率、股市的文章和段子。

与2015年6月和8月第一轮、第二轮股灾时取得成功一样，美军网络部队在网络空间有效地传播了恐慌情绪，配合中国证监会卓有成效的熔断机制，取得了2016年1月第三轮股灾崩盘的巨大成功。股指虽然只从3539点到2638点下跌了25％，但许多契约约定有最低仓位的股票型或偏股型公募基金1月份净值下跌40％以上。

必须承认，我对开年美国力量发动做空人民币和资本市场的战役缺少预见性，上年 12 月组合净值的快速上升让我不愿意放弃还未兑现上涨的量化策略组合的多头头寸，导致了 1 月净值实际损失。

2016 年 1 月，内力绵长的中国外汇管理当局抛售美元资产购回人民币，并改变游戏规则让做空机构借不到低成本人民币来做空，做空人民币力量可以说损手损脚。外汇管理局人民币资产管理主体梧桐树公司从 2015 年 8 月后甚至直接以人民币买入权益资产并长期持有，这部分外汇储备（虽然量不大）将不会再有流入美元资产市场的需求。

2016 年 1 月末，欧日同时 QE 放水，但欧元与日元并没有因此贬值，反而 2016 年一季度欧元对美元升值了 5％、日元对美元升值 10％。在畏惧美国资本市场在 18000 点高位震荡三年岌岌可危之际，热钱并没有流回美国，而是因避险情绪流出美国冲进了日本和欧洲。分析人员认为，日元具有避险货币的属性是日元与股价走势相悖的原因之一，在避险情绪增加时日本股市下跌，市场情绪悲观、国债收益率下降之际，日元反而升值了。

在四方货币战争博弈的大格局下，美国做空力量终于意识到继续围剿人民币汇率已无胜算。2016 年一季度人民币取得了对美元 0.3％ 的微升，并混在美元的队伍中跟随美元对欧元贬值 5％，对日元贬值 10％，当然这只是对日元 2012—2014 年主动大幅贬值和欧元 2013—2015 年主动大幅贬值的正常修复，而不是中国主动的竞争性贬值。

在 2016 年 1 月 8 日发布的《常晟投资 2016 年投资策略——从人民币贬值看 2016 年股票市场趋势》中我陈述道，"欧元兑美元汇率 2013—2015 年期间变幅 −18％，日元兑美元汇率 2012—2014 年期间变幅 −36％，对应美元兑日元汇率从 77 日元狂升到 120 日元、变幅高达 56％。2012 年安倍政权上台后主动操纵日元大

幅贬值，比多数发达国家提前一年启动货币贬值。"

虽然我也同意人民币每年对美元贬值5％对促进中国出口是有利的，但中国政府在美国投机力量有组织做空面前，选择承诺不容许大幅贬值是无奈之举也是打消人民币大幅贬值预期的破解之道。无功而返的美国做空力量终于认识到现在要剪中国的羊毛还是实力不足。

美国财政部唱空人民币不成就改先唱多再做空。与2015年10月报告的相对模糊的态度相比，美国财政部4月30日报告的立场比中国官方的立场更激进，明显改变态度希望人民币对美元升值。从唱多中国的奇葩立场来看，美国财政部恍如"中国财政二部"。

"中国财政二部"列举了人民币兑美元汇率应该升值的理由如下：

1. 中国每年都有很高的贸易顺差。

2. 中美之间商品贸易2015年相对2014年继续增长，2015年美方统计的数据是3 650亿美元，比2014年高出200多亿美元，服务贸易中国逆差300亿美元。

3. 支持人民币汇率的核心因素依然存在：高储蓄率，良好的贸易盈余，全球商品与能源价格的走低。

所以，该报告认为，考虑到中国经济的较高速增长和稳定的金融环境，人民币中长期应该升值。

忽略美国财政部要求人民币升值的最后结论，美国财政部的报告陈述的理由几乎就是2016年1—2月中国官方表态人民币不存在持续贬值基础的复制文本和英文版，甚至美国财政部的口吻比中国官方的更激进。4月30日美国财政部亲自出报告，确认了2016年初人民币兑美元汇率保卫战中国完胜。

完胜并无可喜之处，只是一轮较量结束，新的一轮较量开场铃敲响了。我的观点是，对不起，"中国财政二部"，中国又要让你失望了。实事求是地讲，中国不具备对美元和欧元、日元的升值空间，在过去四年中人民币傻傻地跟着强势美元一路对其他货币大幅升值，已经累计了近50％对日元的升幅和20％以上对欧元的升幅，中国出口行业企业蒙受巨大损失。

2016年，中国外汇管理当局应当在盯住美元和盯住一篮子货币两个策略间相机抉择，在美元对所有货币强势升值时人民币不要再跟随美元升值而是盯住一篮子货币相对美元被动贬值，在美元弱势时人民币盯住美元相对欧元、日元被动贬值。在全球货币战争中"节操"真的没有那么重要。

乙未年三轮股灾结束不久，殷鉴不远，明眼人应该复一次盘。在2015年5月30日（当日4600点）发布的《常晟投资2015年投资策略——国防与安全，变革与转型，牛市的产生与终结》中我预测了牛市终结的四种情况，预言千点踩踏从4600—3500点。很不幸言中。2015年6月中国股市崩盘、大牛市已结束，实际情况5100—3000点超出我的预期，年底才回到3500点。

如果市场在4500点左右展开一次千点调整，那么市场在后续一年中有机会在3500—4000点区间震荡中给许多投资者提供获利机会。

为了取得做空的雪崩效应，做空力量拉动大盘股带动中小盘股疯狂上涨，指数快速赶顶到5100点，随后反手两轮做空取得了近2000点的战果。如果没有国家队在8月3000点上方入市，那么跌到2000点也不是不可能的。这就是先拉高再放空的老练手法，应该说非常成功。

在人民币汇率问题上，"中国财政二部"还想故技重施，先推高人民币兑美元汇率，再组织做空力量高位放空，就可以取得势能一举摧毁汇率年线位。任何资产波动都是顺水推舟的，届时人民币汇率跌到何处为止很难预测，中国外汇管理

当局保卫人民币币值要付出的代价也比一季度要大得多。

在做空力量无利可图退出做空人民币交易的时段，今后几年人民币争取实现对美元年度5％被动贬值和对欧元、日元年度10％被动贬值左右的目标，对中国比较有利，美国国会议员和总统候选人也没有理由来抨击中国主动性贬值。因此，"中国财政二部"，恕不能同意你的要求。

2016. 5. 2

第五章
从亲访西沙群岛
到中美南海博弈策略

2009 年 8 月，经过 18 个月的等候，我和一些朋友有幸到尚未开放的西沙群岛旅行。这次旅行，让我和家人有机会目睹西沙群岛永兴岛的生活面貌、建设成就和七连屿海天一色的无敌美景。

一、永兴岛见闻

在永兴岛上，我们看到这样一个纪念碑："海军收复西沙群岛纪念碑　中华民国三十五年十一月二十四日　张君然立。"

历史事实告诉我们，1946 年 11 月 24 日，在美国海军的帮助下，中国军队从已投降的日本军队手中收复西沙群岛。感谢美国盟军帮助中国恢复对西沙群岛的主权。请美国、越南、菲律宾一切质疑或觊觎中国南海岛屿主权的国家记住这一史实，而 1946 年越南还是法国殖民地、菲律宾还是美国殖民地，有当年的纪念碑为证。

在我们访问永兴岛三年后，2012 年 7 月 24 日，海南省三沙市成立大会暨揭牌仪式在三沙市永兴岛隆重举行，永兴岛已经是海南省地级市三沙市政府驻地。永兴岛上已经有了政府大楼、银行、邮局、电信、商店、机场等。

二、美丽七连屿将建成新的海上新城

随着七连屿大规模建设的展开，后人可能再也无法像我们 2009 年一样在空无

一人的七连屿独享海天一色无敌美景的机会。

据大公网 2016 年 3 月 7 日报道，据互联网上的最新卫星图片显示，中国正在西沙七连屿实施人工造陆建设活动，打造成一个规模超过三沙市政府所在地永兴岛的岛屿。七连屿填海造陆采用"只填四周不填中央"模式，填海后陆域面积将从 1.32 平方公里扩建逾十倍，达到 15 平方公里（港岛东区面积为 18.9 平方公里），并计划建设机场和跨海大桥连接永兴岛。目前七连屿中的北岛和中岛之间已有人工陆地连接。中央未填部分的礁盘，抽干海水后可修建两个各长 2 公里左右的内淡水湖，一个湖用于收集雨水，一个湖用于储存生活用水。

三沙市在 2014 年 5 月就开始制作七连屿中的北岛、中岛、南岛三岛连接设计方案，解决岛礁之间的交通问题。七连屿工程完成后，将成为南海最大的新岛。新岛最宽达 3 公里多、最长达 9 公里多，整个面积达到接近 30 平方公里。新岛还拥有大型淡水湖，拥有长达 3 500 米跑道的大型机场，拥有 10 万吨级深水港，万吨级避风港，拥有近 4 公里长的海滩，用跨海大桥与各岛屿连接，并通向三沙市政府所在地永兴岛，使七连屿与三沙市政府所在地永兴岛连成一个整体，成为三沙市的政治、交通、旅游、商业、渔业、能源、海洋研究中心。

三、中国在南海已经建成 7 艘"不沉的航空母舰"

2016 年 7 月 12 日新华社发布消息，中国政府征用中国民航飞行校验中心一架塞斯纳 CE-680 型飞机分别对南沙群岛美济礁、渚碧礁新建机场成功实施了校验飞行，两个新建机场具备了保障民航客机安全运行的能力。

2014 年 7 月以后，南海消失了六个礁盘，诞生了七个真正的岛。它们分别是：南薰岛、东门岛、华阳岛、赤瓜岛、永暑岛、渚碧岛、美济岛。我国在南沙海域只有岛礁，没有实控岛屿的历史至此结束。永暑礁、美济礁和渚碧礁等珊瑚礁，现在可以改称永暑岛、美济岛、渚碧岛。

中国建设性解决南海问题的轮廓终于显露出来。那就是通过填沙筑岛，在南沙修建六个以上的人工岛，其中永暑岛、渚碧岛、美济岛均修建跑道长度高达3 000米的大型永久岛屿机场。

永暑礁原本露出水面的面积只有0.008 1平方公里，现在已经变成了接近3平方公里，成长了370倍。现在，永暑礁上有了足球场、网球场，还有一条长达3.3公里的飞机跑道，足以让包括轰炸机在内的所有飞机起降。2016年1月6日，永暑礁上就成功举行了起降飞机实验。

这七座新的岛屿，每一座都是一艘"不沉的航空母舰"。永暑礁、美济礁和渚碧礁三个岛上均有超过3公里的大型机场，互成犄角之势，彼此呼应，已经形成了中国在南海的铁三角堡垒，基本覆盖整个南海地区。

四、对中美南海博弈策略的见解

1. 中国与各纷争国求同存异重建合作、破解美国意图。南海问题如同钓鱼岛问题、韩国萨德问题，都是美国制造中国周边安全困境的总体部署，美国寄希望于南海纷争来离间中国与东盟国家的密切经济合作，如同2011年起用钓鱼岛纷争来破坏中日经济合作和中日韩自贸区的构建。尽管有分歧，中国仍然与美国、菲律宾、越南、韩国甚至日本都要采取既斗争又合作的策略。中国与美国、日本在外交上言论争执就可以了，不必太当真。与此同时，中国2016年内先于美国邀请菲律宾新总统首次到访中国是引导中菲进入谈判解决南海争议正确轨道的起手式，中国对韩国也应采用有限经济制裁与拉拢韩国政府亲华势力相结合的策略，争取斗而不破与以合作取代对抗的结果，中国与菲律宾及韩国没必要演化到中日对立的局面。中国与周边国家决裂对立是美国设局的初衷，中国政府忍辱负重与周边

小国菲律宾、韩国周旋重修旧好是破解美国棋局的方针。

2. 中国宣示捍卫航行自由与捍卫岛礁主权并行不悖。中国应强调宣示中国与世界各国有共识捍卫南海航行自由，但任何国家舰船的南海航行自由不得侵犯中国岛礁主权。中国必须揭穿美国及仆从国政府或智囊或媒体指责中国想把南海变为内海而妨碍国际航行自由是偷换概念的伪命题，中国捍卫岛礁主权从未妨碍任何国家的航行自由，中国岛礁主权水域外的南海从来都是航行自由的公海。

3. 中国要做好军事摩擦预案才能遏制美国进入中国主权岛礁 12 海里军事冒险的可能。制造军事摩擦的只会是美国军队。如果面对美国军队挑战中国南海岛屿主权，中国政府若只是口头抗议则将失去政权正当性，因此中国军队明确制定军事打击歼灭滞留在中国南海主权岛礁 12 海里范围内之外国军舰的预案并告知美国政府是争取南海和平的选择。美国政府对美国海军仍然有制约能力，五角大楼与美国国务院的言行不一只是演戏而已，除非美国政府首脑意图在总统更换前挑战中国政府的底线，美国军队主动进入中国主权岛礁 12 海里是小概率事件。

4. 中国高强度完善军事装备能力是当务之急。从资本市场层面来看，军工行业将迎来持续发展的黄金时期。万一中美军事摩擦不幸爆发，所有行业资产都会跌，只有军工行业会涨。皮之不存毛将焉附，中国若没有相抗衡的军事装备能力，何谈守住近四十年积累的中国国民财富？

5. 中美竞争焦点在于全球资本再分配，这是主战场。维持中国的全球资本安全环境是中国核心战略，外交、军事斗争都要围绕资本竞争这一焦点。美国在亚洲和欧洲布置了类似的大局，核心要义就是让欧洲国家和亚洲国家裂解。在欧洲，美国策动了乌克兰危机导致欧盟与俄罗斯的严重对立，美国策动了各国分离势力寻求脱欧，特别是英国分离势力实现了英国公投脱欧，德国未来几年将忙于遏制其他国家的脱欧企图。在亚洲，美国策动了日本知华政权的频繁更迭与右翼政权上台发动钓鱼岛纷争，成功地实现中日接近向中日对立的转变；美国拒绝朝鲜的国家安全诉求，挑动亲华的韩国现政权对无能为力的中国心生不满而接受部署对中俄有威胁却对韩国无实质防御意义的萨德系统，意图激化中国与韩国、朝鲜的矛盾；美国在南海持续煽动菲律宾与越南与中国争斗，并在菲律宾新政府对对抗中国意兴阑珊之际不惜赤膊上阵派军机军舰在南海巡弋挑衅，意图激化中国与东盟各国的矛盾。因此中国要对庞大的外汇储备做全球再配置的重大决策调整，未雨绸缪。美国和中国领导人都应该明白，美国政府既无能力也无意愿全部偿还中国持有的庞大规模美元国债，趁着美国股市创新高还未有崩盘迹象以及美元走强的机会，中国外汇储备管理当局做有秩序的全球比重配置调整正是恰逢其时。

2016. 7. 12

第六章
打破人民币大幅贬值预期和守护资本市场是确保中国经济安全的首要任务

"君晟助力新财富投资论坛"中午场讨论 2016 年 10 月 14 日下午

常晟投资王维钢博士　演讲

参加君晟研究社区年会"君晟助力新财富投资论坛"的各位全国公募、保险、券商机构的负责人与各部总监，各位全国主要研究机构的负责人与最佳首席们，感谢各位给我时间简述我的看法。

一、全球新形态战争正在进行时

全球金融战争硝烟从未停止。全球霸主美国对各战略对手采取的新形态战争新模式包括以下四个方面：

1. 反对区域一体化。美国肢解区域经济体一体化进程，暗地策动分离势力脱离欧盟，用钓鱼岛和南海争端、萨德破坏中日韩经济一体化进程和中国与东盟关系。

2. 舆论误导。美国控制全球主要媒体引导社会舆论推动对象国当权者做出错误政治决定，例如鼓动默克尔接纳叙利亚难民进入欧盟。

3. 做空剪羊毛。美国利用国际政治金融优势，改变汇率、股指商品等金融产品的运行趋势以实现对象国汇率与股市大幅下跌，最终实现剪羊毛，例如 2014—2015 年联合沙特阿拉伯发动对俄罗斯的石油战争，严重削弱俄罗斯国力。

4. 策反。美国利用民族主义情绪策反对象国周边地区小国政府以营造安全困境，例如策反乌克兰对抗俄罗斯，教唆菲律宾阿基诺政府对抗中国。

二、美国剪羊毛的战略对手不分盟友与敌国

首先重申我在《中国防范美国剪羊毛攻防策略》一文中的立场，本人不提倡反美，但提倡防美。有资格做美国的战略对手，一定是有实力的经济体，无非欧、俄、日、中。

1. 德国及欧盟。美国 2016 年重点攻击北约盟友德国为首的欧盟。（1）构建安全困境。操纵全球舆论渲染叙利亚难民儿童惨状，鼓动默克尔打开穆斯林难民涌入欧洲的大门，通过衍生出法国、比利时、德国的系列恐怖袭击，来打击国际资本对欧盟的信心并削弱欧元。近期美国两党政治领袖对默克尔赞不绝口，说明默克尔的"愚蠢"行为很符合美国利益，但德国人民已经用选票惩罚了默克尔。（2）脱欧。暗地策动欧盟中英国、法国、意大利、比利时分离势力运作各国脱离欧盟。英国脱欧已成功，2017 年其他国家脱欧博弈将继续，默克尔在下台前将忙于应付欧盟解体。（3）打击核心竞争力。美国巨额处罚对象国的系统性核心企业，例如德国大众、德银，试图打击德国的核心竞争力，同时强化对次要大国的威慑力。

2. 俄罗斯。2014—2015 年美国发动对俄罗斯的石油战争，不惜放次要敌人伊朗过关恢复石油供应。战果是石油价格两年暴跌 62％，俄罗斯国力削弱。俄罗斯汇率、股市多年双暴跌后，回流剪羊毛的国际热钱于 2016 年成功抄底，俄罗斯股市前三季暴涨 32％傲视全球。

3. 日本。虽然日本是美国最忠实的盟友，但日本仍是美国有实力的战略对手。美国用广场协议逼日元升值导致日本资产泡沫破裂后 20 年停滞不前的旧案例，这里不展开说明。2016 年前三季度日元对美元大幅升值 19%、股市大跌 14%，让 2012—2014 年日元主动大幅贬值 36% 与股市大涨的安倍经济学成果损失过半，伯南克已动员安倍动用直升机撒钱的极端手段刺激通胀。

4. 中国。2010 年后美国实施亚太再平衡战略的唯一目的是压制崛起的中国并肢解中国与东亚及东南亚经济一体化进程。美国热钱以私人或企业名义存留在中国境内有巨额资本，有计划地冲击股市、汇市、房市等各大类资产。美国 2015 年策动中国股市先暴涨后崩盘，2016 年初唱空人民币大幅贬值并组织巨额国际热钱做空，试图剪中国羊毛。2015 年三季度中国股市成功崩盘了，但外汇管理当局 2016 年 1—2 月守住了汇率冲击，投机热钱亏损离场，人民币 2016 年迄今对美元才贬值 3%。一计不成又生一计，2016 年 4 月 30 日美国财政部发布半年度外汇报告改称中国经济好得很，人民币应升值，试图在汇市上重演中国股市 2015 年先拉升后崩盘的故技。2016 年热钱主要冲击目标是房市，房价大幅拉高后的京深沪等中国一线城市的长期产业竞争力与创新能力将因人力成本与物业成本提高而遭到削弱。地方政府对土地财政难以割舍而纵容土地价格与房价飙升，房地产泡沫破裂若局面失控将真正导致中国经济崩盘与长期经济低迷。2016 年 9 月 30 日中共中央部署 19 个城市房产限购限贷政策只是博弈的一个手段。战争是国力的较量，中国虽有损失，但中国是美国战略对手中最有防御能力的对手，中国的能力来自全球最庞大制造能力和贸易比较优势、最庞大外汇储备和相对稳定的政治格局，中国暂时守住了阵地。部分官员腐败与社会财富分布急剧集中化虽然让社会公众不满，但没有忘记 1840—1949 百年任人欺凌耻辱的中国普通民众已经凝聚共识，即中国若发生颜色革命，一定是中国普通民众的失败与厄运重启以及中国既得利益阶层与美国的重大胜利。

三、汇率相关重大争议需明辨是非

1. 货币宽松必然导致本币贬值吗？

我对 2007—2016 年十年全球所有主要经济体的汇率变动实证检验表明，货币宽松主要经济体的货币美元、人民币、欧元与其他各国货币相比都表现不错，日元 2012—2014 年对人民币大幅贬值 36％后 2016 年对人民币升值 23％，日元已成为最佳避险货币而在英国脱欧当日暴涨 10％。中国货币宽松不会是导致人民币大幅贬值的原因，中国最庞大的制造能力和贸易比较优势及外汇储备是人民币不会大幅贬值的根源。人民币应自由波动维持对美元轻微弱势以提升贸易比较优势并保持对贸易权重一篮子货币稳定。我在《常晟四季度策略报告》中详细论述了这一问题。

2. 房价与人民币汇率只能保一头吗？

这个伪命题的潜台词是房价高涨难以遏制的当下，人民币应该大幅贬值。汇率是否合适主要看贸易比较优势与境内外市场主体对该币种的需求。日本在资产泡沫化时期日元是升值的。高房价不仅是资产泡沫，更是地方政府饮鸩止渴的毒酒，土地财政和房地产既得利益阶层是社会财富再分配的黑洞。中国的一线城市京深沪由于高房价将丧失部分创新竞争力，产业结构香港化、空心化。全市场利润畸形集中于金融地产行业（80％以上）将继续引导社会资本脱实入虚，因此压制房价是长期而艰巨的难题，难在沉迷于土地财政的部分地方政府（重庆除外）与房地产阶层已形成利益共同体。房价没有保的需要。房价假设下跌 30％，只是回到 2015 年的水平，从购房者收到房款的地产商、从地产商收到土地款的地方政

府、放出七成按揭款并实际持有房产所有权而不怕断供的银行都不会伤筋动骨蒙受损失。只是 2016 年盲目追高按揭购房的结婚与改善刚需工薪阶层一辈子积蓄化为乌有且背负后半生债务，而首付贷配资或集资炒房的投资者只是把多年投机积累的财富吐出来一部分。

四、确保中国经济安全从打破人民币大幅贬值预期和守护资本市场做起

中国资本市场的使命是引导社会资本脱虚入实，让上市公司从资本市场得到持续融资用于行业并购并投入技术创新与产业升级，这对提升中国高端制造能力和贸易竞争优势有莫大帮助。融资功能与投资功能是一个硬币的两面，资本市场长期低迷与投资无回报必然导致融资功能萎缩。

引导中国汇率崩盘与股市崩盘后抄底中国权益市场中系统性重要企业的控制权是美国剪羊毛的最后目标，因此打破人民币大幅贬值预期和守护资本市场是确保中国经济安全的首要任务。对来年的投资策略，我总结为一个字——"守"。展开说就是：守土有责，防守反击，守必有成。

拜托各位中国投资界大咖们，运用你们的投票权选出有良知与勤奋的研究界大咖，请研究界大咖们善用你们的话语权，多提建设性意见，少悲观唱空中国，为守护让各位投资界大咖与研究界大咖功成名就的中国资本市场做出点滴努力。当然股市唱多唱空均可，保持多空平衡市场才能生生不息。作为没有话语权的我拜托在座诸位，谢谢大家。

2016. 10. 14

第七章
聚气凝神迎接美国大选
——年度最大黑天鹅对全球金融市场的冲击

今天发言谈三个问题：一、2016 年牛熊市的判定回顾与总结；二、2017 年形态的基本判定；三、聚气凝神、守住阵地、迎接美国大选——年度最大黑天鹅对全球金融市场的冲击。

一、2016 年牛熊市形态判定

我在 1 月 8 日大胆提出 2016 年是平衡市即年末收于 3539 点±10％即 3185—3893 点，有机会回到年线。2016 年 1 月 29 日 2737 点、4 月 10 日 3000 点、6 月 20 日 2820 点，几位好朋友杨国平、任泽平、荀玉根陆续看多，杨博士看涨 3684 点，任博士看涨 3600 点。我在《于无声处听惊雷——寻找中国资本市场持久驱动力》中调低 2016 年预期，认为有机会看到 3539 点年线的预测看起来疑问丛生，只能寄希望于年末回升到平衡市下限 3185 点就算是不破功了。

截至 2016 年 10 月 25 日，常晟量化组合从年初迄今收益率为 5％，在全市场 1 041 只股票型和偏股混合型基金中排名前 6％，显示 2016 年是历年来较难做的一年。按农历测算与公历测算，农历丙申猴年与 2016 年的形态判定完全不同。立春前 2016 年 2 月 3 日收 2739 点，丙申年迄今上涨 13％，算是小牛市（年度变幅介于 10％至 20％为小牛市，大于 20％为大牛市，介于−10％至 10％为平衡市，介

于 –10％至 –20％为小熊市），常晟组合丙申年初迄今超额收益率 10％。而 2016 年从年初 3539 点迄今 3104 点下跌 12.3％，算是小熊市，常晟组合从 2016 年初迄今超额收益率为 18％。

二、2017 年市场形态预判

我对 2017 年的市场形态判定预计 1 月 22 日君晟约会时才能详细交流，目前的立论是"守土有责，防守反击，守必有成"，对 2017 年上证指数的表现不悲不喜，对常晟量化组合取得较大超额收益率比 2016 年更乐观。2017 年 5 月（农历巳月）之后形势将愈发明朗，全年预判是以 2016 年末 3200 点为轴心上下 300 点波动（注：实际 2016 年末收于 3104 点），2017 年末有望收 10％小阳线，收于 3400—3500 点区间。

三、凝神聚气，守住阵地，迎接 2016 年最大黑天鹅对全球金融市场的冲击

希拉里·克林顿家族苦心 24 年，虽然历经了小布什执政时期的蛰伏，但希拉里的政治影响已经遍布朝野。传媒和华尔街、硅谷等美国核心力量已经一面倒地支持希拉里。共和党出了百年奇葩特朗普担当总统候选人，而政治世家布什家族的杰布·布什居然在初选中早早出局，让人怀疑希拉里的政治力量利用民意调查的媒体运作把最有资金与政治实力的共和党对手小小布早早排除出局并精选了一个最不靠谱的共和党竞选对手。2016 年 10 月 7 日特朗普 2011 年前与朋友私下侮辱女性的低俗言论录音片段在网络上曝光，这显然是希拉里阵营早就准备好的猛料，不会是突然冒出来的。我的一些美国朋友就是在那一刻决定选择希拉里或不投票的，美国舆论和国际观察家也就是在这一刻得出结论希拉里将大胜。

前两天，我的一位美国朋友告诉我，在美国，司法调查机构要调取被调查对象的电邮等证据时，如果被调查对象销毁电邮证据，就已经犯下了妨碍司法公正

罪行。但希拉里在向 FBI 提交私人电邮服务器证据前删除了 3.3 万封电邮！我的天哪，说好的价值观呢？美国的法律是刑不上总统候选人吗？

在美国选举投票前 11 天，FBI 局长科米突然宣布重启对希拉里邮件门的调查，起因是 FBI 对希拉里阵营大内总管的前众议员丈夫与 15 岁未成年少女偷情引发的调查发现了希拉里未曝光的大批量电邮。《纸牌屋》编剧们正在回神中，美国政界的暗黑风格已经突破了道德底线的最下限，美剧编剧们是不是应该质疑自己残存的正能量是否与现实世界格格不入。

这些政治剧情与我们专业投资者有关系吗？当然有，美元指数已经上升到了 99 点了。我在 2016 年 4 月 7 日常晟二季度策略报告中大胆预言："美元指数 2016 年从 98.7 点回落到 94.4 点，如果下半年能加两次息再升到 100 点已经是强弩之末，可以大胆做空美元。今后人民币会盯住一篮子货币波动，全年对美元未必大幅贬值，人民币对一篮子货币年度贬值 5％是有利于出口的。"2016 年 10 月 28 日美元指数从最高 98.97 点快速回落到 98.30 点，不知道我的预言 2016 年会不会实现。

我认为美国资金回流能力仍然强大，不确定 2016 年末前道琼斯指数会不会从高位崩盘回落 15％即跌破 16000 点支持位。如果 2016 年最大黑天鹅事件爆发，对 A 股和港股会怎么影响？底部休整近一年的 A 股有必要跟着屡创新高的美国股指一起下跌吗？还是略下跌后防守反击？我已经与马老师、国平等朋友们私下交流过这个没有依据的猜测，这个问题是投资者们都需要思考的。

四、君晟头脑风暴约会机制综述

君晟头脑风暴约会是君晟研究社区目前唯一的线下学术交流活动。会议一般定于每个月末最后一个周日的下午 1 点半到晚上 8 点半，共计 7 小时。

1. 会议纪要延迟推送机制

为了让君晟头脑风暴约会的参会机构投资人能充分受益于君晟约会分享的干货对投资的指导意义和把握个股投资机会，今后会议纪要一律延迟 5 个交易日推送。

2. **君晟常驻天团机制**

君晟约会暂时有 8 位宏观策略金工领域的常驻大咖轮值担纲主讲人：苏雪晶（中信建投所长）、张忆东（兴业副所长、策略）、荀玉根（海通策略首席）、杨国平（申万金工首席）、李慧勇（申万宏观首席）、谢亚轩（招商宏观首席）、任泽平（方正首席经济学家）、王涵（兴业副所长、宏观）。今后亦将邀请其他业界大咖加盟君晟常驻天团。

3. **君晟约会轮值主持机制综述**

根据上半年及近期各位君晟约会参会成员的自主申报，主持权轮值安排如下：郑楚宪（宝樾）10 月、蔡峰（华商）11 月、王鹤涛（长江）与杨仁文（方正）、谢亚轩（招商）、刘欣琦（国君）等 12 月、王继青（滚石）2017 年 1 月、孙建平（国君）2 月、聂挺进（浙商）3 月、谭晓雨 4 月、杨国平 5 月、王维钢（常晟）6 月，翟金林（人保）7 月、李蓉（伏明）8 月、王进（君富）9 月。以上 12 位每年轮值一次担任主持人。

2016 年 10 月 30 日是郑楚宪（宝樾）主持的首次君晟约会，轮值主讲人：张忆东（兴业副所长）、杨国平（申万金工首席），2014 年医药新财富第一的徐佳熹（兴业医药首席），联席主持人：徐佳熹、郑楚宪。

2016 年 11 月 29 日为蔡峰（华商基金）主持的酉月会议，轮值主讲人：苏雪晶（中信建投所长），李慧勇（宏观首席），冯福章（中信建投军工首席、2014—

2015 年第一）。联席主持人：冯福章、蔡峰。

2016 年 12 月 22 日君晟铂金奖颁奖礼暨酒会综述：12 月 22 日 13：00—22：10 是长江王鹤涛（钢铁首席）与方正杨仁文（副所长、传媒首席）、谢亚轩（招商宏观首席）、国君刘欣琦（非银首席）等多位金牌首席联合承办的君晟铂金奖颁奖礼暨酒会，君晟研究社区邀请数十位全国公募、保险机构高管及投研负责人、《新财富》薛长青总编辑和于欣副社长、十大研究机构负责人及全部 30 个行业 2015 或 2016 年金牌首席各一位及宏观策略金工各三位首席大咖和全部君晟群委李迅雷老师、吴宽之老师、谢荣兴、谭晓雨、王维钢、杨国平、徐智麟、陈钢、汪铭泉及君晟约会各位轮值主持人出席。活动包括八组行业首选股头脑风暴新年特别场（每组三位行业金牌首席推荐 3 月／6 月／一年检验期的各一个首选股）、六轮专场辩论（宏观、策略、金工、港股、所长首席峰会、业界领袖峰会）和七轮颁奖。广发基金、博时基金、嘉实基金、华安基金、南方基金、大成基金、融通基金、华宝基金等 9 位公募基金投研各部总监同意为赵金厚（申万农业、首位新财富白金分析师）、胡雅丽（中信家电、2011 年新财富白金分析师）、赵雪芹（中信旅游、2011 年新财富白金分析师）、孙建平（国君地产、2013 年新财富白金分析师）、路颖（海通商业、2014 年新财富白金分析师）、吴非（中信电力、2014 年新财富白金分析师）、谭晓雨（国君传媒、2003—2006 年传媒和 2003 年服务金牌分析师）、罗鶄（申万医药、2005—2006 年、2008—2010 年医药金牌分析师）、赵晓光（安信电子、2016 年新财富白金分析师）等 9 位现役白金分析师或至少四次新财富金牌退役分析师的功勋分析师颁奖，两位金融业高管为两位业界领袖颁发终身成就奖。

2017 年 1 月 22 日是王继青（滚石投资董事长）主持的丙申年收官茶话会，2

月 26 日是孙建平（国君研究所副所长）主持的丁酉年开春茶话会，4 月 2 日是聂挺进（浙商基金副总）主持的二季度策略会，4 月 30 日是谭晓雨（国联安基金总经理）主持的辰月会议，5 月 28 日是杨国平（申万金工首席）主持的巳月会议，7 月 2 日是王维钢（常晟董事长）主持的半年度策略会，7 月 30 日是翟金林（人保资产）主持的未月会议，8 月 27 日是李蓉（伏明资产总经理）主持的申月会议，9 月 24 日是王进（君富投资董事长）主持的酉月会议。

本文是王维钢博士在 2016 年 10 月 30 日君晟头脑风暴首次约会中的发言稿

第八章
美国大选是谁的胜利？

一、希拉里与特朗普竞争优势比较

美国的核心力量前所未见地支持民主党希拉里，华尔街、硅谷、好莱坞、四大新闻网无一例外。

希拉里与特朗普的竞选资金比例是 85∶15。

民主党控制了政府，只要民主党执政，希拉里就不会被起诉和入狱。10 月 28 日，FBI 局长科米以乌纱帽为代价，未经奥巴马和司法部长批准就擅自公布了重新调查希拉里销毁电邮罪行的决定。11 月 6 日临投票前 FBI 屈服了，宣布仍然不追究希拉里的罪行。

希拉里为了选票，选择讨好人口数量占优势的黑人和拉美人以及家属有非法移民的拉丁裔美国人，民主党为黑人和拉丁裔预留大学入学比例的政策侵犯了高考成绩普遍更优秀、但人口比例比黑人拉丁裔更少的华裔的大学升学权益。华裔倒不见得有多喜欢特朗普，更多是为了捍卫华裔自身族群的利益而投票特朗普。

二、我积极"干预"美国内政的理由

美国大选与中国人无关吗？开玩笑。中国人当然要"干预"美国内政，就像美国政府干预中国内政、干预中国台湾选举、策划干预中国香港占中港独、出兵

窥视中国南海岛屿一样。

我有几个早已移民美国的发小，虽然有几位是共和党员，但几乎都鄙视甚至痛恨特朗普，一直在不投票和投票给希拉里之间摇摆。一位兄弟在 10 月中旬在极小群里宣布已经决定支持希拉里，为此我还与兄弟辩论了一番为自己子女增加读名校几率而掩鼻投特朗普的道理。11 月 6 日，这位兄弟在极小群里晒了提前投票特朗普的选票截屏，我知道他一定是捏着鼻子投的。

三、中美关系预期

虽然我在 2016 年 4 月 27 日听过特朗普外交政策演讲后发文《论为什么我支持特朗普》公开支持特朗普，这并不表示我喜欢这位低俗、傲慢、自大、无知的白种男人，我也并不认为特朗普当选会改善美国华裔的政治地位或大幅改善美国与中国的关系。美国与中国的贸易摩擦必将加剧，美国在亚洲的军事存在也不会削弱，美国遏制中国崛起的意志与企图并不会彻底消退。但是，只要不是希拉里上台，美国的亚太再平衡遏制中国战略就不会加剧，美国就不会一再尝试进入中国南海岛屿 12 海里主权海域挑战中国的战略决心，这就足够了。摩擦似魔鬼的步伐，这是中美近三十年来的常态。

四、人民币汇率预期

特朗普当政，中国还会人民币汇率主动贬值吗？美国政府高层和国会议员不会指责中国操纵汇率向美国输出廉价商品并剥夺美国劳动人民的就业机会吗？所以，还在宣扬人民币有大幅贬值预期的经济学家和宏观首席们打住吧，好好重新学习一下亚当·斯密的《国富论》和大卫·李嘉图《政治经济学及赋税原理》中的比较成本贸易理论，调整一下思路再出来发表文章吧。未来几年，中国政府要做的事情，是坚决不同意美国财政部 2016 年 4 月 30 日《半年度外汇报告》要求人民币升值的呼声，并为此而付出不懈的努力。

维持我既往的观点，人民币应保持对美元相对弱势，在美元独自升值时应不再盯住美元而与美元、欧元、日元、英镑等贸易权重一篮子货币保持相对稳定，在美元独自贬值时人民币应灵活地被动性跟随美元贬值以弥补2012—2014年其他重要货币对美元与人民币大幅贬值20%—40%时的央行决策错误。

五、美元加息前景

特朗普会追求大幅提高美联储利率吗？这是希拉里控制下的美国传媒为了恐吓华尔街而紧跟希拉里的策略。不够精明的特朗普批评过美联储为了不让美国股市下跌和维持美国经济增长一直不肯在大选前加息。这不意味着特朗普当选后一定支持拉高息口，不要忘了特朗普是一个地产商，特朗普承诺要大搞基建，特朗普宣誓要重振美国经济。最根本的是，美国经济孱弱，美国股市高位惶恐，美联储根本没有持续加息的本钱。12月有没有加息机会？我仍然维持2016年加息一次的预测，加息一次几乎成了美联储信用的最后遮羞布，但概率将随着经济数据的披露而逐步下降，不加也有可能。2017年能加息两次吗？2017年加一次的概率大于两次，我将会在《常晟2017年度策略报告——论熊市的终结与牛市的酝酿及平衡市的超额收益策略》中再详细报告。美联储仍然会继续说有通胀风险、应该加息了，美国投资者听听就可以了，不必每次喊话都让美元指数涨1%。就是加了一次又怎样？值得中国高净值人群在这个时点抛掉高收益率的人民币资产去换成美元购买低收益率的美国国债或房产还是有崩盘风险的美国股票？

六、美国的事，中国人今后要经常管

这些就是我积极"干预"美国总统大选的理由，美国总统大选是对我个人利益攸关的事情，谁说我没有选票就不能影响我众多亲戚朋友的投票选择？

祝贺特朗普逆袭成功！这次是美国白人、穷人、基督教徒的胜利，是美国精英统治阶层、华尔街、硅谷、四大新闻网的失败！希拉里？她连失败者都不算，准备坐牢吧。

2016.11.8

后　记

甲　　公告：欢迎您来君晟研究社区交流!

君晟研究社区（JRC）的创建

JOANSON Research Community

2016 年 4 月 19 日中午 12 点 48 分，君晟研究社区开张!

农历：2016 年三月（大）十三　岁次：丙申 年 壬辰 月 辛未 日 甲午 时　宜：

开市

　　本群是 2016 年新群，但群友很多是认识多年的业内老朋友。本群为朋友谋福利而设，提供投资研究专业交流社区平台。设立本社区的思路受到三阳开泰申万杨博老友和聚宝盆汪博士师兄的启发。

　　1. 君晟的含义：是寓意"祝您旺盛"、祈愿群友旺盛之意。

　　2. 君晟研究社区群友构成：本群为私募公募专业投资者与顶级研究机构及上市公司的交流社区，包括曾任/现任机构投资者基金经理或投资经理与高管、曾任/现任本土最佳前十位研究机构的券商优秀分析师与高管、上市公司高管。本群实名制，为便于交流，各人的群昵称均为：姓名—机构简称（＋代码）—职

位（行业）。

3. 君晟群委会：群委会是由中国证券市场从业 20 年以上的老朋友组成，多位群委是自己经营若干 500 人大群的群主大咖，国联安基金总经理谭晓雨和常晟投资 CEO 王维钢博士是君晟研究社区联席群主，其他群委包括：海通副总裁首席经济学家、原国泰君安研究所创始所长李迅雷老师，中国顶级预测专家吴宽之大师，原君安副总裁、国泰君安总经济师谢荣兴，申万金工首席杨国平博士，中国首位基金经理、国泰基金原投资总监徐智麟董事长，聚宝盆群主汪铭泉博士，最资深市场人士普之润董事长陈钢（排名不分先后）。

4. 君晟会客区入群：群友邀请其他符合条件的朋友进群，请与社区群管建三人小群——君晟会客区，新朋友经群委会查阅实名信息后，由群管介绍分别导入机构投资者群（包括公募私募保险券商）、分析师群、上市公司高管群，分析师可以自由加入上述各群。有兴趣的朋友还可以自愿申请加入君晟极地探险旅行团群，由七次去两极的专业极友任版主分享交流、组织活动。本群名义群主 JOANSON1996S 和 JOANSON1996 是君晟研究社区群管理员。新朋友提供实名、所在机构、职位、手机、电邮的数字信息和图片名片，转群委会查阅后由群管恭请入各群。群友直接拉入本社区各群的新朋友，群管将恭请到会客区交流。

5. 禁止性规定：为本群群友的利益和言论自由，请务必注意发言合法合规，不传谣，不涉及政治敏感信息，不截屏转发，不发广告性信息。如有违反本条禁止性规定情况发生，群友发现后可随时提请群管报群委会同意劝退，保持本群新陈代谢的生命力。

6. 交流模式：线上互动发言交流，分享观点报告文章，定期民意调查，群委主动发起线下路演或交流活动，上市公司和券商研究机构销售部门主动发起线下路演活动，喜悦分享及祝福致谢。君晟研究社区将创造条件提供移动直播服务，让非现场群友聆听路演交流。

7. 交流规则：鼓励讨论争论，兼听则明，就事论事，不伤和气，传播正能量，不刷屏。欢迎知名分析师在不涉及内幕信息前提下分享最新研究成果，欢迎上市公司高管在合规前提下介绍公司最新动态，欢迎私募公募专业投资者发表最新观点与报告文章。分享超过20行的研究观点介绍和长篇报告最好用链接方式，以免群友爬楼累着。群友作者分享的文章默认允许其他群友转发传播，若不同意转载的请作者标明。

8. 分享喜悦与祝福致谢：群友或所在公司当日有喜事，无论持有或推荐的股票涨停板还是公司大利好，发红包是吸收群友祝福念力的好办法，收红包的群友致谢是鼓励大家多发红包所必需的，建议红包个数不少于群人数5%，金额不要少到群友不愿致谢。

9. 退群：各位朋友，如您受邀入群后不愿被打扰，敬请自行退群，并欢迎在您有时间时再来入群。

乙　　君晟研究社区重要成员概述

君晟研究社区邀请了中国顶级十大券商研究机构管理层和几乎所有新财富最佳分析师，包括曾连续获得4—7届名列第一的研究界若干传奇人物，公募私募保险券商机构投资者中不仅有众多管理数十百亿元的基金经理或投资经理，还有十余位金融机构总经理或董事长。

机构投资者高管与基金经理（排名不分先后）：

君晟研究社区群委会介绍

群委会标志为 2016 年 4 月 19 日微信系统天然产生的九宫格。本页群委无排名先后，九名群委介绍图按群委会标志中各位群委所占宫位分布。

巽

谭晓雨 国联安基金总经理，享国务院津贴专家，1996 年君安研究、五次新财富第一。

离

徐智麟 钧齐投资董事长，原国泰基金投资总监、中国首位基金经理。

坤

王维钢 常晟投资董事长，南开博士，1996 年君安研究、原大成基金经理。

震

吴宽之 水则堂负责人，中国易学预测大师。

中宫

诸荣兴 交大多层次资本市场研究所所长，原君安副总裁、国联安基金督察长。

兑

陈钢 昔之润董事长，资深投资者。

艮

汪铭泉 锐隆投资董事长，浙大博士，聚宝盆群主。

坎

李迅雷 海通证券副总裁，国泰君安研究所创始所长，1996 年君安研究，金融业最知名经济学家。

乾

杨国平 申万研究金融工程首席，复旦博士，股市易学预测专家。

金融机构董事长/总经理：上投摩根穆矢董事长，大成基金周健男书记，齐鲁资管李迅雷，高峰融通董事长，财通刘未董事长，申万菱信刘浪董事长，博时基金江向阳，长城证券何伟，富国陈戈，国联安谭晓雨，融通孟朝霞，华商梁永强，交银阮红。

金融机构副总/投资总监：易方达肖坚，广发易阳方，华夏阳琨，博时李权胜，南方史博，广发刘晓龙，大成李本刚，融通商小虎，杨宇嘉实，华安翁启森，华宝徐林明，汇丰曹庆，中海许定晴，人保资产王小青，泰信朱志权，诺安杨谷，中欧曹明长，民生资管詹粤萍，前海杨德龙，华安杨明国泰梁杏，国泰樊利安，人保资产翟金林，银河钱睿南，长信谈洁颖，兴业冯恒，汇添富周睿，浦银黄列，平安养老朱赟，前海赵雪芹（七届商业第一白金分析师）。

私募基金高管：和君集团王明富，从容投资吕俊，名禹资产王益聪，尚雅投资石波，常晟投资王维钢，东方港湾但斌，丰岭资本金斌，泽泉投资辛宇，普尔投资陈卫荣，原点刘世强等。

本土最佳十大研究机构管理层与金牌分析师（排名不分先后）：

国君：所长黄燕铭，副所长孙建平、七届地产第一白金分析师，2015策略第一乔永远，2012—2016银行第一邱冠华，2015建材第一鲍雁辛，2015医药第二丁丹，2014—2016金工第一刘富兵，2013—2014年食品第一胡春霞，2012—2014年服务第一许娟娟，2010—2011建材第一韩其成，2015—2016地产第一侯丽科，2015轻工第一穆方舟，2015汽车第二王炎学，2014—2016交通第二郑武，2016中小盘孙金钜，2016商业第一訾猛。

海通：所长路颖、七届商业第一白金分析师，2016策略第一荀玉根，2014—2016年石化第一邓勇，2015商业第一汪立亭，2015汽车第一邓学，2015有色第

一施毅。

兴业：副所长张忆东、2012—2014 三届策略第一，副所长王涵、2014、2016 宏观第二，2015 年团队第一策略首席王德伦，2014 年化工第一郑方镳，2015—2016 服务第一李跃博，2015—2016 交运第一龚里，2014、2016 医药第一徐佳熹。

申万：研究所所长陈晓升，副所长郑治国，2007 年第一，2015 年第二金工首席杨国平，2012 年第一宏观首席李慧勇，2015—2016 年第三策略首席王胜，农业赵金厚（七届农业第一白金分析师），五届医药第一罗鹍，2011—2013，2015—2016 轻工第一周海晨副所长，2015—2016 电力第一刘晓宁。

建投：周期天王尼古拉斯金涛，所长苏雪晶、2014 年地产第一，2014—2016 军工第一冯福章，2013—2016 通信第一武超则，2016 固定收益第一黄文涛，2015—2016 煤炭第二李俊松。

招商：所长张良勇，研究总监杨晔，多届食品第一朱卫华，宏观首席谢亚轩，策略首席王稹，2015—2016 食品第一董广阳，2011—2012，2014—2015 电子第二鄢凡。

广发：所长李兴，2014—2016 煤炭第一沈涛，2015—2016 环保第一郭鹏，2013、2014、2016 年有色第一巨国贤，2016 建材第一邹戈，2016 化工第一王剑雨，2016 地产第二乐加栋。

长江：所长刘元瑞、2012—2016 年 6 届钢铁第一，2013—2016 钢铁第一王鹤涛，2015—2016 家电第一徐春，2016 电新第一邬博华。

方正：首席经济学家任泽平所长、2015 年宏观第一，韩振国所长、2016 年军工第二，副所长、2015 传媒第一杨仁文，副所长、中小盘 4 届第一李大军，副所长、2014 年机械第一吕娟。

中信：吴非电力，白金分析师；胡雅丽，新三板团队负责人（七届家电第一白金分析师）。

安信：所长胡又文、2014—2016 年计算机第一，2016 非银第一、赵湘怀副所长。

天风：所长赵晓光、2011—2016 年电子第一白金分析师，2015—2016 机械第一邹润芳。

华泰：副所长及汽车研究专家姚宏光，宏观首席李超，策略首席戴康。

君晟研究社区是各路大咖交流观点的专业平台，投资与研究大咖们的真知灼见让人受益匪浅。为更广范围传播分享大咖的理念，君晟研究社区愿意与天下朋友们长期做互动交流。

丙　　1996 年君安研究所更名设立大事记

君安研究所（JRI）是 1996 年从君安研发中心更名设立的，在此之前，中国证券行业还没有一个用研究所名义分行业分领域研究的投资银行研究机构。类似 Goldman Sachs 的 Global Investment Research（GIR）和 Nomura Research Institute（NRI）这样的投资银行研究机构，君安研究所是中国第一家。1996 年之前，万国、国泰、君安都是十人左右编制，以写市场评论为主、服务营业部的研究部（研发中心）。

1996 年是君安研究所竖起番号的第一年，杨骏是君安研究所的缔造者，王明富是君安研究所创始所长，后人写中国证券史都会写到这一段。

从研究所更名设立前的研发中心存续的元老有所长王明富、副所长刘敬东、

何小木、唐正茂、王汉卿、李益新、李亚洲、李咏佳、蔡明君、孙虹。

1996年5月，君安研究所更名成立后在上海招募的第一批八位研究员包括：李迅雷、王维钢、谢建军、杨军、陈军、张以杰、鲍隽、黄崇光。

1996年6—9月期间陆续还有吴亦力副所长和各地招募的徐扬进、罗文、罗爱梅、王峰、王波等第一批研究员报到。

1996年10月，君安研究所第二批二十几位研究员报到，包括张剑文、吴寿康、孟建军、谭晓雨、李小勇、刘欣、冯肖武、陈戈、吴冲、陈湘永、许国贤、邹志新、朱宝和、张少华、徐刚、易培剑、邱亦群、徐彬、曹勇志、周红兵、徐凌峰等。

丁　　国泰君安研究所更名设立 20 周年纪念活动

从1996年5月君安研究所更名设立后首批八位研究员报到，迄今已有20周年。2016年3月，国联安基金谭晓雨总经理建议国君研究所黄燕铭所长筹备国泰君安研究所20周年纪念活动，得到黄所长和孙建平副所长及老研究员王维钢的热情支持。自4月份起黄所长已开始部署纪念活动的组织工作。

2011年9月国泰君安研究所更名咨询部后建制短暂中止，至2012年4月，研究员从销售交易部回归并恢复研究所建制。谭晓雨是2009年1月—2011年9月期间研究所行政负责人（副所长）。为全力支持黄所长和建平筹备纪念活动，尽绵薄之力，谭晓雨自愿组织寻亲工作，4月19日起组建国泰君安研究所20周年寻亲团微信群。短短一周时间，加入寻亲团回家的国泰君安研究所前任现任员工迅速达到248人，22、23日君安研究所创始所长王明富（和君集团董事长）和国泰君安研究所创始所长李迅雷（海通证券副总裁）等陆续回家。国泰君安研究所 20 年新老社员如果全员到齐，可能有 400 多人，寻亲团堪称证券业第一天团。

君安研究所成立 20 周年纪念活动　深圳大梅沙

　　国泰君安研究所组织更名设立 20 周年纪念活动，目的是让新老同事回家探亲，延续香火，传承国泰君安的奋斗精神。现在市场上本土最佳十大券商有六家的宏观或策略首席是国泰君安培养的，方正宏观首席任泽平，招商策略首席王稹，兴业策略首席王德伦，华泰策略首席戴康，国泰君安三任宏观首席李迅雷、王晓东、姜超都到了海通分别任职副总裁、投资主管、宏观及债券首席，还有国泰君安重新崛起于研究市场的象征——新财富宏观第一任泽平和策略第一乔永远。超过百位同事曾经或正在担任公募或私募基金经理，曾经或正在担任券商、公募基

金等金融机构高管的有十数位。看到同学们取得这样好的职业发展，老朋友们都与有荣焉。

2016 年 7 月 2 日、9 月 9 日，君安研究所成立 20 周年和国泰君安证券研究所成立 20 周年纪念活动分别在深圳大梅沙京基海湾酒店和上海浦东香格里拉酒店举行。20 年里，在君安证券研究所、国泰君安证券研究所从成长到毕业离开，共同度过最美好青春年华的数百位亲人重新汇聚一堂。

戊　　纪念杨骏总裁去世七周年

"牧野鹰扬，流金岁月，携安绝尘而去；少年才俊，证券英雄，望君乘愿归来。"

七年前的今天，对我和家人有重要影响的一位前辈离开了人世。

1996 年，杨骏总裁在上海招募了君安研究所最早八个研究员，我有幸加入了中国第一个分行业分领域研究的投资银行研究所。在这所中国证券业的"黄埔军校"，我遇到了我的一生所爱。工作八年后，我从国泰君安毕业转入公募基金行业。此生铭记杨总和君安的恩情。

与其他来自全国各地的几百位君安老同事一样，我们夫妇专程从深圳赶到上海送杨总最后一程。出席追悼会的君安研究所 28 位老同事留下了这张合影。

杨骏走了，君安可还在？

"牧野鹰扬，流金岁月，携安绝尘而去；少年才俊，证券英雄，望君乘愿归来。"

2009 年 6 月 26 日上午 9 点 30 分。上海龙华殡仪馆大厅。杨骏先生的追悼会上。

巨大的挽联从大厅正前方庄严地垂下，28 个大字赫然醒目，见证了杨骏在中国证券市场叱咤风云的短暂人生。在挽联中央，悬挂着一张杨骏生前的巨幅照片。在碧空白云的广幕下，杨骏身着便装，站在盛开的油菜花中间。他在丛中笑。那年轻、俊朗的面庞上满是自信。

这位 32 岁便出任君安证券最年轻的总裁，曾经书写了一个时代的传奇人物就这样离开了，也将君安旧将们对那个时代的情结推向高潮。

证券、信托、基金、私募等来自天南地北四面八方的顶尖投资人士们，1998 年以来散落在全球各地的君安旧将们，怀着震惊和悲痛的心情，共同悼念这位投资奇才。人们胸前佩戴着白花，手中拿着黄菊，两两走向前去，向亡者鞠躬，为他送最后一程。

新闻媒体报道了君安证券前总裁杨骏 6 月 22 日因病去世的消息。

凤凰网财经讯　6 月 22 日下午，原君安证券总裁、晓扬投资董事长杨骏因肝病于 22 日下午，在上海的家中去世。据深圳私募圈中与杨骏相熟的人士称，杨骏罹患此种肝病已逾两年。

在国内的私募界，杨骏绝对可以称得上是一个响当当的人物。很多至今非常活跃的私募精英都出自杨骏的门下。

他曾经是 90 年代中国资本市场上叱咤风云的君安证券老总，也曾因卷入风波一时的"君安事件"而被迫淡出投资界。

君安证券研究所 **28** 位同事为杨骏总裁送行合影纪念

四排	朱宝和	张 军	张少华	冯肖武	杨 军	徐 刚	
三排	王晓东	易培剑	陈 鹏	邱亦群	王维钢	王孝德	谢建军
二排	徐 彬	曹勇志	张 宇	张剑文	周红兵	徐凌峰	邹志新	谭晓雨
一排	吴寿康	何小木	李迅雷	王明富	黄崇光	孟建军		

2006 年的 A 股市场如火如荼,杨骏在这年以新型私募基金管理者身份重返 A 股市场,这一年,杨骏率先在平安信托发行了证券类私募理财产品平安·晓扬信托一期。该计划最低认购金额为 200 万元,起始额在中国同类型的信托产品中为当时最高。之后杨骏又接连在平安信托发行了二期、三期信托产品。伴随着 2008 年股市的巨幅下跌,杨骏管理的信托产品净值也不断缩水。究竟是投资人的压力抑或是其他原因?在时隔两年之后,杨骏宣告退出

市场。

　　无论怎样，杨骏十余年市场的坎坷沉浮，给中国资本市场上留下了浓墨重彩的一页。

　　杨骏（1965—2009.6.22），江西人。1986 年毕业于大连海事大学计算机系，随后攻读大连理工大学计算机系 MBA（工商管理硕士）。1989 年毕业后进入深圳招商局投资公司从事投资和企业分析。1990 年，转到深圳特区证券公司，先任总经理廖熙文的秘书，不久转做发行。1992 年夏，加盟由前深圳证券管理委员会发行部处长张国庆创办的君安证券。先后主管发行、交易、投行、研究、并购，并于 1997 年被拔擢为君安证券总裁。1998 年至 2000 年，因曲线 MBO（管理层收购）计划被停职并接受调查。2001 年后，分别在香港和深圳创立晓扬投资管理有限公司。2009 年 6 月 22 日，因病在上海去世。

附录

常晟量化组合收益率、 仓位、
相对排名变动图表

常晟量化组合管理策略概述：

量化组合 2012—2014 年在指数低于 3000 点时不择时调整仓位、维持 90％仓位，每季度末按更新量化选股模型调整组合。

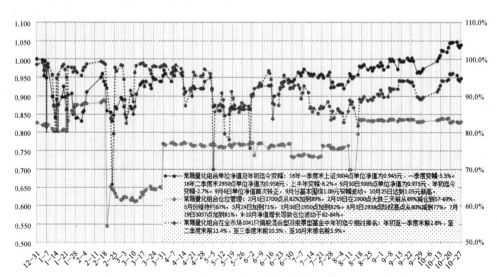

常晟量化组合 2016 年收益率、仓位、相对排名图（2016. 10. 31）

量化组合 2015—2016 年在指数高于3000点后择时调整仓位，仓位波动于 50%—90%，每月按更新量化选股模型调整组合。

常晟量化组合 2012—2016 年收益率相对排名表（2016. 10. 31）

年 份 \\ 项 目	2012	2013	2014	2015	2016一季度	2016上半年	2016年初至10月末
常晟量化组合年度收益率	57%	120%	54%	65%	-5.5%	-6.2%	3.8%
常晟量化组合期末仓位	90%	90%	90%	84%	81%	78%	82%
上证指数年度收益率	32%	-5%	54%	12%	-16%	-18%	-12%
创业板指数年度收益率	-2%	83%	13%	84%	-19%	-20%	-15%
偏股型股票型公募基金第1名收益率	32%	82%	109%	163%	12.3%	11.7%	20.5%
偏股型股票型公募基金前10%收益率	14%	35%	56%	70%	-10.1%	-5.8%	-0.5%
当年偏股混合型及股票型公募基金家数	526	621	697	791	1 041	1 041	1 041
常晟量化组合类比绝对排名	1	1	82	109	30	119	61
常晟量化组合类比相对排名	0.2%	0.2%	11.9%	13.8%	2.8%	11.4%	5.9%